Michael Niavarani

Der frühe Wurm hat einen Vogel

Vermischte Schriften
Band I

Piper München Zürich

Mehr über unsere Autoren und Bücher:
www.piper.de

Von Michael Niavarani liegen bei Piper vor:
Vater Morgana
Der frühe Wurm hat einen Vogel

Für Arsch & Friedrich,
mit denen ich viele Stunden
verbringen durfte

MIX
Papier aus verantwortungsvollen Quellen
FSC® C014496

Ungekürzte Taschenbuchausgabe
Piper Verlag GmbH, München
Oktober 2013

Umschlaggestaltung: Eisele Grafik-Design, München, nach einem Entwurf von Kurt Hamtil/© Stefan Boroviczeny (Detail aus dem Bergl-Zimmer/Schloss Schönbrunn)
Gesetzt aus der Goudy Oldstyle
Papier: Munken Print von Arctic Paper Munkedals AB, Schweden
Druck und Bindung: GGP Media GmbH, Pößneck
Printed in Germany ISBN 978-3-492-30236-4

Wer wird nicht einen Klopstock loben?
Doch wird ihn jeder lesen? – Nein!
Wir wollen weniger erhoben,
und fleißiger gelesen sein!

Gotthold Ephraim Lessing

Heutzutage machen schon drei Pointen und eine Lüge
einen Schriftsteller.

Georg Christoph Lichtenberg

Die wirklichen Erlebnisse liegen im Gebiet
des Unausgesprochenen und Unaussprechlichen.
Was sich sagen lässt, kann niemals ganz wahr sein.
Kleide einen Gedanken in Worte
und er verliert alle Bewegungsfreiheit.

Egon Friedell

DANKE

Ich danke Richard Kitzmüller für die vielen Pointen, Ideen und intelligenten Ergänzungen.
Ich danke Walter Kordesch für die dramaturgische Beratung.
Ich danke Michael Blaha für die mathematische Begleitung.
Ich danke der lieben LeserIn für das letzte Kapitel.
Ich danke dem Urknall für das Universum.

Für meine Freundin des Herzens

INHALT

DIE ERSTE GESCHICHTE

Nicht unsere Dummheiten machen
mich lachen, sondern unsere Weisheiten.

Michel de Montaigne

Dies ist also die erste Geschichte. Diese erste Geschichte schreibe ich nur aus einem einzigen Grund: Man hat mir abgeraten, mit der zweiten Geschichte zu beginnen. Ich selbst hätte nichts dagegen gehabt, aber von Seiten des Verlages meinte man, es würde ein wenig Verwirrung stiften, mit der zweiten Geschichte zu beginnen und dann erst als zweite Geschichte die erste Geschichte zu bringen. Wobei ich ja gestehen muss, ich habe keine erste Geschichte. Ich leide nämlich seit einiger Zeit an einer offensichtlich unheilbaren Krankheit: Ich kann nichts schreiben. Ganz ehrlich: Ich habe überhaupt keine Geschichten. Also im Kopf habe ich sie sehr wohl, aber nicht im Computer. Noch nicht.

Ich habe schon eine Kieferknochenentzündung vorgetäuscht, um den Abgabetermin verschieben zu können. Zu allem Überfluss habe ich dann wirklich eine Kieferentzündung bekommen. Psychosomatisch sozusagen. Die Vortäuschung der Krankheit hatte einen umgekehrten Placebo-Effekt und so litt ich acht Wochen lang an unbändigen Schmerzen in meinem rechten Oberkiefer. Umgekehrt hat das leider nicht so gut funktioniert. Die Kieferknochenentzündung ließ sich zwar her-, aber nicht wegdenken. Zwei Wochen Antibiotika und entzündungshemmende Medikamente waren die Folge. Was lernen wir daraus? Man soll nur schmerzfreie Krankheiten erfinden, um Termine zu verschieben. Schnupfen, Fieber, eine Nierenkolik. Wobei die wahrscheinlich auch zu schmerzhaft ist.

Liebe LeserIn, ich befürchte, das Buch, das Sie gekauft haben, ist leer. Ich kann Ihnen das zum jetzigen Zeitpunkt nicht hundertprozentig sagen, aber wenn es mit mir und meiner Schreibblockade so weitergeht, dann gibt es für Sie nichts zu lesen. Ich habe schon überlegt, ob es nicht einen anderen Weg gäbe, die Geschichten in meinem Kopf unter die LeserInnen zu bringen, aber nachdem es noch sehr lange dauern kann, bis wir in der Lage sind, Gedanken zu lesen, scheint es keinen anderen Ausweg zu geben: Ich muss schreiben. Oder auf die Bühne gehen. Aber deswegen schreibe ich ja, damit ich nicht auf die Bühne muss.

Sie können das Buch aber auch gleich weglegen, wenn Sie wollen. Und in drei Wochen wieder reinschauen, vielleicht hab ich bis dahin etwas zustande gebracht. Ich habe ohnehin schon die letzten Tage in Ihrer Handtasche verbracht. War ganz nett übrigens. Möchte mich noch bei Ihnen bedanken, dass Sie mich nicht in der Toilette abgelegt haben, sondern mit mir unterwegs sind. Können Sie sich noch erinnern, liebe LeserIn, wie wir uns das erste Mal getroffen haben? Sie sind in der Buchhandlung gestanden und haben mich durchgeblättert. Sie haben wunderschöne Hände. Wie sehr ich es in diesem Moment bereut habe, nichts geschrieben zu haben und Sie enttäuschen zu müssen. Ich schwöre Ihnen, ich werde schreiben. Ich werde alles versuchen, um Ihnen Freude zu bereiten.

Also dann. Ich schreibe jetzt. Oder kann ich Ihnen vielleicht auf eine andere Art Freude bereiten? Wollen Sie einen Strauß Rosen oder eine Bonboniere? Ja, eine Bonboniere ist vielleicht gar keine so schlechte Idee. »Der frühe Wurm hat einen Vogel« – lauter kleine Milchschokowürmer, die von

Vögeln aus Bitterschokolade aufgepickt werden. Das wär doch was! Aber woher nehmen jetzt? Unglaubwürdig.

Okay. Okay. Ich seh schon, Sie haben ein Buch gekauft und Sie wollen ein Buch. Aber Buch hin, Buch her, ich kann nicht schreiben. Keine Ahnung, woran das liegt. Intellektuelle Impotenz. Im Kopf funktioniert es wunderbar, aber kaum gehts um was, versagt mein primäres Schreiborgan und ich liege reglos auf der Couch. Und denke mir, ich sollte mich ein wenig bewegen, der Gesundheit zuliebe. Wobei das mit der Bewegung ist ja nur eine Sache des Bezugssystems. Bewegung ist nur relativ zu einem Bezugspunkt nachweisbar. Wenn ich auf der Couch liege, bewege ich mich sogar sehr schnell. Und zwar mit der Erde, die sich mit circa 1.240 km/h um ihre eigene Achse dreht. Wenn ich jetzt noch einen Schritt weiter hinaus in den Weltraum mache, dann sehe ich mich nicht nur auf der Couch mit der Erde um ihre eigene Achse drehen, ich sehe mich auf der Couch mit der Erde um die Sonne drehen und zwar mit circa 107.000 km/h. Noch weiter hinaus: Unser Sonnensystem bewegt sich in unserer Galaxie, der Milchstraße, mit circa 960.000 km/h spiralförmig auf das in der Mitte befindliche Schwarze Loch zu. Und unsere Galaxie bewegt sich mit 2.100.000 km/h gekrümmt durch das Universum. Objektiv betrachtet bewege ich mich, wenn ich stundenlang auf der Couch liege, gekrümmt durch das Universum spiralförmig auf das Schwarze Loch zu, ellipsenförmig um die Sonne und kreisförmig um die Erdachse – kein Wunder also, dass mir, wenn ich von der Couch aufstehe, immer so schwindelig ist.

All diese Bewegungen können wir übrigens (wie sie sicher schon bemerkt haben) nicht wahrnehmen. Soviel zu der Ansicht, dass wir mit unseren Sinnen die Wirklichkeit wahrzunehmen im Stande wären. Sinnlose Sinne!

Obwohl – Wie zärtlich Sie jetzt umgeblättert haben! Sinnlich irgendwie! Ich mag das, wenn Sie mit den Fingern über meine Seiten streichen. Bitte verstehen Sie das jetzt nicht als plumpe Anmache, aber ich gehe davon aus, dass Sie mich auch ins Bett mitnehmen werden. Macht ja nichts, wenn Ihr Mann oder Freund daneben liegt. Ich will nur nicht schuld sein, wenn Sie zu streiten beginnen, weil Sie schon wieder lesen und es keinen Sex gibt. Falls Sie jetzt im Bett neben einem Mann liegen, dann legen Sie mich doch kurz zur Seite und greifen Sie rüber. Küssen Sie ihn leidenschaftlich und haben Sie Sex. Lang, wenn es geht, damit ich genug Zeit habe nachzudenken, was ich schreiben soll.

Falls Sie gerade in einem Wellness-Hotel im Ruheraum liegen, tun Sie mir einen kleinen Gefallen: Erschrecken Sie die schlafenden Wellness-Gäste, indem Sie ganz laut niesen oder eine Hupe imitieren. Ich weiß nicht warum, aber jedes Mal, wenn ich in so einem Ruheraum liege, überkommt mich das Bedürfnis, ganz laut zu rufen. Ich trau mich natürlich nicht. Aber Sie könnten ja sagen, wenn sich die anderen dann beschweren, dass es so geschrieben steht, dass Sie diese Anweisung aus meinem Buch haben, dass ich Sie gebeten habe, das zu tun.

Okay, ich gebe es zu, ich lenke nur davon ab, dass ich nicht schreiben kann. Wissen Sie, liebe LeserIn, ich bin in diesem Buch gefangen. Ich komme da nicht raus, solange die Seiten leer sind. (Es hat übrigens keinen Sinn, jetzt auf Seite 171 zu blättern, die ist sicher leer). Ich kann einfach nicht schreiben. Es ist grauenhaft.

Folgende Idee: Sie müssen dasselbe tun wie ich, wenn ich nicht schreiben kann. Sie müssen jetzt in ein Kaffeehaus gehen. Oh ja! Bitte lassen Sie uns auf einen Kaffee gehen.

Ich treffe dann meistens Freunde zum Plaudern, um mich von der eigenen Unfähigkeit abzulenken. Und genau das müssen Sie auch tun. Sie können nicht lesen, Sie haben eine Leseblockade und gehen jetzt ins Kaffeehaus, um sich mit jemandem zu treffen! Wie wäre das?

Ich nehme einen Espresso Macchiato und ein kleines Soda-Zitron. Und einen Schinken-Käse-Toast, ich hab heute noch nichts gegessen. Sehen Sie. Ist doch besser als ein Buch zu lesen, in dem nichts steht. Danke übrigens, dass wir im Raucherbereich sitzen. Ich hasse den Nichtraucherbereich. Und das, obwohl ich selbst mit dem Rauchen aufgehört habe. Ich bin Nichtraucher und sitze lieber im Raucherbereich. Und wissen Sie warum? Weil es bei den Nichtrauchern stinkt! Ja, es stinkt nach fettiger Kopfhaut, Schweiß, ausgelatschten Schuhen, Mundgeruch und eingewachsenen Zehennägeln, vermischt mit dem Geruch von Essen. Es stinkt erbärmlich nach Mensch in diesen Nichtraucherlokalen. Ist Ihnen das noch nie aufgefallen? Ein wenig wie im Speisesaal eines Kindergartens oder einer Schule, nur ohne den Geruch von Wachstums- und Pubertätshormonen. Natürlich ist es gesünder dort zu sitzen, aber wie alles Gesunde ist es grauslich. Da lobe ich mir den Zigarettenduft im Raucherbereich. In meinem Lieblingskaffeehaus kommt man nur durch den Nichtraucherbereich auf die Toilette, da halte ich immer die Luft an und atme erst wieder auf der Toilette ein und am Rückweg halte ich abermals die Luft an, bis ich endlich wieder in einer Nebelschwade aus Zigarettenrauch stehe, atme dann tief ein und danke dem Herrn für die frische Luft. Ich bin Nichtraucher, wohlgemerkt.

Und? Wie gefällt es Ihnen bis jetzt? Ich finde es großartig: Statt zu schreiben, gehe ich mit meinen LeserInnen ins

Kaffeehaus. Herrlich! Die besten Geschichten schreibt das Leben. Ja! Dann soll sich halt das Leben jeden Tag acht Stunden in mein Büro an meinen Computer setzen und dieses Buch schreiben. Empfehle mich, bin inzwischen auf ein Sprüngerl im Kaffeehaus!

Wirklich, das Leben geht mir auf die Nerven! Kommt ungefragt daher, teilt einem nicht mit, wie lange es zu bleiben geruht und ist auch schon wieder weg, wann immer es ihm gerade passt, ohne auf irgendjemanden Rücksicht zu nehmen. Ich würde mein Leben gerne fragen, was es sich dabei denkt, mich immer wieder in Situationen zu bringen, in denen ich mich fragen muss, ob dieses Leben wirklich meines ist. Manchmal scheint mir, ich lebe ein fremdes Leben. Ich finde mein Leben sehr unsympathisch, fast ein wenig arrogant. Schmeißt mir Schicksalsschläge hin und geht davon aus, der Trottel wird das schon meistern. Mit mir kann man das ja machen! Und kaum findet man eine Antwort auf das Leben, hat sich die Frage verändert.

Aber ich rede so viel und Sie haben noch gar nichts gesagt. Wie geht es Ihnen und Ihrem Leben? Sind Sie glücklich? Ja. Sie denken sich, Sie sind ganz zufrieden mit dem Leben. Sie sind glücklich und ausgeglichen. Wirklich? Warum sitzen Sie dann mit einem Buch, in dem nichts steht, im Kaffeehaus? Oh, Verzeihung! Ich habe einen wunden Punkt getroffen. Sie sind nämlich gerade sehr unglücklich, weil Sie Single sind oder besser gesagt weil Sie zum Single gemacht wurden. Er hat Sie verlassen. Er liebt Sie nicht. Da kann ich Sie trösten, das kenne ich auch. Wer kennt das nicht? Auch ich war vor langer Zeit in der Situation zu lieben, aber nicht wiedergeliebt zu werden. Ich schäme mich nicht, es zu sagen. Ich war unglücklich verliebt. Nicht wie Don Quijote, rein und unberührt aus der Ferne, sondern schmutzig und sexuell in großer Nähe. Drei Monate lang lief damals eine Liebesgeschichte, in der ich mehr liebte als sie. Es ist ja meistens so, dass einer mehr liebt als der andere. In einer Beziehung liebt einer, während der andere sich lieben lässt. In unserem Fall war ich derjenige, der mehr liebte. Nach drei Monaten teilte sie mir mit, sie könne sich nicht für mich entscheiden, sie könne sich aber auch nicht gegen mich entscheiden. Sie wisse nicht, was sie tun solle. Sie könne nicht mit mir, aber auch nicht ohne mich. Und ich sage Ihnen eines: Bei Liebeskummer, bei gebrochenem Herzen hilft am besten die Einsicht, dass man von dieser Person nie geliebt wurde. Niemals. Und dass man diese Person auch selbst nie geliebt hat. Niemals. Dass es sich bei den Liebesschwüren um Verirrungen des Herzens gehandelt hat. Das ist vielleicht genauso eine Illusion, aber es hilft. Glauben Sie mir, ich bin ein Trennungsspezialist. Heutzutage brauchen wir keinen Ratgeber, der uns dabei hilft, eine glückliche Beziehung zu führen, sondern einen Trennungsratgeber. Wie können wir uns trennen, ohne dabei gleich selbst zum Strick greifen zu müssen oder die Partnerin in die Donau zu treiben. Wie wird man eine Liebe los. Ich meine jetzt nicht eine Geliebte, sondern die Liebe selbst. In heutiger Zeit ein wichtiges Thema. Die neue Patchwork-Family gibt es ja nur deshalb, weil irgendwann immer einer aufgehört hat zu lieben, während der andere noch weiterliebt. In den seltensten Fällen haben beide aufgehört zu lieben. Auf wie vielen Scheidungspartys waren Sie und haben dem glücklichen Expaar zur gemeinsamen Trennung gratuliert?

Wenn Ihnen also Ihr Partner oder Ihr Geliebter mitteilt, er oder sie könne sich nicht entscheiden, wisse nicht, ob er oder sie mit Ihnen leben wolle, dann hilft Folgendes, um die Liebe, die Sie noch empfinden, auszulöschen:

Lesen Sie vom römischen Dichter Ovid das Buch »Remedia amoris«, Arznei gegen die Liebe. Habe ich damals getan. Ovid macht sich Gedanken darüber, wie man eine frische, aber unglückliche Beziehung beenden kann, aber auch, wie man einen langjährigen Partner loswird. Dieses Buch gibt es in einer schönen Ausgabe nur antiquarisch, das heißt, Sie sind eine Zeitlang damit beschäftigt, es zu finden. Womit Sie schon den ersten Rat Ovids befolgt haben: Vermeiden Sie es, nichts zu tun zu haben. Lenken Sie sich ab, damit Sie nicht an die geliebte Person denken müssen. Dann rät Ovid zu einer Reise, sich weit von dem Menschen, den Sie lieben, zu entfernen. Damals in der Antike eine einfache Sache, aber heutzutage durch Facebook kaum möglich. Hier mein Rat: Entfernen Sie die Person aus der Freundschaftsliste. Klicken Sie sich nicht nächtelang durch ihr Profil, um sich die Bilder zum tausendsten Mal anzusehen. Entfernen und basta! Löschen Sie die Telefonnummer aus Ihrem Speicher! Was nur Sinn macht, wenn Sie sie nicht auswendig wissen. Aber wer weiß heutzutage schon Telefonnummern auswendig?

Mein Lieblingsratschlag von Ovid, um die Liebe zu einem Menschen, der einen nicht widerliebt, zu töten, ist, ihn in der Öffentlichkeit in Situationen zu bringen, in denen er oder sie sich blamiert. Ovid rät zum Beispiel, einen Menschen, der eine schlechte Stimme hat und unmusikalisch ist, vor Freunden zum Singen zu überreden. Das ist heutzutage sehr einfach. Laden Sie Freunde ein und gehen Sie mit ihnen und dem Menschen, der Sie nicht liebt, in eine Karaoke-Bar und sagen Sie: »Schatz, alles von ABBA und dann noch Celine Dion!« Das wirkt Wunder. Ovid rät des Weiteren, sich an der oder dem Geliebten zu übersättigen. Verbringen Sie gemeinsam eine Woche auf einer einsamen Insel, haben Sie jeden Tag mehrmals Sex und stellen Sie sich dabei vor, dieser Zustand würde ewig andauern.

Oder – eine der besten Methoden – nehmen Sie sich einen zweiten Partner. Lassen Sie sich den oder die andere durch eine Übergangsliebe aus dem Herzen reißen. Was ja heutzutage keine große Sache mehr ist, denn ich sage Ihnen eines, die Monogamie ist am Ende. Wir steuern auf eine ganz neue Gesellschaftsform zu. Jeder Mensch in den nächsten hundert Jahren wird mindestens zwölf Beziehungen in seinem Leben haben. Das wird ganz normal sein. Da wird sich niemand wundern. Wobei ich trotzdem glaube, dass wir langfristig zur Monogamie zurückkehren werden. Aus einem einfachen Grund. Wenn wir offen herummachen könnten, sozial akzeptiert, dann würde es stundenlang dauern, wenn sich zwei Freunde auf der Straße begegnen:

»Hallo, wie geht's dir?«

»Danke gut, und dir?«

»Auch gut, danke, wie geht's deiner Frau?«

»Sehr gut, wie geht's deiner Frau?«

»Blendend! Wie geht's deiner Geliebten?«

»Hervorragend, deiner?«

»Hervorragend, danke! Wie geht's dem Mann deiner Geliebten?«

»Dem geht's sehr gut. Ich soll dich von seiner Frau grüßen lassen!«

»Danke. Sag, wie geht es denn der zweiten Freundin vom Mann deiner Geliebten?«

»Sehr gut. Wie geht's dem Freund deiner Frau und seiner Frau?«

»Sehr gut, die sind jetzt mit dem Mann meiner Geliebten und seiner Geliebten auf Urlaub, während der Mann der

Geliebten mit dem Freund des Mannes meiner Geliebten und seiner Frau bei mir in der Wohnung wohnt, weil ich mit meiner neuen Geliebten und der Freundin ihres Mannes übers Wochenende nach Paris fliege!«

Der einzige Grund, der für die Monogamie spricht, ist die Abkürzung von Smalltalk. An sich schon ein Nervengift, müssen wir ihn zu unserem Selbstschutz unbedingt small halten.

Wenn Sie die Ratschläge in Ovids Buch befolgen, dann haben Sie sich erfolgreich entliebt. Sie müssen dabei kein schlechtes Gewissen haben, denn wie gesagt, das Gegenüber hat auch Sie niemals geliebt. Wenn man sich, wie damals in meinem Fall, nicht entscheiden kann, mit jemandem zu leben, hat man sich wie von selbst, ohne überhaupt eine Entscheidung zu treffen, für ein Leben ohne den anderen entschieden.

Ich hoffe, ich langweile Sie nicht mit meinen Ausführungen. War das jetzt ein bisschen zu intim? Naja, für unseren ersten gemeinsamen Kaffee …? Wollen wir uns noch einen Kaffee bestellen? Darf ich Sie kurz alleine lassen, ich muss auf die Toilette. Komme gleich wieder.

Jetzt sitzen Sie da alleine im Kaffeehaus und warten, bis ich von der Toilette zurück bin. Schräg, oder? Oh nein, sehen Sie die Frau, die soeben aufgestanden ist, zwei Tische weiter? Das ist sie. Das ist die, die mich damals nicht liebte. Gott sei Dank bin ich grad nicht da. Ich muss sagen, dass ich ihr bis heute ungern begegne. Eigentlich gar nicht so hübsch, wie ich damals dachte. Und sie singt wirklich erbärmlich. Egal. Sie können ihr ja ein Bein stellen, wenn sie an unserem Tisch vorbeigeht. Egal. Wirklich egal.

Das Schöne daran, ein Buch zu schreiben, ist nämlich,

dass ich zugleich auf der Toilette sein und trotzdem mit Ihnen hier sitzen kann. Also, ich bin jetzt nicht da, aber gleichzeitig doch. Und das Beste: Sie können jetzt machen, was Sie wollen, und ich werde es nicht wissen, wenn ich von der Toilette zurückkomme. Sie könnten den Kellner küssen, nackt auf dem Tisch tanzen oder Ihre Mutter anrufen und ich weiß nichts davon. Gleichzeitig ist es trotzdem unser gemeinsames Geheimnis, weil ich ja doch irgendwie noch immer da bin. Und Sie denken jetzt sicher über mich nach. Warum ich mit Ihnen auf diesen Kaffee gegangen bin? Ob es wirklich nur daran liegt, dass ich nicht schreiben kann, oder ob ich was von Ihnen will? Sie überlegen gerade, wie sympathisch Sie mich finden und ob ich wohl ein guter Liebhaber wäre. (Falls Sie, liebe LeserIn, ein Mann sind, können Sie jetzt eine Seite überspringen, außer Sie sind homosexuell.)

Ich bin natürlich kein guter Liebhaber, denn jeder Mann, der von sich sagt, er sei ein solcher, ist keiner. Hier ist Tiefstapeln angesagt. So gesehen bin ich ein guter Liebhaber. Sie merken es sicher schon, wir befinden uns in einer gedanklichen Schleife. Wenn ich Ihnen nämlich sage, dass nur ein guter Liebhaber von sich sagt, er sei ein schlechter Liebhaber, und ich dann sage, ich bin ein guter Liebhaber, was darauf hinweist, dass ich ein schlechter Liebhaber bin, dann sage ich das ja nur, um Sie darauf hinzuweisen, dass ich ein schlechter Liebhaber bin, was wiederum nur heißen kann, dass ich ein guter bin, was wiederum, und so weiter. Ich glaube, aus diesem Dilemma gibt es nur einen Ausweg: die Phantasie. Die ja übrigens die einzige Möglichkeit ist für die Erkenntnis der Wahrheit. Aber das würde jetzt zu weit führen.

Sie dürfen sich, wenn Sie mich das nächste Mal ins Bett

mitnehmen, alles Mögliche vorstellen, was wir miteinander tun könnten. Ich erlaube es Ihnen. Ja, ich muss Ihnen ehrlich sagen, es gibt keine größere Ehre, die man mir erweisen könnte … Aber, pscht! Wir müssen jetzt damit aufhören. Ich sehe, ich komme gerade vom Klo zurück.

Hallo. Sorry. Bin wieder da. Wie geht's? Alles okay? Sie sind ganz rot, ist es Ihnen zu heiß hier? Was denken Sie gerade? Nichts! Alles klar. Hören Sie, ich habe wirklich ein schlechtes Gewissen, weil ich nicht schreibe. Aber es geht derzeit nicht. Keine Ahnung warum. Ich kann mich nicht konzentrieren. Ich kann nicht einmal etwas lesen. Aber das Problem kennen Sie ja, Sie können ja auch nichts lesen, weil ich nichts geschrieben habe. Verdammt! Vielleicht bin ich einfach überarbeitet. Ich bin definitiv überarbeitet. Ich habe ein Burnout. Um Gottes Willen, jetzt bin ich eh schon überarbeitet und habe auch noch ein Burnout.

Jeder hat heute ein Burnout. Jeder ist überarbeitet. Stress. Mails. Nachrichten. Überstunden. Arbeit am Wochenende. Burnout. Wissen Sie, dass es ein Burnout gar nicht gibt? Es gibt keine Krankheit namens Burnout. Es gibt keine Diagnose, die so lautet. Burnout gibt es nicht. Aber jeder hat es. Kein Wunder, wir trinken ja auch koffeinfreien Latte Macchiato mit Sojamilch. Wenn man weder Kaffee noch Milch verträgt, warum trinkt man einen Latte Macchiato? Wieso nicht ein Glas Wasser? Wenn man erschöpft ist und Angstzustände hat, warum kriegt man dann ein Burnout, statt sich rechtzeitig zu erholen? Warum ist heutzutage genug nicht genug, sondern zu viel immer noch zu wenig? Wenn die Wirtschaft nicht wächst, dann ist sie in der Krise, dann ist sie kaputt. Was für ein Schwachsinn! Wenn ein Baum nicht mehr wächst, dann ist er nicht kaputt, sondern groß genug, um ein Baum zu sein. Warum sind wir im einundzwanzigsten Jahrhundert immer noch so gläubig und fromm wie im Mittelalter, nur dass wir nicht an Gott glauben, sondern an die Marktwirtschaft, an den Kapitalismus. Der Markt wird das regeln. Der Markt muss sich erholen. Das gibt der Markt vor. Der Markt ist unser neuer Gott. Und die Wirtschaft ist die Inquisition, die die Menschen verbrennt. Wir sind gläubiger denn je. Da haben wir die katholische Kirche mittels der Aufklärung in ihre Schranken gewiesen, damit niemand mehr am Scheiterhaufen verbrannt wird, um sie flugs durch die freie Marktwirtschaft zu ersetzen, die uns Panikattacken und Depressionen beschert und uns innerlich verbrennt. Wie dumm kann man eigentlich sein? Das Problem ist nur: Aus der katholischen Kirche kann man austreten, aber aus dem liberalen Kapitalismus …? Wo gibt es das Formular? Ich trete aus. Ich muss nicht im Jänner Kirschen kaufen können, ich brauche keine fünfhundert Handytarife, ich muss nicht unbedingt mein Geld anlegen. Im Gegenteil. Ich gebe mein Geld lieber für Alkohol, Prostituierte und Drogen aus. Aktien sind mir zu ordinär! Aber wo können wir austreten? Nirgendwo, weil wir dann nämlich als Ketzer verurteilt würden. Der Kapitalismus erlebt gerade sein finsterstes Mittelalter. Der Kapitalismus braucht, wie vor fünfhundert Jahren die Kirche, seine Aufklärung.

Aus der Kirche bin ich übrigens ausgetreten. Damals mit achtzehn Jahren. Nicht wegen der Kirchensteuer. Schon gar nicht, weil ich Jesus Christus für besonders unsympatisch halte. Nein, im Gegenteil. Ich hatte damals in einem Geschichtsbuch etwas gelesen, das mich dazu bewogen hat, aus der Kirche auszutreten.

Im dreizehnten Jahrhundert beschäftigten sich katholische Theologen mit der Frage, was denn mit der Vorhaut Jesu Christi passiert sei. Jesus war Jude und wie alle Juden beschnitten. Jetzt ist aber der Messias leibhaftig in den Himmel aufgefahren. Also fragten sich die Theologen ernsthaft, unter ihnen auch der damalige Papst, wo denn die Vorhaut des Messias geblieben sei. Ist sie sofort nach der Beschneidung in den Himmel aufgestiegen, weil sie schon wusste, dass der Messias dreißig Jahre später nachkommen würde, oder ist sie jahrelang irgendwo herumgelegen, um dann gemeinsam mit dem Messias in den Himmel zu fahren? Man möchte meinen, dass dies eigentlich für die Erlösung der Menschheit nicht von Belang sei. Den Kirchenvertretern aber war diese Frage sehr wichtig, denn wenn Jesus ohne Vorhaut in den Himmel gefahren ist, dann sitzt beim Jüngsten Gericht ein beschnittener Jude zur rechten Hand Gottes. Und will man als Christ, dass ein Jude über einen zu Gericht sitzt? Also musste man die Vorhaut auch auferstehen lassen. Als Beweis dafür führte man die mystischen Visionen der Heiligen Agnes Blannbekin an. Sie lebte von 1250 bis 1315 in Österreich und war eine christliche Mystikerin. Sie hatte Visionen, die sie ihrem Beichtvater, dem Franziskanermönch Ermenrich, erzählte, der sie in lateinischer Sprache niederschrieb. Ihre wichtigste Vision war, dass sie die Vorhaut Christi in ihrem Mund spüren konnte, wenn sie die Hostie empfing. Der Mönch schreibt wörtlich:

Weinend und voller Barmherzigkeit begann sie, an das Praeputium Christi zu denken und wo sich dieses nach der Auferstehung des Herrn befinden könne. Und siehe, schon bald verspürte sie die größte Süße auf ihrer Zunge, ein kleines Stückchen Haut, ähnlich der Haut in einem Ei, welche sie schluckte. Nachdem sie diese Haut geschluckt hatte, konnte*

* Vorhaut

sie erneut die kleine Haut auf ihrer Zunge fühlen, mit ebensolcher Süße wie zuvor, und wieder schluckte sie diese. Und dies geschah an die hundert Mal. Und da sie das Häutchen so oft spürte, war sie versucht, es mit ihrem Finger zu berühren. Als sie dies versuchte, da wanderte das Häutchen von selbst in ihre Kehle hinunter. Da wurde ihr offenbar, dass die Vorhaut Jesu gemeinsam mit dem Herrn in den Himmel aufgefahren war am Tage seiner Auferstehung. So groß war die Süße des Geschmacks dieser kleinen Haut, dass sie eine süße Verwandlung in all ihren Gliedern zu spüren vermochte.

Das war selbst mir zu absurd. Ich trat aus der Kirche aus.

So unglaublich die Geschichte klingt, sie ist wahr. Den lateinischen Originaltext, der Agnes Blannbekins Visionen beschreibt, findet man in dem 1713 in Wien erschienenen Buch »Venerabilis Agnetis Blannbekin«, das von der Kirche später auf den Index gesetzt wurde.

Die Causa »Praeputium Domini« hatte noch ein Nachspiel. Wenige Jahre nach meinem Austritt fand ich einen Artikel über Kirchengeschichte, in dem von einem gewissen Leone Allacci, ab 1661 Bibliothekar der Vatikanischen Apostolischen Bibliothek, die Rede war, der in seinem Werk »De Praeputio Domini Nostri Jesu Christi Diatriba« die Theorie vertrat, die Vorhaut des Herrn wäre bei der Auferstehung ebenfalls in den Himmel aufgefahren und habe dort die Ringe des Planeten Saturn gebildet.

Ich muss sagen, diese theologische These hat mich derart amüsiert, dass ich um ein Haar wieder eingetreten wäre.

Ich will nicht unhöflich sein, liebe LeserIn, aber Sie haben jetzt schon wieder auf Ihr Handy gesehen! Ist Ihnen die Vorhautgeschichte zu peinlich? Ja, was kann denn ich dafür? Die hab ich nicht erfunden! Das ist katholische Theologie.

Jetzt drehen Sie doch Ihr Handy ab, wenn wir im Kaffeehaus sind und plaudern. Sie haben schon vier SMS geschrieben und drei Mal Mails gecheckt. Das ist nicht gesund. Mein Handy wurde mir gestern übrigens gestohlen – es ist zum Wahnsinnigwerden. Darf ich kurz bei Ihnen meine Mails checken? Später dann, okay. Danke. Man hat nämlich bei mir eingebrochen. Vor zwei Wochen. Zusätzlich zu meiner Kieferknochenentzündung wurde bei mir eingebrochen. Und ich hab eine Anzeige wegen Drogenbesitzes am Hals. Aber es ist nicht meine Schuld, ich wollte meine Schreibblockade beheben und ein guter Freund gab mir den Rat, es in bekifftem Zustand zu probieren. Also hab ich mir, wieder von einem Freund, etwas Marihuana besorgt.

Zu diesem Zeitpunkt hatte ich schon alles Mögliche probiert. Ich hatte mich in meinem Büro drei Tage eingesperrt, ohne Fernseher und DVD, ohne Handy: nichts, nicht eine Zeile. Stattdessen hatte ich über mein Leben sinniert und darüber wie unsympathisch es mir wäre. Ich war in ein Wellness-Hotel gefahren, hatte Bäder genommen, hatte mir stundenlang ayurvedisches Öl über die Stirn rinnen lassen: nichts, nicht eine Zeile. Jeden Abend war ich mit zwei kaputten Typen, einem Arzt und einem Manager, die sich wegen ihres Burnouts behandeln ließen, an der Hotelbar gesessen und hatte mein Lieblingsthema, wie unsympathisch ich mein Leben fände, um ein paar neue Facetten erweitert. Ich hatte mit Doreen, der Rezeptionistin, eine Nacht durchgesoffen und etwas sehr Trauriges über ihr Leben erfahren, von dem ich versprochen habe, es nicht weiterzuerzählen. Ich hatte mich tagelang im Kinderzimmer meiner Tochter eingesperrt, mit Barbiepuppen gespielt und Märchenbücher gelesen, statt zu schreiben. Ich hatte mir in London ein Zimmer gemietet, um in Schreibklausur zu gehen – nichts! Keine einzige Zeile. Stattdessen war mir meine Kreditkarte gestohlen worden.

Da kam der Vorschlag meines Freundes, mich zu bekiffen, gerade recht. Das hatte ich noch nicht probiert. Verzweifelt wie ich war – und bis heute bin –, dachte ich mir, vielleicht hilft es ja.

Zwei Wochen, nachdem ich das Marihuana besorgt hatte, wurde bei mir eingebrochen. Die Diebe waren am Marihuana nicht interessiert und konzentrierten sich auf die Videokamera, den Fotoapparat, den Laptop (Gott sei Dank hatte ich noch nichts geschrieben, sonst wäre es weg gewesen) und ein wenig Bargeld. Und ich muss sagen, ich bin wirklich ein Vollidiot. Natürlich musste ich eine Anzeige machen. Zwei Polizisten kamen und ich gratulierte den Dieben im Geiste: Von diesen Beamten des Ministeriums für Inneres würden sie nichts zu befürchten haben. Sie machten mir mit routiniertem Taktgefühl – und »unter uns« – klar, dass es äußerst unwahrscheinlich sei, je wieder etwas von den gestohlenen Gegenständen zu Gesicht zu bekommen. Das sei natürlich traurig und ganz schlecht für die Polizeistatistik, aber sie würden sich freuen, dass der Einsatz doch nicht ganz umsonst gewesen sei. Merkwürdigerweise kam jetzt Leben in die Beamten. Kein Wunder, das geschulte Auge hatte Marihuana erblickt. Und statt zu lügen und es den Dieben in die Schuhe zu schieben: »Das müssen die verloren haben!«, hörte ich mich sagen: »Nein, nein, das gehört mir. Wenigstens haben sie mir das gelassen.«

Ich bin ja selbst für einen Versicherungsbetrug zu blöd. Nach dem Raub habe ich mit der Kreditkartenfirma telefoniert, um den Diebstahl meiner Karte zu melden. Die Londoner Diebe hatten insgesamt dreitausendsechshundert Pfund damit ausgegeben, weil ich erst zwei Tage später, nämlich beim Einchecken am Flughafen, den Verlust bemerkte. Als ich in Wien ankam, war der Akku meines Handys leer und ich musste warten, bis ich ihn zu Hause aufladen konnte. Ich fuhr zu meiner Wohnung und fand sie aufgebrochen vor. (Jetzt wissen Sie vielleicht, warum ich mein Leben unsympathisch finde.) Nachdem die Polizisten die gestohlenen Gegenstände aufgenommen und mich wegen Drogenbesitzes angezeigt hatten, rief ich die Kreditkartenfirma an.

»Aha, das heißt, man hat Ihnen in London die Karte gestohlen!«

»Ja.«

»Wann war das?«

»Keine Ahnung – ich habe es erst am Flughafen bemerkt. Aber es muss drei Tage davor gewesen sein, weil das war das letzte Mal, dass ich in der Stadt war.«

»Wieso, wo waren Sie denn?«

»Im Hotelzimmer.«

»Drei Tage lang. Warum denn das? Waren Sie krank?«

»Nein, ich habe an meinem neuen Buch geschrieben.«

»Ah, sehr interessant, wie heißt es denn?«

»›Der frühe Wurm hat einen Vogel‹.«

»Ach so. Aber das ist ja verkehrt herum! Sie meinen: ›Der frühe Vogel fängt den Wurm‹?«

»Nein, nein, das stimmt schon so. Wissen Sie, das ist Absicht. Damit will uns der Dichter etwas sagen, weil das Sprichwort ja den Menschen Fleiß und Disziplin als Tugenden verkaufen soll und ich der Meinung bin, Fleiß und Disziplin sind keine Tugenden, sondern Laster. Wissen Sie! Wegen der vielen Menschen, die an Burnout leiden …«

»Burnout gibt es gar nicht. Das ist ein Modebegriff für Depression und Panikattacken.«

»Ja, ja – ich weiß.«

»Aha. Und was haben Sie in den drei Tagen geschrieben?«

»Nichts.«

»Bitte?«

»Nichts. Ich konnte nicht. Ich hatte und habe eine Schreibblockade.«

»Aha.«

»Ja. Auf jeden Fall finde ich, dass der frühe Wurm einen Vogel hat, wenn er so früh aufsteht, weil er dann ja gefressen wird. Also wenn wir diesen Wahnsinn mitmachen und immer fleißig und diszipliniert an der Vermehrung des Kapitals arbeiten, werden wir zu Grunde gehen.«

»Und deswegen haben Sie drei Tage lang nichts geschrieben?«

»Ja. Also nein. Obwohl, vielleicht doch ... ich weiß es jetzt nicht. Auf jeden Fall ist meine Kreditkarte weg und es wurde bei mir in die Wohnung eingebrochen. Videokamera, Fotoapparat, Bargeld und der Blu-Ray-Player sind weg.«

»Auch das noch! Naja, der Schaden, der durch den Diebstahl Ihrer Karte entstanden ist, wird von der Versicherung abgedeckt. Sie haben, wie ich sehe, den Flug auch mit der Karte bezahlt.«

»Ja.«

»Das heißt, die dreitausendsechshundert Pfund zahlt die Versicherung.«

»Sehr schön.«

»Und sonst wurde Ihnen auf der Reise nichts gestohlen?«

»Nein, nur die Kreditkarte.«

Und jetzt werden Sie gleich sehen, meine geliebte LeserIn, dass ich wirklich ein Vollidiot und der schlechteste Betrüger der Welt bin. Die Dame am Telefon sagte zu mir:

»Ist Ihnen in London sonst noch etwas gestohlen worden?«

»Nein. Nur die Karte!«

»Den Schaden zahlt die Versicherung.«

»Ja, das haben Sie schon gesagt.«

»Und sonst ist Ihnen wirklich nichts gestohlen worden auf der Reise? Kein Fotoapparat oder eine Videokamera?«

»Nein«, ich wurde sogar etwas ungeduldig, »in London wurde mir nur die Kreditkarte gestohlen!«

»Also kein Fotoapparat oder eine Videokamera?«

»Nein, sagen Sie, sind Sie begriffsstutzig? Die Videokamera und der Fotoapparat wurden in meiner Wohnung in Wien gestohlen. Es wurde eingebrochen!«

»Ach so! Weil wissen Sie, wenn Ihnen nämlich auf der Reise etwas gestohlen worden wäre, dann wären Sie versichert.«

»Sagen Sie, wie oft muss ich es Ihnen noch sagen? In London wurde nur die Kreditkarte gestohlen und sonst nichts!«

»Kein einziger Fotoapparat?«

»NEIIIN!«

»Auch kein Bargeld?«

»NEIIIN! Verstehen Sie mich so schlecht? Rede ich undeutlich, oder was? Es wurde in meine Wohnung eingebrochen!«

»Das habe ich schon verstanden – ich möchte Ihnen nur zu verstehen geben, dass Sie, wenn Sie auf einer Reise bestohlen werden, durch Ihre Kreditkarte versichert sind. Verstehen Sie denn nicht, was ich meine?«

»Ja, ich verstehe Sie – aber Sie verstehen mich nicht! Es wurde nichts außer der Kreditkarte auf der Reise gestohlen und jetzt muss ich auflegen, ich muss an meinem Buch schreiben. Guten Tag!«

Zwei Stunden später dämmerte mir, dass diese nette Dame mir einen kleinen Hinweis geben wollte. Ich bin ein zu ehrlicher Mensch.

Gestern ist mir dann etwas ganz Entsetzliches passiert. Ich gehe zum Bankomaten und will Geld abheben, aber ich kann mich an meinen Code nicht mehr erinnern. Ich will die Zahlen eintippen und weiß sie einfach nicht mehr. Das ist ein schreckliches Gefühl. Schweißausbruch. 2378 oder 8732 oder 7382. Ich verwende diesen Code seit zehn Jahren und weiß ihn nicht mehr! Das ist, als ob man nicht mehr weiß, wo man wohnt, oder seinen eigenen Vater nicht mehr erkennt. Alzheimer! Ich hatte urplötzlich Angst, Alzheimer zu bekommen und das wäre das erste Anzeichen. Seither fühle ich mich so nackt und verletzlich. 3728. Nein, auch nicht. Und natürlich wurde die Karte nach dem dritten Versuch eingezogen. Da stand ich ohne Geld und ohne Hirn. Wie kann es sein, dass man einen Code vergisst, den man seit zehn Jahren mehrmals täglich verwendet hat? 8273. Nein. Keine Ahnung! Was ist nur los mit mir? Ich kann nicht schreiben, habe eine eingebildete Kieferentzündung, die zu unerträglichen Schmerzen geführt hat, und vergesse meinen Bankomatcode. Vielleicht hängen diese zwei Regionen im Gehirn zusammen? Vielleicht hat der Bankomatcode die Synapsen verstopft? Vielleicht habe ich einen Gehirntumor und zwar genau an der Stelle, wo der Bankomatcode gespeichert ist. Ich bin der einzige Mensch auf der Welt, der einen Bankomattumor hat. Vielleicht hat der Schmerz der Kieferentzündung im Gehirn den Code gelöscht? Um Gottes willen, was ist nur los mit mir? Ich werde sterben. Vielleicht nicht jetzt gleich, aber eines Tages werde ich sterben. Mich ärgern Leute, die sagen, wenn es nachher nichts gibt, dann habe ich wenigstens meine Ruh. Kinder, das ist ein Gedankenfehler, denn wenn es nachher nichts gibt, also wenn wir nicht existieren, dann haben wir auch keine Ruhe, denn um Ruhe haben zu können, muss man existieren.

Aber ich komme vom Hundertsten ins Tausendste. Wollen wir zahlen oder trinken wir noch was? Bitte? Ich soll was schreiben gehen? Ja, würde ich ja gern, aber ... Nein, Sie haben Recht! Ich werde mich jetzt hinsetzen, zuerst begleite ich Sie noch zum Taxi. Sie nehmen den Bus? Auch gut. Ich begleite Sie noch ein Stück und dann gehe ich in mein Büro und schreibe Ihnen etwas. Ja! Das ist es. Ich schreibe für Sie, liebe LeserIn.

Wir waren zwar erst ein einziges Mal Kaffee trinken. Ob es da nicht zu früh ist, etwas für Sie zu schreiben, ob man da nicht noch zwei, drei Dates abwarten sollte? Ich mag übrigens Ihr Lächeln. Es ist bezaubernd. Wobei ich auch Ihren Gesichtsausdruck bei der Vorhautgeschichte mochte. Was sagen Sie? Ich? Oh, danke! Also gut, dann zahlen wir. Das Peinliche an unserem ersten Date ist, dass Sie zahlen müssen. Ich hab kein Bargeld, keine Kreditkarte und vor allem: Ich bin da in diesem Buch drinnen. Ich komm da jetzt schwer raus. Könnten Sie das übernehmen? Danke! Und ganz ehrlich, so viel hab ich ja auch wieder nicht konsumiert.

Sehen wir uns wieder? Ich will nicht aufdringlich sein, aber wie wäre es, wenn wir uns nach den nächsten zwei Geschichten in Schönbrunn treffen. Beim Eingang zum Tiergarten? Gut. Sie können es sich ja nochmal überlegen – ich werde auf jeden Fall da sein.

MÉNAGE À CINQ

Hat man denn nicht bemerkt, wie
illicio post coitum cachinnus auditur Diaboli
(man gleich nach dem Beischlaf
das schallende Gelächter des Teufels hört)?

Arthur Schopenhauer

1

Moderne Verhältnisse, denkt Bernhard Silbermann, den Ausführungen seines besten Freundes Martin folgend. Sie sitzen auf einer griechischen Insel am Strand, ganz in der Nähe von Martins Haus.

Martin ist etwas angespannt.

Unruhig vergräbt er die Überreste seiner Wassermelone im Sand.

»Kannst du das nicht in den Müll werfen? Das ist Umweltverschmutzung!«

»Das ist keine Umweltverschmutzung, das ist biologisch abbaubar, das ist Natur!«

»Das ist nicht Natur – das ist Dreck.«

»Und biologischer Dreck ist immer Natur.«

»So ein Blödsinn, dann wären abgeschnittene Zehennägel auch Natur.«

Die beiden sind seit fünfunddreißig Jahren befreundet.

*

Vor exakt fünfunddreißig Jahren waren sie schon einmal an diesem Strand gesessen, versunken in ein Gespräch. Damals hatte Martin freilich noch kein Ferienhaus besessen. Sie waren neunzehn Jahre alt und hatten einander erst vor kurzem auf der Insel Santorin in dem Ort Oia kennengelernt, wo Bernhard in einer kleinen Buchhandlung für überwiegend englischsprachige Literatur jobbte. Martin war wie immer auf der Suche nach Büchern. Eine Angewohnheit, die, seit er denken oder besser gesagt lesen konnte, seine Reisebegleiter auf die Palme brachte; und Palmen waren in der Regel zahlreicher in der Nähe als Buchhandlungen. Zuerst waren es seine Eltern, später seine jeweiligen Lebenspartnerinnen und dann seine Frau und sein Sohn, die nach dem schönsten Strand oder dem besten Eis oder der interessantesten Sehenswürdigkeit Ausschau hielten, während ihn nur eine Buchhandlung glücklich machen konnte. Egal wohin sie kamen, eine Insel in Griechenland, eine Stadt in Europa, ein Dorf in Asien … irgendwo musste es doch eine Buchhandlung geben. Und meistens wurde er auch fündig. Oft gab es keine wirklich interessanten Bücher zu kaufen, oft nur Bücher in der Landessprache. Aber mindestens ein Buch musste er von jedem Ort der Welt mit nach Hause bringen. So besitzt er unter anderem eine arabische Ausgabe von »Hamlet« aus Dubai, eine tschechische Ausgabe von »Feuchtgebiete« aus Prag, eine englische Ausgabe dreier Theaterstücke von Johann Nestroy aus New York und eine thailändische Ausgabe von Konsaliks »Liebesnächte in der Taiga«.

»Ich werde auf jeden Fall heiraten«, hatte Bernhard Silbermann vor fünfunddreißig Jahren zu Martin gesagt.

»Warum?«

»Weil es die einzige Möglichkeit ist, außerehelichen Sex zu haben!«

Ein für Bernhard Silbermann typischer Spruch. Martin liebte Bernhards Fähigkeit, die Dinge auf den Punkt zu bringen. Im Laufe ihrer fast dreißigjährigen Freundschaft hatte Bernhard einige sehr bemerkenswerte Sprüche losgelassen und Martin hatte sie sich alle gemerkt. Vor allem die Weisheiten, die sich um die Themen Sex, Ehe und Beziehungen ranken.

»Weißt du, was in Beziehungen das Problem ist?«, hatte Bernhard seinen Freund vor zwölf Jahren gefragt, als er kurz vor seiner ersten Scheidung stand.

»Was?«

»Dass die Lösung eines Beziehungsproblems oft ein noch größeres Problem verursacht!«

Einfach, aber wahr, wie Martin fand.

*

»Wann ist es eigentlich Betrug?«, hatte Martin vor drei Monaten seinen Freund Bernhard gefragt, kurz nachdem er eine außereheliche Affäre begonnen hatte. »Wenn man zum ersten Mal daran denkt? Wenn man jemanden küsst? Oder erst wenn man mit einer anderen Sex hat? Wann? Sag mir doch bitte, wo beginnt der Betrug?«

Bernhard schnitt genüsslich in sein Sirloin-Steak und dachte präzise 2,6 Sekunden nach, um ihm nicht minder genüsslich folgende Formulierung aufzutischen: »Ganz einfach. Wenn du mit deiner Ehefrau schläfst und das Gefühl hast, dass du deine Geliebte betrügst, dann erst betrügst du deine Ehefrau!«

Sie hatten sich in ihrem Lieblingsrestaurant, einem Steakhaus in Wien getroffen und Martin hatte Bernhard seine Affäre offenbart.

»Ich liebe sie, das ist nämlich das Problem!«, sagte Martin.

»Liebe? Was habe ich dir schon vor zehn Jahren über die Liebe gesagt?«

»Die Liebe ist nur eine Illusion, die uns über die Tatsache hinwegtäuschen soll, dass unsere Existenz keinen Sinn macht. Und die uns ein bisschen Ewigkeit vorgaukelt, damit wir uns nicht gleich umbringen!«

»Sehr brav!« Bernhard tätschelte Martin wie einem gelehrigen Schüler die Wange. Martin hatte sich tatsächlich in eine um zweiundzwanzig Jahre jüngere Frau verliebt. Er war sechsundvierzig, seine außereheliche Affäre vierundzwanzig, seine Frau fünfundvierzig, sein Sohn neunzehn, sein Freund Bernhard fünfundvierzig und seine zwei Katzen fünf und sieben.

»Ich habe mich – und das ist mir seit zehn Jahren nicht mehr passiert – Hals über Kopf in sie verliebt!«

»Verliebtheit ist ein hormoneller Ausnahmezustand und in keiner Weise dazu geeignet, zwei Menschen erkennen zu lassen, ob sie miteinander leben können!«

»Wer möchte mit ihr leben?«

»Ja, du! Bis jetzt wolltest du noch mit jeder Frau, in die du verliebt warst, dein ganzes Leben verbringen.«

»Weil die Liebe immer so groß war.«

»Schön und gut, aber da hättest du bis jetzt genau sieben Leben gebraucht.«

Hätte Bernhard ähnlich gedacht, wären es bei ihm zwölf gewesen. Derzeit war er allerdings Single.

»Was soll ich machen, man ist machtlos gegen die Liebe!«

»Was ist mit deiner Frau und deinem Sohn – möchtest du sie verlassen?«

»Aber nein, so weit ist es noch nicht. Keine Ahnung. Ich bin verwirrt, komplett verwirrt.«

»Das ist nur eine Midlifecrisis.«

»Nein. Es ist Liebe. Echte Liebe!«

»Wie lange kennst du sie schon?«

»Drei Wochen.«

»Das ist nicht einmal eine Midlifecrisis – Du bist nur notgeil.«

»Aber es kommt mir vor, als hätten wir einander immer schon gekannt. Ich schwöre dir, es ist, als ob wir uns immer schon nahe waren.«

Nun, wie wir wissen, ist es meistens bei Verliebten der Fall, dass sie, wenn sie sich zum ersten Mal begegnen, in dem Moment, in dem sie sich ineinander verlieben, das Gefühl entwickeln, als wären sie schon sehr lange miteinander vertraut. Manchmal glauben sie sogar, sich bereits aus einem früheren Leben zu kennen. Genau diese Vermutung hatten Martin und seine neue Geliebte Penelope bereits angestellt. Penelope war halbe Griechin.

»Wir sind uns sicher schon in einem früheren Leben begegnet«, sagte sie, während Martin gerade dabei war, ihren Hals zu küssen.

»Ja. Ja. Ich kann es mir nicht anders erklären.«

»Es ist alles so selbstverständlich. So normal. Nichts fühlt sich fremd an mit dir.«

»Ja, mir geht es genauso«, sagte Martin.

»Völliger Schwachsinn!« Bernhard sah in die Speisekarte. »Wollen wir ein Dessert bestellen?«

Martin lehnte ab und trank seinen Rotwein aus.

»Warum nicht? Warum kann es nicht sein, dass man sich aus einem früheren Leben kennt?«

»Weil wir nicht wiedergeboren werden!«

»Was, wenn doch?«

»Warum können wir uns dann nicht an unser letztes Leben erinnern?«

Martin dachte nach. Er wollte Bernhard wenigstens einmal auch eine schlüssige Antwort in einem brillant formulierten Satz geben. Es fiel ihm keiner ein. Stattdessen meinte er:

»Weil es sonst zu zwischenmenschlichen Katastrophen kommen würde und weil Mann und Frau dann gar nicht miteinander leben könnten.«

»Wieso?«

»Naja, entschuldige! Wie kompliziert ist das Zusammenleben mit einer Frau?«

»Sehr!«

»Ja, eben!«

»Hä?«

»Naja, denk doch bitte mit! Wie viele tausend Themen zwischen Männern und Frauen führen ohnedies schon zum Streit? Du weißt doch, wovon ich rede!«

»Ja, ja, ich weiß schon: Wieso willst du am Sonntag nur faul auf der Couch liegen und nicht mit mir spazieren gehen?«, sagte Martin uncharmant, eine keifende Frau imitierend.

»Was hat das mit der Reinkarnation zu tun? Und damit, dass wir uns, selbst wenn wir reinkarnieren, nicht an unser letztes Leben erinnern können?«

»Naja, wenn du dich an dein letztes Leben erinnern könntest und wenn wir davon ausgehen, dass sich zwei Liebende schon einmal in ihrem früheren Leben begegnet sind, dann kann sich eine Beziehung in diesem Leben überhaupt nicht ausgehen!«

»Wieso?«

»Weil dann sagt deine Frau, wenn du faul auf der Couch liegst: ›Du Arschloch! Mich vor zweihundert Jahren auf dem Scheiterhaufen verbrennen, das geht – aber einmal den Mist runtertragen, dazu sind wir nicht in der Lage!‹«

Martin hatte den Nagel auf den Kopf getroffen. Sollten wir tatsächlich mehrere Leben haben, so ist es unbedingt notwendig, dass wir uns nicht daran erinnern können! Stellen Sie sich vor, um wie viel komplizierter unser Leben wäre, wenn Sie wüssten, dass Ihr Chef Sie vor tausendzweihundert Jahren in Rom am Sklavenmarkt verkauft hat. Oder dass Ihre Großmutter vor fünfhundert Jahren als Quacksalber eine Zahnbehandlung an Ihnen vorgenommen hat, an deren Folgen Sie verstorben sind. Oder dass Ihre Frau Adolf Hitler war! Stellen Sie sich das einmal vor: Jedes Jahr Urlaub in Polen.

Martin saß bei sich zu Hause im Wohnzimmer neben seiner Frau vor dem Fernseher und fühlte sein Handy in der Hosentasche vibrieren. Er schielte zu seiner Frau, die starrte in den Fernseher. Scheinbar gelangweilt fischte er das Handy heraus: »Denk an dich … love, P.« Er tippte zurück: »Miss you too. Kann nicht telefonieren, bin bei Frau … love, M.« Wenige Sekunden später kam zurück: »Kein Problem, kann auch nicht, Freund ist da … call you tomorrow!«

Sie waren beide in Beziehungen und hatten sich ineinander verliebt. Das kann vorkommen. Sie ist vierundzwanzig, er ist sechsundvierzig, auch das kann vorkommen. Überhaupt kann in der Liebe vieles vorkommen. Man hört hier die abstrusesten Geschichten. Ich habe einmal die Geschichte eines dreiundzwanzigjährigen Mannes gehört, der sich in die zweiundvierzigjährige Mutter seiner siebzehn Jahre alten Freundin verliebte, sie dann heiratete, um zwei Jahre später eine Affäre mit ihrer fünfunddreißig Jahre alten Schwester anzufangen, die schwanger wurde und die er dann eine Woche nach seiner Scheidung ebenfalls heiratete und mit der er heute noch glücklich zusammenlebt, wobei man dazusagen muss, dass die Hochzeit erst vor zwei Wochen stattfand. Eine andere Geschichte handelt von einer jungen Frau, die sich am Tag ihrer Hochzeit, während der Bräutigam schon im Zimmer auf sie wartete, auf der Herrentoilette von einem der Hochzeitsgäste ordentlich durchknallen ließ, was zu einem derart enormen Orgasmus führte, dass sie dem Unbekannten bis nach Texas folgte, wo sie mit ihm ein Kind bekam und sich noch während der Schwangerschaft in seinen besten Freund verliebte, der dann das Kind adoptierte. Die Verliebtheit lässt uns die seltsamsten Dinge anstellen.

»Verliebtheit führt uns meistens ins Unglück!«, hatte Bernhard gesagt. »Es ist bereits allseits bekannt, dass die romantische Liebe zum Scheitern verurteilt ist.«

»Aber Blödsinn!« Martin war zutiefst von der romantischen Liebe überzeugt.

»Die einzig wahre Liebe ist die romantische!«

»Nein, die romantische Liebe unterliegt dem Irrtum, dass ein hormoneller Ausnahmezustand als Indikator für die Fähigkeit, miteinander leben zu wollen, gewertet wird.«

»Wie kann man nur so etwas Unromantisches sagen!«

»Was ist schon romantisch?«

»Ein Sonnenuntergang!«

Bernhard war entsetzt. Es musste seinen Freund Martin wirklich hart erwischt haben.

»Romantisch ist nicht, was von einer Mehrheit als solches angesehen wird. Das ist eben der große Irrtum. Hunderte Pärchen sehen sich den Sonnenuntergang an und warten darauf, dass ihnen die große Liebe wieder einschießt, nachdem sie sich jahrelang auf die Nerven gegangen sind.

Oder sie beobachten gemeinsam den Sternenhimmel! Lächerlich! Alles nicht romantisch. Oder besser gesagt: romantisches Fast Food. Ein Sonnenuntergang ist der Big Mac unter den romantischen Dingen und der Sternenhimmel die Chicken McNuggets.«

»Nein, nein, nein! Was, wenn Sternschnuppen fallen, was ist das?«

»Eine heiße Apfeltasche dazu!«

»Wie kann man so abgebrüht sein?«

»Nicht ich bin abgebrüht, sondern du in eine Vierundzwanzigjährige verliebt. Das schlägt sich natürlich auf dein Urteilsvermögen!«

»Wenn man gemeinsam besondere Dinge erlebt – das ist doch romantisch, oder?«

»Ja natürlich, klar, da gebe ich dir Recht. Aber was ist denn an einem Sonnenuntergang besonders? Die Erde dreht sich seit Millionen von Jahren um die Sonne. Ein Sonnenuntergang hat schon Trillionen Mal stattgefunden. Was ist da so Besonderes dran? Besonders sind Sachen, die nicht jeden Tag passieren.«

»Was ist dann für dich romantisch?«

»Ich habe einmal eine Frau kennengelernt, die so betrunken war, dass sie mir, als wir uns zum ersten Mal gesehen haben, erstens unbedingt einen blasen wollte und sich zweitens dabei angekotzt hat. Diese Frau habe ich fast geheiratet! Das ist romantisch!«

»Von dieser Frau hast du dich nach zwei Jahren getrennt!«

»Ich war nicht der Einzige, den sie angekotzt hat!«

»Da ist natürlich etwas Wahres dran. Warum glauben die Menschen immer, dass das, was alle machen, etwas Besonderes ist, bloß weil sie es gerade machen? Wahrscheinlich hast du

Recht und die romantische Liebe ist wirklich der falsche Weg. Wir haben eine Scheidungsrate von über fünfzig Prozent und leben in einer Zeit, in der sich jeder seinen Ehepartner selbst aussuchen darf, in der jeder seine große Liebe heiratet.«

Ich will mich ja nicht auf eine Seite schlagen, eine meiner beiden Figuren bevorzugen, aber ich denke, Bernhard hat Recht. Wir sind am Anfang einer Beziehung so dermaßen euphorisch in unserer Verliebtheit, dass uns ein normales, emotional ausgeglichenes Leben wie eine langweilige Beziehungshölle vorkommen muss. Statistisch gesehen waren in früheren Jahrhunderten die Ehepaare nicht unglücklicher als heute, und das, obwohl sie einander nicht selbst aussuchen konnten und zwangsverheiratet wurden. Das geht aus Briefen hervor, die sich Eheleute in den Jahren zwischen 1500 und 1800 geschrieben haben. Man wurde einander vorgestellt, wusste, dass man füreinander bestimmt war, verhasste sich sozusagen ineinander und lebte sich im Laufe der Jahre zusammen, bis man sich lieben lernte. Heute lernt man sich kennen, verliebt sich ineinander, glaubt, dass man füreinander bestimmt ist, lebt sich im Laufe der Jahre auseinander und lernt sich zu hassen. Ich kenne eine Geschichte aus dem sechzehnten Jahrhundert: Ein Mörder wurde zum Tode durch den Strick verurteilt. Kurz vor seiner Exekution wurde ihm – wie damals im Frankreich des sechzehnten Jahrhunderts durchaus nicht unüblich – mitgeteilt, dass es eine Möglichkeit gäbe, begnadigt zu werden. Wenn er bereit wäre, eine Prostituierte zu ehelichen und sie zu erhalten, so würde ihm seine Strafe erlassen und er käme mit dem Leben davon. Aus solchen Zwangsverbindungen sollen viele glückliche Ehen hervorgegangen sein. Allerdings hat auch hier die romantische Vorstellung den Männern einen Streich gespielt. Die meisten zum Tode Verurteilten stellten sich nämlich die Prostituierte äußerst attraktiv, jung und sexy vor. Sie rechneten mit einer blonden, achtzehnjährigen, sexhungrigen, gesunden Frau und dann wurde ihnen eine alte, syphilitische Frau vorgestellt, die nur noch zwei Zähne im Mund hatte. Viele sind so erschrocken, dass sie den Tod vorzogen, heißt es. Und wer hat Schuld? Die Romantik! Die romantische Vorstellung führte in diesen Fällen sogar zum Tod.

»Der romantischen Empfindung ist in keinem Fall zu trauen«, lautete eine Maxime von Bernhard, die Martin lange zu denken gegeben hatte.

Da saß er also neben seiner Frau auf der Couch und schrieb seiner Geliebten kurze Botschaften. Sie war vierundzwanzig und ohne Erfahrung was Affären betraf.

»Wir müssen das genau planen«, hatte ihr Martin vor einigen Tagen erklärt, nachdem sie zum achten Mal Sex gehabt hatten.

»Wie hat man eine Affäre?«, fragte Penelope.

»Da sind ganz wichtige Dinge zu beachten, wir müssen eine Liste machen.«

»Zum Beispiel?«

»Also. Damit die Affäre nicht auffliegt, sollten ich und dein Freund dasselbe Parfum verwenden. Und du und meine Frau auch. Wobei da Frauen sensibler sind: Dein Freund wird wahrscheinlich nicht merken, dass du nach einem fremden Parfum riechst.«

Er saß nackt im Hotel Orient auf dem Bett, in dem er vor wenigen Minuten mit seiner vierundzwanzigjährigen Geliebten Sex gehabt hatte, und tippte diese Liste in sein iPad.

»Dann. Hast du eine Kreditkarte?«

»Ja.«

»Kann dein Freund deine Abrechnung einsehen?«

»Nein, wir wohnen nicht zusammen. Also, noch nicht.«

»Gut. Wobei … meistens werde natürlich ich bezahlen, wenn wir in einem Hotel sind oder vielleicht eine kleine Städtereise unternehmen.«

»Klar!« Penelope langweilte sich bei der Erstellung dieser Liste. Sie war in Martin verliebt und wollte die schöne Zeit mit ihm auskosten, vielleicht mit ihm wegfahren, aber auf keinen Fall eine Liste mit Verhaltensregeln zusammenstellen.

»Ich werde selbstverständlich immer bar zahlen oder mir eine zweite Kreditkarte zulegen, von der meine Frau nichts weiß.«

Die Affäre steigerte Martins Selbstbewusstsein. Seine Geliebte betrügt ihren neunzehnjährigen, knackigen Freund mit ihm, einem sechsundvierzigjährigen, leicht dickbäuchigen Herrn, der in erster Linie Angst vor dem Sterben hat. Er lief grinsend durch die Straßen von Wien, bestellte fröhlich Espressi und hatte überhaupt ein neues Lebensgefühl entdeckt.

»Weil es eben Liebe ist und nicht nur Sex«, hatte er gegenüber Bernhard nach dem zwanzigsten Mal Sex mit Penelope beharrt. Dieser verlor langsam die Geduld mit seinem besten Freund. Die beiden waren im Prater mit dem Rad unterwegs, ein wöchentliches Ritual.

»Verliebtheit hat nichts mit Liebe zu tun!«

»Doch. In diesem Fall schon, in unserem Fall ist Verliebtheit nicht der richtige Ausdruck – es ist Liebe. Es ist dieses Gefühl, das einem sagt, man gehört zusammen.«

»Weil dir die Verliebtheit dieses Gefühl vorgaukelt.«

»Nein. Weil wir im Akt der Liebe, wenn wir ineinander verschlungen den Höhepunkt der Lust erleben, weil wir dann die Ewigkeit berühren, weil wir dann an einem Ort sind, der unser Zuhause ist. Verstehst du das denn nicht?«

»Ich verstehe das sehr gut.« Bernhard wollte seine Ruhe haben.

Wir müssen zugeben, dass Martin natürlich Recht hat. Der Moment der Vereinigung zweier Liebender ist der Moment des größtmöglichen Glücks auf dieser Erde und das Glück ist so groß, dass uns vorkommen muss, es wäre von einem anderen Ort, es wäre unser wahres Zuhause. Es ist von dort, wo wir nach dem Tod hinwollen. Ja, wahrscheinlich berührt uns in diesem Moment wirklich die Ewigkeit. Und sobald die Vereinigung der zwei Liebenden zu Ende ist, wenn wir nach dem Sex nebeneinanderliegen, wird uns mit einem Mal wieder bewusst, dass wir alleine sind, weil es uns wieder in die Vergänglichkeit zurückgeschleudert hat.

Nach dem fünften Mal Sex hatte Penelope erstmals gesagt, dass sie Martin liebte, was dieser, ohne zu zögern, erwiderte. Unmittelbar danach stellte sich bei beiden Traurigkeit darüber ein, dass es ihnen unmöglich wäre, mit dem anderen auf ewig zu verschmelzen.

»Wenn in der Evolution einiges anders gelaufen wäre, dann wäre unsere Existenz vielleicht nicht so hoffnungslos«, sagte Penelope.

»Was meinst du?«

»Es gibt Tiere, die bei der ersten Paarung miteinander verwachsen.«

»Wirklich?«

»Ja.«

»Wo? Am Kopf? Mit den Lippen, damit sie einander ewig küssen können?«, spöttelte Martin und küsste Penelope.

»Nein, an den Geschlechtsteilen. Die Samenleiter verwachsen mit der Vagina, wodurch eine sogenannte Dauerkopula entsteht. Die bleiben dann für immer zusammen.«

»Das ist ja großartig! Im ewigen Geschlechtsakt vereint.«

»Warum können wir das nicht? Das würde alles vereinfachen.«

»Vereinfachen ist nicht das richtige Wort. Es würde das Leben großartig machen. Einfach wunderbar!«

Die Vorstellung törnte beide dermaßen an, dass sie sofort wieder übereinander herfielen. Wenig später verabschiedeten sie sich mit der gegenseitigen Versicherung ihrer Liebe und dass sie einander vermissen würden.

Zwei Tage später sahen sie sich wieder.

»Wie heißen diese Tiere eigentlich?«

»Welche Tiere?«

»Die zusammengewachsenen.«

»Doppeltiere. Das Diplozoon gehört zur Klasse der Hakensaugwürmer. Parasiten, die an den Kiemen von Süßwasserfischen hängen.«

Kein sehr romantisches Tier, dachte Martin. Ein glückliches Parasitenpärchen. Auf immer vereint. Zusammengewachsen.

»Und was, wenn sich einer der beiden in einen anderen Hakensaugwurm verliebt?«

»Kann er nicht, oder sie nicht. Wobei, das sind Zwitter.«

Zusammengewachsene Zwitter-Hakensaug-Parasiten-Würmer, die an Kiemen von Fischen hängen, schienen den beiden also das Ideal der Liebe zu sein? Wobei sich natürlich die Frage stellt, warum ein Zwitter sich überhaupt einen Zweiten sucht. Ganz ehrlich, wenn ich einen Penis und eine Vagina hätte, ich würde die längste Zeit nicht mehr aus dem Haus gehen. Später würde ich mich vielleicht in einer Bar auf einen Drink einladen, mit mir ins Kino gehen, mir Blumen schenken und mir ewige Treue schwören. Aber ich bin ja auch nicht verliebt, wie meine zwei Figuren es sind.

»Und was, wenn die Liebe zwischen den beiden Parasiten abklingt. Wenn alles zur alltäglichen Routine wird? Wenn einer von beiden es satt hat, den ganzen Tag an den Kiemen eines Fisches zu hängen? Wenn der eine sagt: ›Mit dir kann man nichts unternehmen, wirklich, du hängst den ganzen Tag an diesem Fisch und interessierst dich für nichts. Ich hab genug! Ich lass mich scheiden!‹«

Penelope fand die Idee amüsant.

»Aber die beiden lieben einander doch. Sie haben denselben Blutkreislauf, dasselbe Herz. Also, jetzt nicht die Doppeltiere, aber wenn das bei uns Menschen so wäre. Stell dir vor, mein Blut würde auch in deinem Körper kreisen.«

»Dann bist du betrunken und ich hab die Kopfschmerzen!«

»Ja. Ist das nicht wunderbar?«

»Eine Scheidung wäre nur ein bisserl kompliziert. Dann braucht man nicht nur einen Anwalt und einen Termin bei Gericht, sondern auch einen im AKH. Und dann geht die Streiterei schon los! ›Die Leber! Du willst die Leber haben? Kommt nicht in Frage! Meinen Bauch kannst du haben, die zwanzig Kilo Übergewicht, aber nicht meine Leber!‹«

»Wie lange bist du schon verheiratet?« Sie stand auf, um sich ihren Slip anzuziehen. Martin sah sie an, strich mit seiner Hand über ihren nackten Hintern und landete wie von selbst zwischen ihren Beinen.

»Zwölf Jahre.«

Sie drehte sich zu ihm und er küsste ihre Brüste.

»Und wie heißt dein Sohn?«

Sie setzte sich auf ihn.

»Hannes.«

Sie gab ihm einen langen Kuss. Er bewegte seine Finger zwischen ihren Beinen, sie stöhnte und schob ihre Hand zwischen seine Beine.

»Schräg! Mein Freund heißt auch Hannes.«

Richtig. Sie haben völlig richtig kombiniert. Es ist einzig und allein deswegen bis zu diesem Zeitpunkt nicht herausgekommen, weil Hannes sich geweigert hatte, seinen Eltern den Namen seiner neuen Freundin mitzuteilen, geschweige denn, sie ihnen vorzustellen. Vater und Sohn hatten drei Monate dieselbe Geliebte beziehungsweise Freundin, ohne es zu wissen. In Scheidung befanden sich Martin und seine Frau schlicht und einfach deshalb, weil seine Affäre aufgeflogen war und das, obwohl er die Liste noch um weitere siebenundzwanzig Punkte erweitert und diese penibel eingehalten hatte. Doch eines nach dem anderen. Wir sind noch immer im Hotel Orient bei Penelope und Martin, nachdem sie ihm mitgeteilt hat, dass ihr Freund schrägerweise denselben Namen trägt wie Martins Sohn.

»Wie alt ist dein Freund?«

»Neunzehn«, sagte Penelope.

»He. Du stehst auf Jüngere! Und ich dachte, du hast einen Vaterkomplex.«

»Nein, überhaupt nicht. Du bist mein erster Forty-Something.«

Sie fiel über ihn her und sie hatten ihr zwölftes Mal.

Eigentlich hätte sich Martin hier schon etwas denken können, denn Hannes, sein Sohn, ist neunzehn Jahre alt. Aber die sexuelle Erregung hat ihn nicht auf diese zugegeben sehr zarte aber doch vorhandene Fährte kommen lassen.

2 Hannes war mit sechzehn von zu Hause ausgezogen. Er hatte kein besonders herzliches Verhältnis zu seinen Eltern, aber wer hat das schon mit sechzehn. Er hielt seine Eltern für Idioten. Er hielt generell die Menschen, oder besser gesagt einen überwiegenden Teil von neunundachtzig Prozent, für Idioten. Er nannte es seine Idioten-Theorie.

»Die Menschen sind dumm! Sie lassen sich von irgendwelchen anderen Idioten vorschreiben, wie sie leben sollen. Sie arbeiten sich zu Tode, nur damit sie ein größeres Haus haben als ihr Nachbar. Sie laufen in Kaufhäuser und glauben, sie können sich das Glück kaufen. Dumm, sie sind einfach dumm!«

»Aber deine Eltern doch nicht«, sagte Penelope an dem Abend, an dem sie sich kennengelernt hatten.

»Natürlich sind die auch dumm. Wie groß ist die Wahrscheinlichkeit, dass man als intelligenter Mensch auf andere intelligente Menschen trifft, wenn insgesamt nur elf Prozent intelligent sind? Sehr klein! Da ist es noch unwahrscheinlicher, dass man in einer Familie lebt, in der es intelligente Menschen gibt. Meine Eltern sind Idioten, genauso wie meine Kinder, sollte ich jemals welche haben, mit hoher Wahrscheinlichkeit auch Idioten sein werden. Das wäre doch ein zu großer Zufall, dass meine Eltern und meine Kinder intelligent sind, wenn neunundachtzig Prozent der Menschen Idioten sind. Wir sind von Idioten umgeben. Noch dazu habe ich soeben einen intelligenten Menschen kennengelernt. Die Wahrscheinlichkeit, dass ich noch weitere kennenlernen werde, ist sehr gering.«

Penelope gefiel Hannes Idioten-Theorie und sie verliebte sich in ihn. Zwei Monate später ging er ihr schon das erste Mal auf die Nerven.

»Warum stellst du mich deinen Eltern nicht vor?«

»Wozu?«

Sie standen an einem Würstelstand in Wien. Es war vier Uhr früh, sie kamen von einer Party. Hannes tunkte seine Käsekrainer in scharfen Senf, Penelope biss in einen Hotdog.

»Ich würde sie gerne kennenlernen!«

»Seit wann interessierst du dich für Idioten?«

»Jetzt sei nicht so.«

»Das sind uninteressante Leute! Komplett. Und außerdem geht es sie nichts an, wen ich liebe. Was habe ich mit diesen Menschen zu tun, außer dass sie mir dankenswerterweise ihre Gene mitgegeben haben?«

»Du bist zu strikt, finde ich. Also irgendwann möchte ich sie gerne kennenlernen.«

Zwei Tage später sollte sie, ohne es zu wissen, Hannes Vater kennenlernen und sich auf der Stelle in ihn verlieben.

»Meine Eltern nerven wirklich ungemein. Meinen Großvater kann ich dir vorstellen, der Mann ist cool. Auch ein Idiot, aber cool.«

Woher Hannes Abneigung gegen seine Eltern kam, ist schwer zu sagen. Wie so oft, konnten sie ihm nicht die Liebe und Geborgenheit geben, die er als kleines Kind gebraucht hätte. Beide waren berufstätig und selten für ihren Sohn da. Er entwickelte eine stärkere Bindung zu seinem Kindermädchen. Bis heute ist sie es, die als Erste erfährt, wenn etwas Bedeutendes in seinem Leben passiert.

»Glaubst du, dass wir zwei zusammengehören?«, hatte Penelope eines Nachmittags, den die beiden im Bett verbracht hatten, gefragt.

»Nein«, sagte Hannes und küsste ihre Stirn. »Niemand gehört mit irgendjemand anderem zusammen. So etwas gibt es nicht.«

Penelope war enttäuscht, obwohl sie wusste, dass Hannes Antwort so ausfallen würde.

»Wir bilden uns nur ein, wir gehören zusammen, weil wir einander brauchen, um Nachwuchs zu produzieren. Wir suchen uns ein Gegenüber, von dem unser biologischer Instinkt glaubt, er oder sie wäre perfekt geeignet, die idealen Kinder zu erzeugen.«

»Ich will aber noch keine Kinder.«

»Darum geht's ja gar nicht. Aber das ist der Grund, warum wir zusammen sind.«

»Hast du nicht das Bedürfnis, mit mir zu verwachsen und als mein siamesischer Zwilling immer an mir zu hängen?«

Hannes machte eine kleine Pause. Er hatte die Frage nicht wirklich verstanden.

»Sag nichts, bitte!«, meinte Penelope, stand auf und machte Tee. Es war ein verregneter, kalter Tag. Hannes blieb im Bett.

»Und ich verstehe eigentlich nicht, warum Paare immer außer sich sind, wenn es zu einer Trennung kommt. Man trennt sich nämlich nicht, weil man sich nicht mehr liebt, sondern weil einem der biologische Instinkt sagt, dass man mit diesem Partner keine idealen Kinder bekommen kann. Der klassische Satz ›Es liegt nicht an dir, es liegt an mir‹ ist falsch. Es müsste korrekt heißen: ›Es liegt nicht an dir und nicht an mir – die Evolution ist schuld‹. Wir suchen uns nämlich nicht den Partner, der uns glücklich macht, sondern den, mit dem wir die idealsten Kinder haben können. Also unterbewusst, wie gesagt, das macht unser biologischer Instinkt. Deshalb sind viele Paare nicht miteinander glücklich: Weil es nur um den Nachwuchs geht.«

Penelope kam mit zwei Tassen Pfefferminztee ins Schlafzimmer, pflanzte sich vor dem Bett auf und sagte: »Und warum haben sich dann meine Eltern erst scheiden lassen, als ich drei Jahre alt war? Haben sie mich beobachtet und sind draufgekommen, dass ich nicht das ideale Kind bin? Wie erklärt sich das, Herr Universitäts-Dozent Dr. Dr. Beziehungsspezialist?«

Hannes wusste darauf keine Antwort. So weit hatte er noch nicht gedacht, aber insgeheim kam ihm in den Sinn, dass es durchaus möglich wäre, dass Penelope ein idealerer Mensch geworden wäre, hätte sich ihr Vater eine andere Frau gesucht. Allerdings wagte er nicht, diesen Gedanken auszusprechen, er wollte Penelope nicht verletzen. Stattdessen sagte er: »Diese Theorie ist nicht von mir, die ist von Schopenhauer.«

»Schopenhauer kann mich am Arsch lecken!«

»Schopenhauer war ein großer Philosoph!«

»Schopenhauer hat einen großen Teil seines Lebens mit Pudeln verbracht und nicht mit Frauen. Von dem lass ich mir sicher nicht erklären, warum ich mich in dich verliebt habe. Von dem lass ich mir sagen, wie man einen Pudel dressiert, aber sonst nichts …«

»Schopenhauer hat sich mit dreiundvierzig in die siebzehnjährige Flora Weiß verliebt, hat um ihre Hand angehalten, wurde abgewiesen und erst dann hat er sich seinen ersten Pudel gekauft.«

»Ein Dreiundvierzigjähriger, der glaubt, dass er mit einer Siebzehnjährigen die idealen Kinder haben kann und der sich dann aus Frust bis an sein Lebensende Pudel hält, ist nicht die erste Adresse, wenn es um Fragen der Liebe geht …«

»Welche Erklärung gäbe es denn sonst dafür, dass wir uns ineinander verliebt haben?«

»Vielleicht gehören wir ja doch zusammen!« Sie sagte diesen Satz in einem Tonfall, als würde sie »Du kannst mich auch am Arsch lecken!« sagen. Vier Tage später lernte sie Hannes Vater kennen und verliebte sich Hals über Kopf in ihn.

3 »Ich werde mich scheiden lassen«, sagte Verena, Martins Frau, zu ihrem Liebhaber, einem dreiundvierzigjährigen Anwalt, der seit längerem schon keine fixe Beziehung mehr hatte und die lockere Affäre mit der verheirateten Verena sehr genoss.

»Um Gottes willen, ich hoffe, nicht wegen mir!«

Verena und Walter lagen in seiner Wohnung auf der Couch und hatten sich soeben einen Film angesehen. Ihre Affäre dauerte nun schon zwei Jahre und an manchen Treffen wurde nicht mehr wild gevögelt, sondern ferngesehen. So auch dieses Mal.

»Mein Mann hat eine Affäre.«

Dummerweise war Martins Affäre mit Penelope aufgeflogen. Er war ins Bad gegangen, um zu duschen. Sein Handy lag auf dem Esstisch. Martin und Penelope hatten sich Codes ausgemacht. Ihre Liebe war jung, ihre Leidenschaft groß, also hatten sie das Bedürfnis, täglich miteinander zu kommunizieren. Als verheirateter Mann und als junge Frau in einer Beziehung kann man allerdings nicht jederzeit frei mit dem Geliebten oder der Geliebten telefonieren, also brauchte man einen Code, den man sich per SMS schickt. Sie waren in einem Kaffeehaus in der Innenstadt gesessen, als sie sich über den Code unterhalten hatten.

»Ganz einfach. Wenn ich dir schreibe ›Die alte Schachtel ist da‹, dann kann ich nicht telefonieren«, scherzte Martin.

»Sprich nicht so grob über deine Frau.«

»Wenn du schreibst ›Muss babysitten!‹, dann weiß ich, dass du bei deinem Freund bist.«

Martins Bemerkungen sorgten für wenig bis gar keine Erheiterung. Sie überlegten beide eine Weile und einigten sich dann auf ein Plus, wenn man gefahrlos angerufen werden konnte, und ein Minus, wenn nicht. Ein solches Minus war in der SMS, die Martin bekam, als er sich in der Dusche befand. Verena ging am Esstisch vorbei und sah, wie das iPhone kurz aufleuchtete. Sie war ein komplett uneifersüchtiger Mensch bis zu dem Zeitpunkt, als sie die Affäre mit Walter anfing. Nach wenigen Wochen kam ihr zum ersten Mal der Gedanke, ihr Mann könnte sie eventuell auch betrügen. Wenn sie dazu fähig war, dann er vielleicht auch. Drei Jahre lang hatte sie ihre Eifersucht unterdrückt, die bis vor wenigen Wochen auch völlig unbegründet gewesen war, aber just in dem Moment, in dem sie sah, wie ihr Mann eine SMS von einer oder einem gewissen »P Handy« bekam, konnte sie dem Drang, in seinem Handy herumzuschnüffeln, nicht mehr widerstehen. Sie öffnete die SMS und sah – eine Tücke des iPhones – auf einen Blick den gesamten SMS-Verkehr zwischen ihrem Mann und seiner Geliebten. Sie überflog die Texte: »Liebe dich … morgen zwölf Uhr … meinen Schwanz in dir … liebe dich … feucht, wie noch nie … du bist mein wahres Leben … ohne dich bin ich verloren … liebe dich …« Sie schloss die Anwendung, legte das iPhone zurück auf den Tisch und bereute es zutiefst, nachgesehen zu haben.

»Keine Ahnung, wie lange das schon geht. Aber ich werde mich auf jeden Fall scheiden lassen!«

Walter war verwundert, dass dies ein Scheidungsgrund für sie sein könnte: »Aber du hast doch auch eine Affäre!«

»Eben. Was gibt es denn noch für einen Grund, zusammenzubleiben?«

»Liebst du ihn denn nicht mehr?«

»Ich liebe das Leben mit ihm, er selber geht mir auf die Nerven.«

»Ich liebe dich, aber ein Leben mit dir würde mir auf die Nerven gehen«, sagte Walter und griff Verena zwischen die Beine.

»Wer hat gesagt, dass ich mit dir leben möchte?«

Walter öffnete den Gürtel von Verenas Jeans und sagte: »Unsere Affäre ist doch großartig, oder?«

»Ja, das ist sie.«

Verena zog ihre Jeans aus, um die Sache zu beschleunigen, woraufhin auch Walter begann, sich auszuziehen.

»Und wenn du dich scheiden lässt, dann ist unsere großartige Affäre in Gefahr.«

Sie zog ihre Bluse aus und lag jetzt nackt auf der Couch. Walter stolperte aus seiner Hose, zog sein T-Shirt über den Kopf und arbeitete sich an Verenas Körper küssend hoch.

»Wieso denn? Wir können doch auch eine Affäre haben, wenn wir beide Single sind.«

»Das geht auf gar keinen Fall, eine Affäre besteht mindestens aus drei Personen.«

»Nur weil ich geschieden bin, heißt das noch lange nicht, dass wir dann zusammen sind.«

»Außerdem«, sagte Walter, kurz bevor er sich wieder Richtung Beine aufmachte. »Außerdem braucht meine Tochter mit vierundzwanzig keine Stiefmutter.«

»Oh Gott! Wovon redest du? Ich wäre dann nicht ihre Stiefmutter, sondern einfach die neue Freundin ihres Vaters.«

»Ja, schon, aber …«

»Hör jetzt auf zu reden und mach endlich, wozu wir hier sind!«

»Sehr gerne«, sagte Walter und versenkte seinen Kopf zwischen Verenas Beinen.

Martin war zu diesem Zeitpunkt alleine in der gemeinsamen Wohnung und ging durch seine Bibliothek – wobei Bibliothek übertrieben war, es handelte sich um neun schwarze Billy-Regale, die über die ganze Wohnung verteilt standen. Die Bücher waren, wie er es nannte, »locker geordnet«. Geordnet deshalb, weil sie nach Themenbereichen gereiht waren, locker deshalb, weil es durchaus möglich war, in der Abteilung »Moderne Literatur« ein Buch über aussterbende Tierarten zu finden. Manchmal war dies sogar eine angenehme Überraschung. Meistens war es jedoch ärgerlich, wenn man zum Beispiel den ersten Band von Samuel Pepys Tagebüchern suchte und nicht ahnte, dass er sich in die Abteilung »Bildbände Kunstgeschichte« verirrt hatte.

Er musterte seine Bücher und musste feststellen, dass

im Falle einer Trennung von Verena das komplizierteste Unterfangen das Auseinanderdividieren der Bücher sein würde. Es war eine in einundzwanzig Jahren gemeinsam gewachsene Bibliothek. Bei vielen Büchern würde man gar nicht mehr feststellen können, wer sie angeschafft hatte. Wie soll man da entscheiden, wer welches Buch bekommt? Und wie würde es sich in einer neuen Wohnung, vielleicht sogar gemeinsam mit seiner neuen, vierundzwanzigjährigen Lebensgefährtin, mit all diesen Scheidungsbüchern leben? Die Vorstellung einer Patchwork-Bibliothek bereitete ihm Unbehagen.

Er ging in die Küche und machte sich ein Sandwich. Er liebte Sandwiches. Weißes Brot, Mayonnaise, Salat, Gurken, Schinken, wieder Mayonnaise und wieder eine Schicht weißes Brot, dazu trank er schwarzen Tee mit Milch. Er dachte an Penelope und den Sex mit ihr, an die große Liebe, die er ihr gegenüber verspürte, und hatte keine Ahnung, dass sein Sohn ihr Freund war und seine Frau ein Verhältnis hatte. Er ahnte nichts vom menschlichen Desaster, das auf ihn zukommen würde. Er ahnte nicht, dass er zwei Tage später mit Penelope im Auto sitzen und ein kleines Ultraschallbild betrachten würde und dass Penelope zu ihm sagen würde: »Es muss von dir sein!«

»Schwanger! Du bist schwanger?«

»Ja. Wie oft muss ich es dir noch sagen.«

»Aber das kann ja nicht sein, du hast doch die Spirale.«

»Ich weiß.«

»Du kannst nicht schwanger sein!«

»Und was ist dann das auf dem Ultraschallbild?«

»Keine Ahnung … da kann man nichts erkennen … was ist das überhaupt?«

Er starrte auf das Bild und war fassungslos. Dabei ahnte er noch gar nicht, dass das ebenso gut sein Enkelkind sein könnte.

»Wieso muss es von mir sein?«

»Hannes und ich nehmen immer Kondome.«

»Zusätzlich zur Spirale?«

»Ja, er weiß nicht, dass ich die Spirale habe.«

»Warum?«

»Weil mir das zu unsicher ist. Weil ich von einer Freundin gehört habe, dass eine Bekannte von ihr trotz Spirale schwanger geworden ist.«

»Und warum hast du es mir gesagt?«

»Ich weiß nicht ... es hat sich so ergeben ... und dann hatte ich keine Kondome dabei und ich hab mir gedacht, die Spirale wird schon reichen.«

»Normalerweise reicht das auch.«

»Es hat eben sein sollen. Da will jemand auf die Welt kommen.«

»Ich bin fast fünfzig. Ich kann doch nicht noch einmal Vater werden ...«

»Du bist sicher ein großartiger Vater ...«

»Du bist erst vierundzwanzig, du kannst doch noch nicht Mutter werden.«

Es entstand eine kleine Pause, eine ältere Dame stand neben dem Auto, bückte sich und entfernte die Kacke, die ihr Hund dort hinterlassen hatte.

»Eigentlich sollte ich das sagen ...«

»Warum?«

»Damit du sagen kannst, dass ich sicher eine großartige Mutter wäre.«

»Du wärst sicher eine großartige Mutter, aber du bist vierundzwanzig, du hast immer gesagt, du möchtest dein

Leben noch genießen, du möchtest die Welt bereisen, dein Studium fertig machen und eine Praxis aufmachen und in deinem Beruf erfolgreich sein, bevor du ein Kind bekommst.«

Penelope studierte Medizin und wollte Urologin werden.

»Das kann ich ja immer noch.«

»Mit einem Kind … wie denn?«

»Ich habe ja dich.«

»Ich bin fast fünfzig und verheiratet. Was soll ich denn meiner Frau sagen? Dass ich ein neues Hobby habe und im Park Säuglinge stehle, die ich großziehen möchte?«

»Wir können das ja noch in Ruhe besprechen.«

»Wir besprechen es ja gerade in Ruhe.«

»Nein. Wir besprechen nichts. Wir sind in Panik!«

»Ich bin in Panik! Du bist überhaupt nicht in Panik. Du bist ganz ruhig! Der Einzige, der hier in Panik ist, bin ich!«

»Weil ich dich liebe und weil ich mein Leben mit dir verbringen will und weil ich mich auf unser Kind freue.«

»Das freut mich sehr – aber wie soll ich das meiner Frau erklären?«

Penelope nahm ihr Handy und begann zu tippen.

»Wem schreibst du jetzt?«

»Meinem Vater, ich muss ihm erzählen, dass er Großvater wird.«

»Oh Gott. Meine Frau bringt mich um.«

Seine Frau lag in den Armen ihres Liebhabers und malte sich ein Leben mit ihm aus. Sie würde sich scheiden lassen und nach einer gewissen Zeit würde es ganz normal sein, dass sie und Walter zusammenlebten. Er würde sich nicht mehr dagegen sträuben, in der Erkenntnis, dass es das Beste für ihn sei.

»Ich will auf gar keinen Fall, dass wir zusammenziehen.«
»Natürlich nicht, bist du verrückt?«
Verena stand auf und nahm ihr Handy aus der Handtasche. Sie tippte.
»Wem schreibst du?«
»Meinem Mann, ich glaube, wir müssen reden.«
Walters Handy vibrierte. Er hatte eine SMS bekommen.
»Wer schreibt dir?«, fragte Verena.
»Meine Tochter, sie möchte mit mir reden, sie hat mir etwas Wichtiges zu sagen.«

Das Leben ist manchmal eine griechische Tragödie oder eine spanische Telenovela, mehr möchte ich gar nicht dazu sagen. Penelope war schwanger und wusste nicht von wem. Die Geschichte mit den Kondomen hat sie natürlich erfunden. Ihr Instinkt sagte ihr, dass das Kind von Martin sein musste, denn Martin war der Mann, den sie liebte. Sie hoffte sehr, sich auf ihren Instinkt verlassen zu können. Hannes wollte keine Kinder. Hannes war nicht der Mann, den sie liebte. Sie mochte ihn, sie war auf eine geheimnisvolle Weise mit ihm verbunden, auch eine Art Liebe, nein, wirkliche Liebe, anders als mit Martin, aber auf jeden Fall auch Liebe. Was sollte sie tun? Martin verlassen und mit Hannes leben, ihm erklären, dass es sein Kind sei, die Affäre beenden und Hannes niemals davon erzählen? Dafür war es zu spät. Martin wusste Bescheid, glaubte, dass es ganz sicher sein Kind wäre. Sie hätte Martin, der, wie es aussah, auch kein Kind wollte, sagen können, dass sie es abgetrieben habe, die Affäre beenden und mit Hannes leben können. Aber was, wenn es nicht dessen Kind war? Diese Gedanken schossen ihr durch den Kopf, als sie immer noch im Auto neben Martin saß.

»Also, ich bin auf jeden Fall dafür, dass wir das Kind bekommen«, hörte sich Martin sagen, »wir werden das schon irgendwie schaffen.«

Sein Handy piepste. Eine SMS.

»Meine Frau, sie will heute Abend mit mir reden!«, sagte er verwundert.

»Aha. Was will sie?«

»Keine Ahnung!«

Penelope schrieb noch eine weitere SMS. Sie teilte Hannes mit, dass sie heute Abend mit ihm reden wolle. Martin schrieb seiner Frau zurück und teilte ihr mit, dass auch er mit ihr etwas Wichtiges zu besprechen habe.

In Sachen Liebe kommt die wichtigste Rolle dem Zufall zu. Wir treffen einen Menschen, in den wir uns verlieben, rein zufällig und unsere Liebe gaukelt uns Bestimmung vor. Aber was uns zusammenführt, ist der Zufall. Eine neue Mitarbeiterin, ein aufmerksamer Partygast, eine sympathische Kellnerin. Es spielt keine Rolle wann und wo wir auf einen Menschen treffen, den wir lieben werden, der Zufall sorgt dafür, dass es passiert. Wir können den Menschen, den wir lieben werden, nicht suchen, nicht herbeirufen, wir müssen warten, bis der Zufall seine Arbeit tut. Der Zufall ist die stärkste Macht in diesem Universum, hat er doch sogar das Universum selbst hervorgebracht. Der Zufall hat dafür gesorgt, dass in einem unendlich großen Universum unter unendlich vielen Sonnen zumindest um eine davon ein Planet kreist, auf dem eine Tierart existiert, die weiß, dass sie existiert und vor allem dass sie sterblich ist. Vor einiger Zeit fand Martin in seiner Bibliothek – die er gerne »Billy-Regal-Party« nannte, weil in der ganzen Wohnung Billy-Regale herumstanden, als wären es Partygäste –, als er in der Abteilung »Beziehungsratgeber« nach dem Buch »Was Frauen wirklich antörnt« suchte, einen Gedichtband von Erich Fried. Darin stieß er auf folgendes Gedicht:

Ein Hund
der stirbt
und der weiß
dass er stirbt
wie ein Hund

und der sagen kann
dass er weiß
dass er stirbt
wie ein Hund

ist ein Mensch.

Zufällig hatte er dieses Gedicht gefunden. Und es war der Zufall – die Evolution, eine zufällige Mutation –, der diesen Hund hervorbrachte, von dem in diesem Gedicht die Rede ist. Und der Zufall war es auch, der den Dichter hervorbrachte, der dieses Gedicht schrieb. Der Zufall kann sehr viel. Wenn der Zufall fähig ist, Atome dazu zu veranlassen, sich mit anderen Atomen zu verbinden, um Moleküle zu formen, die sich zu Lebewesen zusammenschließen, die dann fähig sind, so ein Gedicht zu schreiben, dann muss man sagen, man kann sich auf nichts so sehr verlassen, wie auf den Zufall. Deshalb wundert es mich auch nicht, dass sich an jenem Abend zufällig alle Beteiligten zu ihren jeweiligen Aussprachen im selben Lokal treffen.

4 Die Ersten, die das italienische Lokal Fabrizio betraten, waren Martin und Bernhard. Martin bat Bernhard, vor dem Treffen mit Verena einen Drink mit ihm zu nehmen. Sie hatten ungefähr zwei Stunden, bis Verena eintreffen würde. Martin brachte Bernhard auf den aktuellen Stand. Man bestellte zwei kleine Bier.

Das Telefon des Lokals klingelte und einer der Kellner hob ab. Penelope reservierte einen Tisch draußen im Garten. Es war Mitte September und man konnte noch draußen sitzen. Sie reservierte für zwei Personen. Sie hatte den Entschluss gefasst, dass sie das Kind mit Martin bekommen und sich von Hannes trennen würde. In einer Stunde würde sie ihm das im Gastgarten des Lokals Fabrizio mitteilen. Danach würde sie ihren Vater treffen. Der Kellner notierte die Reservierung. Zwei Meter weiter saßen Martin und Bernhard an der Bar und prosteten sich zu.

»Keine Ahnung, was Verena von mir will.«

»Sie hat gesagt, sie muss mit dir reden?«

»Ja.«

»Schwer zu sagen, was das sein kann.«

»Soll ich mir zuerst ihre Geschichte anhören, oder soll ich gleich mit meiner kommen?«

»Naja. Du willst dich scheiden lassen, weil deine vierundzwanzigjährige Geliebte ein Kind von dir bekommt. Das ist an sich schon ein schwieriges Thema. Wenn deine Frau dir mitteilen will, dass sie zum Beispiel auch schwanger ist, dann ist es egal, wer zuerst anfängt. Wenn sie dir mitteilen will, dass sie sich auch scheiden lassen will, dann ist es besser, sie fängt an. Weil dann musst du gar nichts erzählen, sondern einfach in die Scheidung einwilligen. Wenn sie dir sagen will, dass sie zu eurem Hochzeitstag mit dir nach Paris fliegen will, dann ist es besser, du fängst an … eigentlich ist es egal, wer anfängt, deine Geschichte ist auf jeden Fall scheiße für sie!«

»Außer sie hat auch einen Liebhaber und will ihn heiraten, weil sie ihn dermaßen liebt.«

»Das wäre ein zu großer Zufall.«

Sie berieten noch einige Zeit, welche die beste Art wäre, sich von jemandem zu trennen.

»Wie kann man das am besten rüberbringen? Weißt du, ich will ihr nicht wehtun.«

»Naja. Schwierig, sehr schwierig.«

»Ich sage ihr die Wahrheit?«

»Was ist die Wahrheit?«

»Dass ich sie nicht mehr liebe. Dass ich eine Affäre habe, weil in unserer Ehe vieles nicht mehr stimmt, und dass ich verliebt bin und dass meine Geliebte ein Kind bekommt. Glaubst du, wird ihr das wehtun?«

»Wenn sie ein gefühlloser Außerirdischer ist, der heimlich auf der Erde lebt und mit dir einundzwanzig Jahre lang nur Experimente gemacht hat, dann nicht. Wenn sie ein Mensch ist, der dich einmal sehr geliebt hat und mit dir ein Kind großgezogen hat, dann schon.«

»Wie kann man sich nach einundzwanzig Jahren trennen, ohne dass es wehtut? Wieso können zwei Menschen nicht einfach sagen ›Super, das war's. Fertig. Danke. Wir bleiben gute Freunde‹?«

»Aus demselben Grund, warum ein Mann sich nicht selber einen blasen kann: Es geht nicht!«

»Mein Gott! Was uns alles erspart bliebe, wenn wir uns selbst einen blasen könnten!«

»Es gibt keine Möglichkeit, jemandem schonend beizubringen, dass man ihn verlassen wird.«

»Aber warum nicht?«

»Weil es auch keine Möglichkeit gibt, jemandem schonend den Bauch aufzuschlitzen.«

»Was, wenn sie zu weinen beginnt? Was, wenn ich sie in eine Depression stürze und sie sich umbringen will? Wir haben einundzwanzig Jahre miteinander verbracht. Welche Zukunft hat denn diese Frau? Wie soll sie denn noch jemanden finden?«

»Bist du dir ganz sicher, dass du sie verlassen willst?«

Martin dachte kurz nach, nahm den letzten Schluck von seinem kleinen Bier und bestellte zwei weitere.

»Ja!«, sagte er mit einer Sicherheit, die ihn selber überraschte. »Ja. Ich liebe Penelope und ich will dieses Kind mit ihr kriegen.«

»Aber warum auf einmal?«

»Weil das alles Sinn macht. Weil ich sechsundvierzig Jahre lang gewartet habe, um Penelope kennenzulernen, weil wir füreinander bestimmt sind.«

»Hast du dich einmal untersuchen lassen, ich glaube, du hast zu viele weibliche Hormone.«

»Blödsinn, warum hab ich wohl so viele Haare auf der Brust?«

»Schon, aber du hast für einen Mann relativ große Brüste.«

Sie kamen überein, dass es am Ende einer Ehe oder Beziehung immer dreckig zugehen müsse. Beschuldigungen, Beleidigungen, Beschimpfungen, Hass. Die Liebe desjenigen, der verlassen wird, verwandelt sich in Hass. Sie erinnerten sich beide an ein Gespräch, das sie vor langer Zeit geführt hatten, in dem es darum gegangen war, was Liebe sei. Niemand weiß es, hatten sie festgestellt. Die Philosophen nicht, die Wissenschaftler nicht, die Psychologen am wenigsten. Niemand kann sagen, was sie ist. Ein Rätsel der Menschheit.

»Die Evolution hat uns die Liebe mitgegeben, damit wir uns überhaupt einen Partner zur Aufzucht unserer Jungen suchen. Denn wenn man es rein mit Verstand betrachtet: Wenn es keine Liebe gäbe, nur die Vernunft, dann würde zwar unser Sexualtrieb dafür sorgen, dass wir Nachwuchs zeugen, unsere Vernunft uns aber davon abhalten, mit einer Frau zusammenzuleben, um den Nachwuchs auch aufzuziehen«, hatte Bernhard damals diesen allgemein gültigen Lehrsatz aufgestellt.

»Nein, die Liebe ist der Sinn unserer Existenz. Wir haben die Pflicht, zu lieben, weil wir in diesem Universum die Einzigen sind, die das können«, hatte Martin dagegengehalten.

Weiter waren sie damals nicht gekommen.

»Jetzt wissen wir es«, sagte Bernhard, »Liebe ist, was sich, wenn man verletzt wird, in Hass verwandelt.«

»Ich will Verena nicht verletzen.«

»Dir wird nichts anderes übrig bleiben!«

»Aber warum?«

»Weil unser Leben eine absurde Aufgabe in einem sinnlosen Universum ist.«

Mittlerweile hatten Penelope und Hannes im Gastgarten Platz genommen und ihre Bestellung aufgegeben. Sie saßen einander eine Zeitlang schweigend gegenüber. Penelope wusste nicht, wie sie beginnen sollte.

»Witzig, dass du etwas mit mir zu bereden hast.«

»Wieso?«

»Nur so. Also, was gibt's?«

Hannes griff in seiner Jackentasche nach der kleinen Schachtel, in der der Ring steckte, den er vor wenigen Tagen gekauft hatte.

»Ich … ich weiß nicht, wie ich das jetzt sagen soll … aber ich glaube, dass unsere Beziehung am Ende ist.«

Hannes zog blitzartig seine Hand wieder aus der Tasche.

»Bitte?«

»Ja. Ich denke, dass das mit uns keinen Sinn mehr hat. Ich möchte diese Beziehung beenden.«

»Aha.« Mehr brachte Hannes nicht heraus.

»Du sagst ja selber immer, dass wir nicht füreinander bestimmt sind, dass es so etwas gar nicht gibt und dass alles nur Zufall ist. Dass wir nicht zusammengehören. Diese Aussagen machen natürlich etwas mit mir und ich hab mich von dir entfernt. Es tut mir leid.«

Hannes bemerkte zum ersten Mal seit sie einander kannten, wie sehr er Penelope liebte, wie sehr er sie brauchte und wie sehr er aller Vernunft zum Trotz davon überzeugt war, dass sie füreinander bestimmt waren.

»Schopenhauer meint, dass, wenn sich jemand von seinem Partner trennt, der biologische Instinkt sagt, dass …«

»… man keine idealen Kinder miteinander bekommen kann, ich weiß«, vollendete Penelope Hannes Satz.

»Ja gut. Dann nicht. Dann war es das.«

»Du liebst mich überhaupt nicht, oder?«

»Sei doch froh, dann ist die Trennung für dich einfacher!«

»Es ist nie einfach, sich zu trennen.«

»Und wenn ich dir sage, dass ich dich liebe und dass wir füreinander bestimmt sind?«

»Ich habe jemand anderen kennengelernt und ich bin schwanger von ihm.«

»Was?«

»Ja. Ich hab seit längerem eine Affäre mit einem älteren Mann. Wir haben nicht aufgepasst und ich bin schwanger geworden. Er will, dass ich das Kind kriege und er weiß, dass ich in einer Beziehung lebe und ich habe ihm gesagt, dass ich mich für ihn entschieden habe.«

Penelope war erstaunt, wie einfach es war, die Wahrheit zu sagen.

»Ich komme gleich, ich muss kurz auf die Toilette«, sagte Hannes.

Er stand auf. Schon beim zweiten Schritt begann er zu weinen. Die Tränen schossen ihm in die Augen, er konnte nichts dagegen tun, er heulte. Davon war bei Schopenhauer nichts zu lesen. Er überlegte, sich einen Pudel zu kaufen. Durch die Tränen konnte er den Mann nicht gleich erkennen, der im Lokal auf ihn zukam.

»Was ist denn los? Was machst du da?«

»Papa!?«

Er umarmte seinen Vater und schluchzte los.

»Um Gottes willen, was ist passiert?«

Nach dem ersten Schwall von Tränen erzählte er seinem Vater, was passiert war.

»Sie hat einen anderen?«

»Ja.«

»Und dieses Arschloch wusste, dass sie mit dir zusammen ist?«

»Ja.«

»Und er hat sie geschwängert?«

»Ja.«

»Dieser Vollidiot! Trotzdem muss ich dir sagen, dass das einem Mann durchaus passieren kann.«

»Ich liebe sie, Papa. Ich will mit ihr leben.«

»Vergiss diese Schlampe. Das ist keine Frau, mit der man

leben kann! Wenn die dich betrügt, dann wird sie den alten Sack eines Tages auch betrügen, wenn er zu Hause ist und auf das Kind aufpasst. Wie alt ist sie?«

»Vierundzwanzig.«

»Was will denn der Trottel mit einer Vierundzwanzigjährigen? Die wird ihn in ein paar Monaten verlassen und sich einen Jüngeren suchen. Die braucht ja nur jemanden, der ihr die Alimente zahlt.«

Martin war froh, dass er nicht an eine solche Frau geraten war, dass ihn Penelope wirklich und wahrhaftig liebte, sodass sie den Rest ihres Lebens mit ihm verbringen wollte.

»Sei froh, dass du die los bist, soll sich das alte Arschloch mit ihr herumschlagen. Eine Vierundzwanzigjährige ist doch noch nicht bereit für ein Kind, die will ihr Leben genießen, auf Partys gehen, sich ansaufen bis um acht in der Früh, Drogen ausprobieren, einfach ihr Leben genießen. Also, es sind natürlich nicht alle so, aber deine sicher, sonst hätte sie dich nicht betrogen.«

Martin war überzeugt, dass Penelope das gerade Gegenteil davon war, dass die Affäre, die er mit ihr hatte, kein Betrug war, weil sie von Liebe getragen war, weil sie für einander bestimmt waren, weil es gar nicht anders sein konnte.

Bernhard klopfte Hannes auf die Schulter und sagte: »Du kannst dich trösten, dein Vater ist auch in einer sehr unangenehmen Situation.«

»Ich glaube, das ist jetzt nicht der richtige Zeitpunkt für ...«, beschwichtige Martin.

»Ach Gott. Warum hab ich sie dir nie vorgestellt? Möchtest du sie kennenlernen? Sie ist eine wunderbare Frau!«

»Naja, das wäre jetzt etwas übertrieben. Sie verlässt dich gerade, das ist nicht der beste Zeitpunkt, um einer Freundin den Vater vorzustellen.«

Hannes stimmte seinem Vater zu und ging auf die Toilette. Er wusste nicht, was er dort machen sollte. Er lehnte sich an das Waschbecken und sah in sein verweintes Gesicht.

Penelope rief den Kellner, zahlte und verließ das Restaurant. Sie tippte rasch die Worte: »Es tut mir leid. Leb wohl« in ihr Handy und – senden. Sie hatte noch eine Stunde, bis sie ihren Vater treffen würde und wollte spazieren gehen. Hannes sah auf sein Handy. Als er die Nachricht las, überkam ihn der zweite Tränenschwall; von sieben weiteren an diesem Tag. Wenig später saß er mit Bernhard und seinem Vater an der Bar.

»Vergiss sie einfach.«

»Ja.«

»Liebeskummer vergeht«, war Martins väterlicher Rat.

»Ich glaub, ich möchte gerne eine Zeitlang wieder bei euch wohnen.«

»Das ist blöd, weil ich mich grad von deiner Mutter scheiden lassen will«, hätte Martin gerne gesagt. Stattdessen: »Ja, klar. Da musst du mit der Mutti reden.«

Hannes verließ das Restaurant nach drei kleinen Bieren und versuchte Penelope zu erreichen. Sie hob nicht ab.

»Also dann«, sagte Bernhard, »ich vertschüsse mich, alles Gute euch beiden!« Er verabschiedete sich von Verena und Martin, die sich an einen Tisch setzten und stumm in die Speisekarte schauten.

»Wollen wir uns eine Vorspeise teilen?«, fragte er.

»Warum nicht«, antwortete Verena.

Bis zur Nachspeise verloren beide kein Wort über den Grund ihres Treffens. Sie unterhielten sich über den Liebeskummer ihres Sohnes und fragten sich, ob sie Fehler in der Erziehung gemacht hatten, da Hannes ihnen seine erste Freundin nicht vorgestellt hatte.

»Das ist normal. Kein Neunzehnjähriger möchte den Eltern seine erste Freundin vorstellen.«

»Ich hab dich nach drei Tagen meinen Eltern vorgestellt.«

»Du warst vierundzwanzig und nicht normal.«

Sie lachten. Sie erinnerten sich an das erste Treffen, an die ersten Liebesschwüre, an das Gefühl, dass sie füreinander bestimmt waren.

»Wir haben viel geschafft miteinander. Einundzwanzig Jahre Ehe. Einen wunderbaren Sohn.«

»Ja. Wir haben ein ganzes Leben miteinander verbracht«, suchte Martin einen Anknüpfungspunkt. »Weißt du, mir kommt wirklich vor, als hätten wir schon unser ganzes Leben miteinander verbracht. Also ... wie soll ich sagen? Also, als hätten wir sozusagen ...«

»... unser Pensum schon erfüllt?«

»Nein, das meine ich nicht!« Genau das meinte er aber. »Ich glaube, wir haben die Vorstellung hinter uns. Wir sind schon bei der Zugabe.«

»Die Zugabe ist sicher das Schönste!«

»Was war es eigentlich, das du mit mir besprechen wolltest?«, fragte er Verena.

»Ich muss dir etwas mitteilen, das dir wahrscheinlich sehr wehtun wird. Oder vielleicht auch nicht.«

Martin lachte künstlich: »Jetzt sag bloß, du möchtest dich scheiden lassen!«

»Ja.«

»Aha.« Mehr brachte er nicht heraus.

»Ich denke, wir können das vernünftig, wie zwei Erwachsene, in Ruhe besprechen?«

»Ja, ja ... natürlich. Wie zwei zivilisierte erwachsene Menschen.«

»Ich habe seit zwei Jahren ein Verhältnis. Und ich habe mir gedacht, es ist an der Zeit, ehrlich zu sein.«

Martin war sprachlos, gekränkt, verletzt und erleichtert zugleich.

»Ich habe dich seit zwei Jahren angelogen. Es tut mir leid. Aber ich konnte nicht anders. Ich habe mich in unserer Ehe alleingelassen gefühlt. Er war da, in einem Moment, in dem ich sehr, sehr einsam war und da hab ich ein Verhältnis begonnen.«

»Zwei Jahre ist ein sehr langer Moment!«, gab Martin zu bedenken.

»Es war nicht geplant, dass es so lange dauern würde. Ich dachte, es wäre ein einmaliger Ausrutscher, aber dann ist mehr daraus geworden.«

»Ich bin fassungslos!«, hörte sich Martin sagen. »Du betrügst mich zwei Jahre lang und besitzt auch noch die Frechheit, mir das ins Gesicht zu sagen!«

»Wohin soll ich es dir sonst sagen?«

»Damit kann ich nicht leben! Ich will so nicht weitermachen. Ich bin fassungslos! Zwei Jahre lang! Ich lasse mich scheiden!«

»Gerne. Das muss dir ja sehr recht sein.«

»Was soll das heißen? Dass ich nach einundzwanzig Jahren dastehe, allein, ohne Familie. Dass ich mit sechsundvierzig wieder Single bin, glaubst du, dass es das ist, was ich will?«

In diesem Moment fasste Martin den Plan, seiner künftigen Exfrau nichts von Penelope zu erzählen. Zumindest jetzt noch nicht. Er würde, so dachte er, einige Wochen nach der Scheidung von seiner neuen Freundin erzählen. Dass die dann schon im dritten Monat schwanger sein würde, schien ihm jetzt das geringere Problem zu sein. Damit war er gut aus der Sache ausgestiegen. Er war nicht an der Scheidung schuld und hatte seine Exfrau nicht verletzt.

»Ich verstehe nicht ganz, wieso du alleine sein solltest!«

»Was für eine Frage. So schnell werde ich niemanden kennenlernen. Frühestens zwei, drei Wochen nach unserer Scheidung, oder so.«

»Ach, wirklich? Warum denn das? Hat dich deine Geliebte namens P-Handy verlassen?«

Sein Plan begann sich in Luft aufzulösen. Verena erzählte ihm brühwarm von den SMS, die sie gelesen hatte.

»Ich hab mir eine Geliebte gesucht, weil ich die ganze Zeit von deinem Geliebten gewusst habe!«

»Jetzt mach dich nicht lächerlich!«

»Außerdem ist das nicht so wie bei dir, eine langjährige Affäre. Das war ein klassischer, völlig bedeutungsloser One-Night-Stand.«

»Du hast ihr geschrieben ›Ich liebe dich … vermisse dich … bin verloren ohne dich …‹.«

»Das macht man so bei einem One-Night-Stand. Da ist man höflich und schreibt nette Sachen, damit sich der andere gut fühlt.«

»Bei einem One-Night-Stand tauscht man keine Nummern aus!«

»Es waren zwei, drei One-Night-Stands!«

»Wie lange geht das schon?«

»Keine zwei Jahre.«

»Wie alt ist sie?«

»Vierundzwanzig. Wie alt ist deiner? Siebzehn?«

»Dreiundvierzig.«

»Dreiundvierzig? Warum dreiundvierzig?«

»Weil ich mit ihm auch reden möchte.«

»Ich kann mit meiner Geliebten sehr gut reden. Sehr

gut. Wir haben uns viel zu erzählen. Sie ist hochintelligent. Sie versteht mich nämlich. Als Mensch. Sie berührt meine Seele – und sie mag Analverkehr.«

»Ja, und ich? Ich bin die böse Ehefrau, die dir einundzwanzig Jahre deines Lebens gestohlen hat, oder was?«

»Nein, das sage ich ja nicht!«

»Sei doch froh, dass du mich los bist!«

»Verena, diese Frau bedeutet mir nichts. Gar nichts. Das ist rein sexuell. Wirklich. Das hat nichts mit dir zu tun, das ist einfach meine Sexualität, die ich mit ihr besser ausleben kann als mit dir.«

»Ich dachte, sie berührt deine Seele!«

»Das habe ich nur so gesagt, weil ich dachte, das wäre weniger schlimm für dich als der fantastische Sex, den wir haben!«

»Also, was ist es jetzt? Die tollen Gespräche oder der fantastische Sex?«

»Ich weiß nicht – was ist dir lieber?«

»Was willst du eigentlich?«

»Nicht daran schuld sein, dass unsere Ehe zerbricht!«

»Na großartig! Feig, wie jeder Mann!«

»Moment einmal! Wer hat denn hier seit zwei Jahren eine Affäre? Wer hat denn hier wen betrogen? Mein Gott – ich habe ein, zwei Mal mit einer anderen geschlafen – was ist denn da so schlimm?«

»Ich glaube – es hat keinen Sinn mehr.«

»Wenn es für dich keinen Sinn mehr hat, dann lassen wir es.«

»Du möchtest überhaupt nicht um mich kämpfen! – Nach einundzwanzig Jahren!«

»Oh ja. Natürlich. Gerne. Aber wie? Wie, sag mir wie!«

»Wir beenden unsere Affären und machen eine Therapie!«

»Ja gerne, warum nicht? Da können wir in der ersten Stunde gleich fragen, wie das ist, wenn man mit dem Kind lebt, das der Ehemann mit seiner Geliebten bekommen hat.«

*

In diesem Moment setzten sich Penelope und ihr Vater an den Tisch im Gastgarten. Noch bevor sie bestellten, brach Penelope in Tränen aus und gestand ihrem Vater, dass sie nicht wisse, von wem sie schwanger sei – von ihrem Exfreund oder ihrem Geliebten, der um einiges älter und verheiratet war. Walter wusste mit dieser Information nicht gleich etwas anzufangen, schlug allerdings vor, nach der Geburt auf jeden Fall einen Vaterschaftstest machen zu lassen, egal mit wem sie dann zusammen sein würde. Der Tisch stand nahe bei einem der Fenster und Walter konnte Verena sehen, die gerade mit ihrem Mann diskutierte.

»Schau mal«, sagte er zu seiner Tochter, »ich hab dir doch von der Frau erzählt, mit der ich ein Verhältnis habe?«

»Ja.«

»Die sitzt da drinnen und redet mit ihrem Mann.«

»Du kennst ihn?«

»Wir sind einander nie begegnet, aber ich hab ein Foto von ihm gesehen.«

Penelope drehte sich zum Fenster und sah Verena. Die Sicht war durch einige italienische Dekorationsstücke und eine Topfpflanze verstellt, sodass sie Martin nicht sehen konnte.

»Schräg! Sollen wir das Lokal wechseln?«

»Nein. Er kennt mich ja nicht.«

Sie bestellten und nach einiger Zeit sah Walter wie Martin vom Tisch aufstand und zur Toilette ging. Er sprang auf und lief ins Lokal. Verena war überrascht, ihn zu sehen.

»Ich sitze mit meiner Tochter draußen. Wie läuft das Gespräch?«

»Er windet sich vor der Wahrheit. Ich habe ihm offen und ehrlich gesagt, was passiert ist, und er spielt das Unschuldslamm!«

»Vielleicht ist das alles etwas überstürzt.«

»Nein. Ich glaub, es ist die richtige Entscheidung!«

»Es ist besser, wenn wir in ein anderes Lokal wechseln. Er muss uns ja nicht unbedingt sehen.«

»Er kennt dich ja nicht.«

»Egal. Muss ja nicht sein.«

Aber zu spät. Martin kam von der Toilette zurück und wusste instinktiv, dass es sich bei diesem Mann nur um den Liebhaber seiner Frau handeln konnte. Vor allem deswegen, weil die beiden gerade dabei waren, sich mit einem innigen Kuss zu verabschieden. Martin beschloss, die Sache wie ein Mann anzugehen und Haltung zu bewahren. Dann wurde es ein wenig hässlich. Martin packte die Eifersucht und er schlug auf Walter ein, oder besser gesagt, er trommelte weinend mit seinen Fäusten auf Walters Brust.

»Warum, warum zerstören Sie meine Ehe? Seit zwei Jahren! Wie können Sie das tun?«

Draußen im Gastgarten telefonierte Penelope mit dem ebenfalls weinenden Hannes, der sie fragte, wo sie sei, er wolle noch einmal mit ihr sprechen. Während sie telefonierte, setzten sich die beiden Männer an die Bar. Verena saß alleine am Tisch und versuchte, ihren Sohn telefonisch zu erreichen.

»Tut mir leid«, sagte Martin, »das waren die Nerven.«

»Kein Problem. Ich möchte mich bei Ihnen auch entschuldigen. Wenn ich gewusst hätte, wie sensibel Sie sind, hätte ich nichts mit Ihrer Frau angefangen.«

»Ich hab ja selber eine Geliebte. Ich bin um nichts besser. Aber meine ist wenigstens vierundzwanzig. Sie haben was mit meiner Frau. Warum, um Gottes willen? Wenn schon, dann nehmen Sie sich doch eine Jüngere. Aber wenn Sie auf ältere Frauen stehen ...«

»Darüber möchte ich ungern sprechen ...«

»Ja, ja, kein Problem.«

Sie bestellten zwei doppelte Espressi.

»Ist sie bei Ihnen im Bett auch so langweilig? Ich meine, keine Ahnung, vielleicht ist es ja genau das, was Sie brauchen.«

»Bitte nicht!«

»Nein, nein, es geht mich ja nichts an, aber ich kann Ihnen sagen, dass meine Vierundzwanzigjährige eine dreckige Schlampe im Bett ist. Die macht Sachen, da würde sich selbst Casanova genieren. Wirklich, eine richtig geile Drecksau! Aber so was muss man als älterer Mann natürlich aushalten. Wissen Sie, vom Herz her. Und da bin ich topfit. Wenn Sie nicht topfit sind, ist es besser, Sie haben was mit meiner Frau.«

»Ich glaube, wir sollten ...«

»Ich verstehe das schon. Sie sind mehr der Kuscheltyp. War ich nie. Und wissen Sie was? Ich werde meine Vierundzwanzigjährige heiraten. Ja! Weil ich sie liebe und sie mich liebt und weil man immer die Frau heiraten sollte, mit der man den schmutzigsten Sex hat.«

»Warum setzen Sie sich nicht wieder zu Ihrer Frau?«

»Exfrau. Ich werde mich scheiden lassen. Ja. Und ich

werde mit meiner Vierundzwanzigjährigen glücklich werden und Sie werden meine Frau in ein paar Monaten verlassen, weil Sie auch schmutzigen Sex wollen. So ist das nämlich. Und dann wird sie es bereuen. Aber dann ist es zu spät, weil ich mit meiner Vierundzwanzigjährigen …«

Martin konnte den Satz nicht beenden. Vor ihm stand seine schwangere Geliebte, sah ihn verwundert an und sagte: »Darf ich vorstellen, das ist mein Papa. Aber offensichtlich kennt ihr euch ja schon.«

In diesem Moment wurde es wieder ein wenig hässlich, als nämlich Walter sich auf seinen künftigen Schwiegersohn stürzte und ihn zu würgen begann und es Martin langsam dämmerte, dass er dem Großvater seines Kindes soeben erzählt hatte, dass seine Tochter im Bett eine geile Drecksau sei. Nicht gerade das ideale Gesprächsthema wenn man seinen Schwiegervater kennenlernt.

Die beiden rauften ein wenig. Der Geschäftsführer des Lokals drohte mit der Polizei, was zu dem Entschluss führte, sich an einen Tisch zu setzen und über alles vernünftig zu reden. Das vernünftige Gespräch begann mit einer sehr langen Schweigeminute, die von Hannes Ankunft unterbrochen wurde. Mit den Worten »Ich liebe dich, bitte verlass mich nicht« stürzte er weinend auf Penelope zu. Da leuchtete allen Beteiligten urplötzlich ein, dass das Leben in der Tat eine absurde Aufgabe in einem sinnlosen Universum ist.

5 »Die Absurdität des Lebens besteht darin, dass sich jedes Mal, wenn man endlich eine Antwort bekommt, die Frage verändert«, sagt Bernhard, der mit Martin auf der griechischen Insel am Strand sitzt.

Unruhig vergräbt Martin die Überreste seiner Wassermelone im Sand.

»Kannst du das nicht in den Müll werfen? Das ist Umweltverschmutzung!«

»Das ist keine Umweltverschmutzung, das ist biologisch abbaubar, das ist Natur!«

»Das ist nicht Natur – das ist Dreck.«

»Und biologischer Dreck ist immer Natur.«

»So ein Blödsinn, dann wären abgeschnittene Zehennägel auch Natur.«

Martin ist verliebt. Hals über Kopf verliebt.

»Nach all dem, was Penelope und du durchgemacht habt? Die Sache mit deinem ersten Sohn, die Situation mit ihrem Vater, der dir nach drei Jahren endlich verziehen hat …«

»Ich weiß. Aber ich liebe Kristina nun einmal. Sie ist die Einzige, die Wirkliche, die Richtige. Wir gehören zusammen!«

Er und Penelope hatten wirklich viel gemeistert. Sie hatten einen Sohn bekommen, dessen Großvater der Stiefvater seines Halbbruders war. Verena und Martin hatten sich scheiden lassen und Hannes Stiefvater war der Vater seiner Exfreundin, deren Sohn sein Halbbruder war. An all das hatte sich Hannes gewöhnen können, nur nicht daran, dass sein Vater der Mann seiner Exfreundin war, noch weniger daran, dass seine Exfreundin seine Stiefmutter war. Aber das hatten Penelope und Martin alles gemeistert. Es gab gemeinsame Geburtstagsfeste und gemeinsame Weihnachten. Man liebte sich nicht, aber man hasste sich auch nicht.

Und jetzt, acht Jahre später, stehen sie vor der Scheidung. Penelope hat sich in einen Studienkollegen verliebt und Martin in Kristina, seine zweiundfünfzigjährige Zahnärztin, die geschieden ist und drei Kinder hat.

»Penelope meint, dass sie sich sogar vorstellen könnte, sollten Kristina und ich heiraten, mit den drei Kindern und ihr gemeinsam den Urlaub hier in Griechenland zu verbringen.«

»Moderne Verhältnisse«, murmelte Bernhard, »das ist nichts für mich!«

»Kannst du dich noch erinnern, wie wir vor fünfunddreißig Jahren hier gesessen sind und über die Liebe geredet haben? Damals mit Neunzehn.«

»Dunkel.«

»Wir haben uns überlegt, was die ultimative Liebeserklärung sein könnte.«

Sie waren jung und hatten sich über ihre Zukunft unterhalten. Bernhard hatte gemeint, er wolle auf jeden Fall heiraten, weil es die einzige Möglichkeit sei, außerehelichen Sex zu haben, und Martin hatte die Frage aufgeworfen: »Was ist die größte Liebeserklärung, die man einer Frau machen kann?«

»Verbal, oder wie?«

»Ja. Was ist das Schönste, das man sagen kann?«

»Keine Ahnung.«

»Ich liebe dich mehr als mein Leben!«

»Fad!«

»Jetzt du.«

»Äh … Ich wurde geboren, um dich zu lieben.«

»Schlecht.«

»Naja.«

»In meiner Welt misst dein Herzschlag die Zeit.«

»Besser.«

»Hätte ich mein ganzes Leben in einem dunklen Kerker verbracht und dich nur ein einziges Mal geküsst, ich würde trotzdem sagen, ich habe die ganze Welt gesehen!«

Das war nicht mehr zu überbieten gewesen.

6 Achtundzwanzig Jahre später hatte Martin und Penelopes Sohn genau diesen Satz der Frau gesagt, mit der er dreißig Jahre seines Lebens verbringen wird. Diese Frau ist der einzige Mensch, dem er seine wahre Lebensgeschichte erzählt. Dass er bis zu seinem achtzehnten Lebensjahr in der Annahme lebte, sein Großvater wäre sein Vater. Bis sein Halbbruder und er sich einem Vaterschaftstest unterzogen und sich herausstellte, dass sie nicht Brüder, sondern Vater und Sohn waren. Sie hatten es niemandem erzählt. Aber der Frau, die er liebt, hatte er die Wahrheit gesagt.

7 Nun, was soll man von dieser Geschichte halten? Ich möchte über meine Figuren nicht urteilen, aber sie haben mich streckenweise etwas, sagen wir, überrascht. In Angelegenheiten der Liebe ist der Mensch unberechenbar. Wir stellen die absurdesten Dinge an, wenn wir verliebt sind, und noch viel absurdere, wenn wir es nicht mehr sind, und wieder sein wollen. Ich bin zutiefst davon überzeugt, dass die zwei größten Irrtümer der westlichen Welt der Monotheismus und die Monogamie sind. Dagegen nimmt sich der Irrtum, die Erde wäre eine Scheibe, wie eine Kleinigkeit aus. Eben diese beiden Irrtümer, die sich vielleicht sogar gegenseitig bedingen, lassen uns verwirrt und verängstigt zurück. Wir suchen nach dem einen Gott und dem einen Menschen, der uns liebt. Wir können uns eine einfache Antwort darauf geben, oder wir können lernen, mit dem Chaos, das seit dem Urknall übrigens immer größer wird, umzugehen und uns daran erfreuen, dass wir in kurzen Momenten einen Hauch der Ewigkeit spüren oder das, was wir dafür halten. Wie Sie sehen, versuche ich verzweifelt,

eine Moral aus der Geschichte zu ziehen. Aber es gibt keine. Einzig vielleicht die unausrottbare Hoffnung, dass wir eines Tages doch zu Hause ankommen. Und die wahrscheinlich damit einhergehende Enttäuschung, dass dort, außer uns selbst, niemand wohnt.

MEIN LETZTER TAG

Es gibt eine Theorie, die besagt, wenn jemals irgendwer genau herausfindet, wozu das Universum da ist und warum es da ist, dann verschwindet es auf der Stelle und wird durch etwas noch Bizarreres und Unbegreiflicheres ersetzt.

Es gibt eine andere Theorie, nach der das schon passiert ist.

Douglas Adams

Am 20. Dezember 2012 musste ich feststellen, dass mein Nachbar, Herr Dariusz Kowalski, nicht aus Polen stammte, sondern aus einem Paralleluniversum, welches von der einzigen Zivilisation, die dort entstanden ist, nicht Universum, sondern »Großer Zusammenbruch« genannt wird. Ihr Universum, der »Große Zusammenbruch«, ist aus dem Nichts entstanden, das sie nicht Nichts, sondern »Größtmögliche Ansammlung von Wahrscheinlichkeiten« nennen, weil ja, wie mir Herr Kowalski letzte Nacht erklärte, nur im Nichts alles möglich ist. Aus diesem Nichts, der »Größtmöglichen Ansammlung von Wahrscheinlichkeiten«, ist ihr Universum hervorgegangen. Es hat sich auf die Art und Weise materialisiert, dass es eben ist, wie es ist, was zum Zusammenbruch aller anderen Möglichkeiten geführt hat. Deshalb der Name »Großer Zusammenbruch«.

Er erzählte mir das alles sehr hektisch, weshalb ich auch die Hälfte nicht verstand. Was ich jedoch klar und deutlich begreifen konnte, war die Tatsache, dass er mit mir nach Kukmirn ins Burgenland fahren wollte. Dort solle ich den Weltuntergang verhindern, verlangte er von mir.

Mir war das Ganze nicht so recht, weil ich beschlossen hatte, früh ins Bett zu gehen. Es war Mittwoch und ich hatte am nächsten Tag einen wichtigen Termin beim ORF. Eigentlich den wichtigsten in meiner ganzen Karriere: Ich war als Moderator der Dancing-Stars-Staffel ausersehen, die erstmals aus dem kleinen Österreich in die ganze Welt übertragen werden sollte, in alle Länder dieser Erde; nicht so wie das Neujahrskonzert, sondern wirklich zum ersten Mal weltweit!

Natürlich war das an bestimmte Voraussetzungen geknüpft, zum Beispiel, dass besagte Welt zu diesem Zeitpunkt noch bestünde. Aber daran hatte bislang niemand gedacht.

»Sie wird untergehen«, sagte Herr Kowalski, »und zwar exakt zwölf Minuten nach Sendungsbeginn.«

»Was soll der Schwachsinn?«

»Das ist kein Schwachsinn, glauben Sie mir, Herr Niavarani!«

Ich hatte überhaupt keine Lust, mich mit Herrn Kowalski zu beschäftigen, ich wollte mich auf meine Moderation vorbereiten. Diese Ausgabe von Dancing Stars würde wirklich die größte und aufsehenerregendste Staffel aller Zeiten sein. Ich war sehr stolz, dass mich der ORF gefragt hatte, ob ich sie moderieren wolle. Unglaublich sensationelle Kandidaten waren als Promitänzer angekündigt: die hohe Vertreterin der EU für Außen- und Sicherheitspolitik Catherine Ashton sollte mit Gerhard tanzen, der iranische Revolutionsführer Ali Chamene'i mit Kelly, der amerikanische Präsident Barack Obama mit Balázs, Papst Benedikt XVI. mit Babsi, Elizabeth II., Königin von England, mit Vadim, Silvio Berlusconi mit Nikki, Verena, Andrea und Tanja. Alfons Haider sollte auch wieder tanzen, diesmal mit sich selbst, und, eine wirkliche Sensation, niemand hatte gedacht, dass dieser Mann bei einer solchen Sendung mitmachen würde: Josef Hader wollte mit Stermann und Grissemann über das Parkett fegen.

»Ich habe mein ganzes Leben lang auf so etwas gewartet. Ein Millionenpublikum soll von mir unterhalten werden. Ich kann diese Chance doch nicht sausen lassen, nur weil ein betrunkener Pole glaubt, er kommt aus einem anderen Universum!«

»Also erstens bin ich kein Pole, sondern eine äußerst unwahrscheinliche Bioform, die zufälligerweise affenstämmigen Hominiden ähnelt, und zweitens bin ich nicht betrunken, also fast nicht, ich hatte nur drei Cognac.«

»Drei Gläser?«

»Drei Flaschen. Aber Alkohol hat auf mich nicht dieselbe Wirkung wie auf euch. Ich werde nicht betrunken, er schlägt sich nur auf die Leber!«

»Gibt es in eurem Universum Alkohol?«

»Ja, natürlich.«

»Und ihr werdet nicht betrunken?«

»Nein!«

»Warum trinkt ihr ihn dann?«

»Wir trinken Alkohol, wenn wir keine Leber mehr haben wollen.«

»Wieso sollte man keine Leber mehr haben wollen?«

»Wenn man aus der Stadt ins Meer zieht.«

»Sie meinen ans Meer?«

»Nein: *ins* Meer. Im Meer braucht der Mensch keine Leber mehr, weil er nichts mehr entgiften muss. Unser Wasser ist so sauber, dass es null Schadstoffe enthält und wenn man keine Schadstoffe aufnimmt, dann braucht man keine Leber mehr.«

»Das ist bei uns umgekehrt. Unsere Meere sind so vergiftet, dass sie selbst eine Leber bräuchten.«

»Das verstehe ich nicht. Warum sind die Meere vergiftet?«

»Weil wir sie verschmutzen. Abwässer, Atommüll, Plastik …«

»Wieso macht ihr das? Das würde euch umbringen – wenn ihr nicht morgen ohnehin untergehen würdet.«

»Keine Angst, Herr Kowalski, die Welt geht morgen nicht unter.«

»Doch«, sagte er und trank eine weitere Flasche Cognac in einem Zug aus.

»Nachdem Sie sich hier ›besaufen‹, gehe ich davon aus, dass Sie keine Leber mehr wollen und ins Meer ziehen«, sagte ich nach einer kleinen Pause.

»Sehr richtig, Herr Niavarani. Wenn ich meinen Auftrag hier erledigt habe, verschwinde ich wieder in mein Universum, in den ›Großen Zusammenbruch‹, gebe meine Wohnung in der Stadt auf und ziehe ins Meer.«

Ich wurde ungeduldig. Ich wollte meine erste Moderation noch überarbeiten. Die Pointen waren noch nicht zu meiner Zufriedenheit.

»Ich bin sehr müde, wissen Sie. Ihr Universum ist nicht das erste, das ich vor dem Untergang retten muss.«

»Wie viele haben Sie denn schon gerettet?«

»Sehr viele.«

»Wie viele?«

»Es hat keinen Sinn, Ihnen eine konkrete Zahl zu nennen, Sie würden das nicht begreifen.«

»So schwer kann das nicht sein. Wie viele Universen gibt es denn insgesamt?«

»Das ist nur Zeitverschwendung! Sie werden es nicht begreifen.«

»Wieso werde ich es nicht begreifen, hä?«, ich war zornig.

»Weil nicht einmal wir es begreifen und wir sind bei

Weitem die am höchsten entwickelte Lebensform im Multiversum.«

»Herr Kowalski, da wäre ich mir nicht so sicher!«

»Wir sind die Einzigen, die zwischen den Universen herumhopsen können.«

»Schwachsinn! Ein bisschen was von Physik habe auch ich mitbekommen. Selbst wenn es laut Urknalltheorie mehrere Universen geben müsste, sind sie während der sogenannten Inflation entstanden, also während sich die Materie schneller als das Licht ausgebreitet hat, was ja eigentlich gar nicht geht, aber so sein muss, weil unser Universum ausgedehnter ist, als das Licht Zeit gehabt hat, dorthin zu kommen.«

Er lächelte. Zynisch. Herablassend. Mitleidig.

»Wie auch immer. Selbst wenn es die vielen Universen gibt, ist es nie und nimmer möglich, zwischen ihnen zu reisen. Sie sind nämlich so weit voneinander entfernt, dass man selbst mit Lichtgeschwindigkeit, also dreihunderttausend Kilometer pro Sekunde, länger brauchen würde, als die Universen überhaupt existieren. Man wäre also mit einem Raumschiff länger unterwegs, als unsere Welt existiert.«

»Vor allem, wenn sie morgen untergeht.«

»Selbst, wenn nicht. Es ist einfach unmöglich.«

»Mit einem Raumschiff, natürlich.«

»Wie sind Sie denn gereist?«

»Ich bin gehopst. Das ist die einzig mögliche Form der Bewegung, die zwischen den Universen möglich ist.«

»Was! Sie sind gehopst? Einfach so?«

»Nein, nicht einfach nur so! Sind Sie wahnsinnig? Unsere Schriftsteller haben mehr als dreitausend Jahre gebraucht, um draufzukommen, wie das funktioniert.«

»Sie meinen Ihre Wissenschaftler.«

»Nein. Unsere Wissenschaftler sind mit wichtigeren Dingen beschäftigt. Die Forschung übernehmen bei uns die Schriftsteller.«

»Hä?« Ich verwandelte mich in ein Fragezeichen.

»Hehehe! Sie sehen gerade aus wie ein Fragezeichen.«

»Weil ich Sie nicht verstehe. Was soll das heißen, die Schriftsteller forschen?«

»Das ist ein bisschen kompliziert. Aber ich werde versuchen, es Ihnen zu erklären. Also: In der Wissenschaft, oder sagen wir besser, in dem, was Sie hier unter Wissenschaft verstehen, haben wir uns lange Zeit auf einem Irrweg befunden. Wir haben nämlich, das ist allerdings schon über zehntausend Jahre her, unsere Welt anhand von Messungen zu begreifen versucht. Nur was messbar war, galt damals als objektiv existent.«

»Das ist nicht nur bei Ihnen so, das ist auch in unserem Universum so.«

»Nicht in zehntausend Jahren. Diese Erkenntnis steht Ihnen noch bevor. Aber egal: Unsere Wissenschaftler, damals waren es noch die Wissenschaftler, sind durch ihre Messungen immer an Grenzen gestoßen. In den Atomen drinnen und im Weltraum draußen. Bis ihnen eines Tages klar wurde, dass eine Messung nur das messen kann, was man messen kann.«

»Was daran liegt, dass nur das existiert, was man messen kann.«

»Nein. Ganz im Gegenteil. Wir sind draufgekommen, dass etwas nur dann als bewiesen gilt, wenn man es ahnt.«

»Wie bitte?«

»Ja. Nicht die Messung stellt einen Beweis dar, sondern die Ahnung. Allerdings gibt es da ein kleines Problem. Diese Ahnung muss von allen denkenden Wesen geteilt werden. Erst wenn jedes einzelne Gehirn dieselbe Ahnung hat, dann existiert das, was geahnt wird.«

»Aha.«

»Unsere Wissenschaftler waren damit nicht einverstanden und haben weiter nur gemessen und gemessen. Sie haben wunderbare, nützliche Dinge erfunden, das Telefon, den Computer, den Toaster, eine Fritteuse, die ohne Fett frittieren kann, Autos, Bildschirme – bei uns kann übrigens alles ein Bildschirm sein. Wir haben in alles Computerchips eingebaut, die mit dem Internet verbunden sind und die man über Kontaktlinsen bedienen kann. Eine herrliche Erfindung. Wenn dir zum Beispiel in einem Gespräch mit einem Menschen langweilig wird, kannst du einen Film auf sein Hemd streamen.«

»Das ist ja großartig!«

»Es hat nur einen Haken. Wenn du zu lange auf sein Hemd schaust, glaubt er, er hat dort einen Fleck und will ihn wegwischen, was die Bildschirmfunktion leider zum Zusammenbruch bringt. Die Technik ist noch nicht ganz ausgereift. Wobei, kurz vor meiner Abreise habe ich gelesen, dass ›Pear‹ Kontaktlinsen entwickeln will, die den Anschein erwecken, als würdest du dem Gegenüber immer in die Augen blicken.«

»Was ist ›Pear‹?«

»Pear ist Englisch und heißt Birne.«

»Und was ist das?«

»Dasselbe, was bei euch Apple ist.«

»Habt ihr ein iPhone?«

»Ja. Es heißt aber youPhone. Weil in unserer Welt das Miteinander wichtiger ist als der Selbstbezug.«

»Warum? Seid ihr Gutwesen?«

»Nein. Wir wollen nur überleben … Aber wo war ich stehengeblieben?«

»Dass bei euch etwas nur dann als bewiesen gilt, wenn es nicht gemessen, sondern von allen denkenden Gehirnen geahnt wird.«

»Ach ja! Damit ist eigentlich alles erklärt, oder?«

»Nein, damit ist gar nichts erklärt. Wie kann denn das sein? Das hieße ja, dass etwas nur dann existiert, wenn es von allen geahnt wird.«

»Ja, klar. Ist doch logisch?«

»Nein, man kann ja alles ahnen!«

»Falsch. Man kann als Individuum alles ahnen, als Kollektiv kann man nur ahnen, was es wirklich gibt.«

»Wer sagt das?«

»Niemand, das ist ein Naturgesetz. Das ist leider so. Also haben wir die, die am meisten ahnen, zu Wissenschaftlern gemacht. Und das waren, zumindest in unserem Universum, die Schriftsteller.«

»Und was machen die Wissenschaftler bei euch?«

»Die regieren uns.«

»Wie bitte?«

»Ja, das sind die Einzigen, die sich mit alltäglichen Problemen auskennen, weil sie andauernd messen und Experimente durchführen.«

»Und wer ist was? Ich meine, wie sieht da eine Regierung aus?«

»Das ist von Land zu Land unterschiedlich!«

»Wie viele Länder habt ihr?«

»Zwei.«

»Ist euer Planet so klein?«

»Nein. Er ist ein bisschen größer als eure Erde.«

»Und wieso habt ihr dann nur zwei Länder?«

»Vor langer, langer Zeit gab es hundertzwanzig Länder auf unserem Planeten, dann sind wir eines Tages draufgekommen, dass wir alle gleich sind und haben eine Weltregierung gebildet. Die hat aber nicht lange gehalten, weil uns nach zweitausend Jahren klar wurde, dass wir doch nicht alle gleich sind und da hat sich die Welt in zwei Länder geteilt.«

»Und was macht den Unterschied?«

»Eine Kleinigkeit – aber oft sind es die Kleinigkeiten, die es ausmachen. Die Menschen auf unserem Planeten in unserem Universum unterscheiden sich nur durch eine einzige Eigenart und entsprechend dieser haben wir die Länder eingeteilt.«

»Und was ist das?« Ich war gespannt. Vielleicht war ja hier auch für uns Menschen etwas zu lernen.

»Die einen fressen ihren Nasenrammel, die anderen nicht.«

»Und danach habt ihr die Länder eingeteilt?« Ich bemühte mich nicht einmal, meine Enttäuschung zu verbergen.

»Ja. Es schien uns am vernünftigsten.«

»Bei uns gibt es auch Nasenrammelfresser, sie stellen sogar die Mehrheit, aber wir teilen die Menschen nicht danach ein. Wir teilen sie nach Nationalitäten ein.«

»Ich weiß. Sehr primitiv. Unterste Evolutionsstufe. Eigentlich noch wie bei den Höhlenmenschen, nur dass die Höhle jetzt ein Staat ist.«

»Eure Einteilung zeugt aber auch nicht gerade von Geist.«

»Das liegt in der Natur von Einteilungen, die sind meistens primitiv. Außer euer Periodensystem, das ist ganz niedlich.«

»Und wie ist das jetzt mit den Politikern, wer ist da was?«

»Also bei uns, den Modernen, ist es anders als bei den Konservativen.«

»Wer ist wer?«

»Die Konservativen sind die, die ihren Nasenrammel essen. Sie orientieren sich an der Vergangenheit, als sie noch Affen waren. Die Modernen sind die, die ihn ins Taschentuch wischen oder unter einen Autobussitz kleben!«

Er lachte. Ich sah ihn förmlich vor mir, wie er in seinem Universum, auf seinem Planeten, in einem Autobus saß und seinen Nasenrammel unter den Vordersitz pickte.

»Unser Präsident kann nur ein Mathematiker sein, weil die die größtmögliche Ahnung von einem Gesamtbild haben, unser Innenminister ein Psychologe, weil die die größtmögliche Ahnung von den Menschen haben, unser Außenminister ein Physiker, weil die die größtmögliche Ahnung von aufeinander einwirkenden Kräften haben, unser Umweltminister ein Biologe, weil die die größtmögliche Ahnung von der Natur haben, und unser Finanzminister ein Philosoph, weil die die größtmögliche Ahnung von Sinnhaftigkeit haben.«

»Und was machen die Chemiker?«

»Die sind für die öffentlichen Verkehrsbetriebe zuständig, weil die die größtmögliche Ahnung von Verbindungen haben.«

»Und was machen eure Politiker?«

»Nichts, weil sie davon die größte Ahnung haben.«

Der Kerl begann mir sympathisch zu werden und sein Universum schien mir durchaus lebenswert.

»Und das Beste daran ist, dass die Bevölkerung zum ersten Mal mit den Politikern zufrieden ist, weil sie für das bezahlt werden, was sie am besten können.«

Vielleicht ist sein Planet gar kein so schlechter Platz, dachte ich, obwohl ich mir nicht sicher war, ob ich jemals im Meer würde leben wollen.

»Wie atmen Sie unter Wasser eigentlich?«

»Ganz normal, mit unseren Lungen – die können beides.«

Ich zündete mir eine Zigarette an.

»Was ist das?«

»Marlboro«, sagte ich, »eine Zigarette.«

»Hab ich schon gesehen, aber ich weiß nicht genau, wofür das ist.«

»Ein Rauschmittel. Eine Droge. Nikotin.«

»Wird man davon betrunken?«

»Nein.«

»Warum nimmt man es dann?«

»Das macht man bei uns, wenn man seine Lungen nicht mehr braucht.«

»Wow! So etwas kann ich mir in unserem Universum gar nicht vorstellen ... Was kann es für einen Grund geben, seine Lungen nicht mehr zu brauchen?«

»Naja, das ist schwer zu erklären. Das war jetzt ironisch gemeint.«

»Alles klar. Ihr braucht eure Lungen weiter, zerstört sie aber mit Zigaretten.«

»Naja, nicht wirklich. Wie soll ich sagen ...«

So weit kommt es noch, dass mir ein Außerirdischer, ja, sogar ein Außeruniversischer klarmacht, dass das Rauchen keinen Sinn hat.

»Und warum genau soll jetzt unser Universum untergehen?«

»Okay. Ich werde versuchen, es Ihnen zu erklären. Aber dazu muss ich wissen, wie intelligent Sie sind.«

»Ich bin Kabarettist. Komiker. Es geht so.«

»Das trifft sich sehr gut. Dann werde ich einen Intelligenztest vornehmen, wie er in unserem Universum üblich ist.«

»Wie funktioniert der?«

»Ich erzähle Ihnen verschiedene Witze. Anhand Ihres Lachens kann ich erkennen, wie intelligent Sie sind.«

»Was?«

Ich war verblüfft.

»Ja, so sehen bei uns die Intelligenztests aus. Lange Zeit, aber das war noch in der Steinzeit, also bis knapp nach der Erfindung des Internets, haben wir den Menschen logische Aufgaben und Kombinationsspiele aufgegeben, bis wir draufgekommen sind, dass man damit nicht die Intelligenz eines Menschen messen kann, sondern nur seine Fähigkeit, Intelligenztests zu lösen. Die einzige Möglichkeit, zumindest bis zum heutigen Stand der Schriftstellerei, draufzukommen, wie intelligent ein Mensch ist, besteht darin, ihm Witze zu erzählen und sein Lachen zu beobachten, denn die einzige Möglichkeit, etwas lustig zu finden, besteht nämlich darin, Zusammenhänge zu erkennen.«

»Oje. Das ist ganz schlecht, ich bin Komiker. Ich lache überhaupt nicht. Also nur sehr selten, wenn etwas wirklich irrsinnig lustig ist.«

»Aha. Und was machen Sie, wenn etwas nur lustig ist?«

»Dann sage ich: ›Das ist lustig.‹«

»Und wenn was sehr lustig ist?«

»Dann sage ich zweimal hintereinander: ›Das ist lustig, das ist lustig!‹«

»Und wenn was sehr, sehr lustig ist?«

»Dann sage ich: ›Wahnsinn, ist das lustig!‹«

»Und wenn etwas wahnsinnig lustig ist?«

»Dann lache ich.«

»Sie haben ein trauriges Leben.«

»Ich habe nie etwas anderes behauptet.«

Er klopfte mir auf die Schulter und nahm aus seiner Jackentasche einen Zettel, auf dem er einige Witze notiert hatte.

»Wie machen das die Komiker in Ihrem Universum?«

»Wir haben keine Komiker.«

Ein Schock durchfuhr mich. Was für eine furchtbare Welt.

»Lacht man bei Ihnen nicht?«

»Schon. Aber doch nicht über Komiker.«

»Worüber dann?«

»Über sich selbst.«

»Was soll das denn wieder heißen? Ich meine, wie funktioniert das?«

»Naja, anstelle von Kabarettlokalen haben wir auf unserem Planeten Heimkinos, in denen jeder sein Leben als Film sehen kann. Alles, was ihm heute oder vor drei Tagen passiert ist: Absurdes, Trauriges, eben einfach Menschliches. Das sehen wir uns an und dann lachen wir über uns. Sie dürfen nicht vergessen, dass wir eine sehr hoch entwickelte Zivilisation sind, wir brauchen keinen Kasperl mehr, der uns einen Spiegel vorhält. Wir besitzen die Fähigkeit zur Selbstironie.«

»Und wovon leben dann die Kabarettisten?«

»Die machen Intelligenztests.«

Er bat mich, auf dem Sofa im Wohnzimmer Platz zu nehmen und begann seinen Monolog.

»Also, hier der erste Witz: Ein Elektron, ein Proton und ein Neutron stehen vor einer Bar. Der Türsteher winkt das Elektron hinein, winkt das Proton hinein und schließt die

Tür. Das Neutron steht fassungslos vor dem Türsteher und fragt ihn: ›Wieso darf ich nicht hinein?‹ Sagt der Türsteher: ›Heute nur für geladene Gäste.‹«

Ich sagte: »Das ist lustig! Und wie intelligent bin ich?«

»Der war nur zum Aufwärmen. Damit kann man keine Intelligenz messen, nur Wissen. Ich weiß jetzt, dass Sie wissen, dass das Neutron keine Ladung besitzt. Achtung, jetzt geht es um Quantenphysik. Geht's?«

»Ja.«

»Treffen sich zwei Elektronen um vierzehn Uhr am Stephansplatz!«

Er machte eine Pause. Ich wartete. Er sah mich an, versuchte, eine Regung in meinem Gesicht zu erkennen. Ich musste mich räuspern.

»Weiter«, sagte ich, »wie geht der Witz weiter? Wann kommt die Pointe?«

»Das war schon die Pointe. Bis jetzt haben Sie null Punkte.«

»Das ist doch keine Pointe. Die zwei treffen sich um vierzehn Uhr am Stephansplatz und dann muss was passieren!«

»Nein, nein. Das ist schon der Witz. Dass die sich zu einem bestimmten Zeitpunkt an einem bestimmten Ort treffen … Egal, ich versuche es weiter.«

»Das ist überhaupt nicht lustig!«

»Wenn man es versteht schon. Sorry. Also, nächster Witz: Ein Elektron ruft ein Photon an und sagt: ›He, du altes Quantenpaket …‹«

»Lustig!«, rief ich aus. »Das ist lustig! Quantenpaket ist lustig!«

»Nein, nein, überhaupt nicht. Ein Photon ist ein Quantenpaket, was ist daran lustig?«

»Ich find's lustig.«

»Das ist ja das Problem. Wie auch immer, also: Das Elektron sagt: ›Hallo, du altes Quantenpaket, wie geht's?‹ Drauf das Photon: ›Schlecht. Ich hab heuer schon wieder nicht Geburtstag gehabt!‹« Wieder machte er diese peinliche Pause, die schlechte Komiker immer machen, wenn sie sich einen Lacher erwarten.

»Weiter! Nicht lustig!«, rief ich.

»Sie haben ja überhaupt keine Ahnung von der Wirklichkeit.«

»Aber ich habe eine Ahnung von Komik und Sie sind nicht komisch, Herr Kowalski. Wenn ich von Ihren Witzen leben müsste, wäre ich bereits verhungert!«

»Es geht nicht darum, ob ich lustig bin, sondern wie intelligent Sie sind. Ich will ja nur herausfinden, wie weit ich bei meiner Erklärung, warum Ihr blödes Universum untergehen wird, ausholen muss.«

»He, mein Universum ist nicht blöd!«

»Doch.«

»Es ist nämlich intelligent. Sehr intelligent sogar. Wahrscheinlich sogar intelligenter als wir Menschen.«

»Das auf jeden Fall. Sonst hätten Sie nämlich schon längst herausgefunden, wie es funktioniert. Verstehen Sie denn den Witz mit dem Photon gar nicht?«

»Nein. Also, wie soll ich … verstehen tu ich ihn schon, das Photon ist traurig, weil es heuer wieder keinen Geburtstag hatte. Aber das ist nicht lustig, nur weil es absurd ist. Das ist komplett dadaistisch. Ein Witz muss immer etwas mit der Wirklichkeit zu tun haben, damit er komisch ist.«

»Der hat sogar sehr viel mit der Wirklichkeit zu tun. Ein Photon bewegt sich nämlich mit Lichtgeschwindigkeit durch die Welt. Je schneller man sich bewegt, desto langsamer vergeht die Zeit. Das hat sogar Einstein, obwohl er in Ihrem Universum gelebt hat, begriffen. Und die absolute Geschwindigkeit ist die Lichtgeschwindigkeit, nichts kann schneller sein als das Licht. Und wenn jetzt die Zeit bei Beschleunigung immer langsamer vergeht, was macht sie dann, wenn man mit absoluter Geschwindigkeit unterwegs ist?«

Mir ging ein Licht auf und ich hörte mich sagen: »Sie bleibt stehen.«

»Ja, natürlich. Bei Lichtgeschwindigkeit vergeht keine Zeit mehr. Und was passiert, wenn die Zeit nicht mehr vergeht?«

»Man wird nicht älter.«

»Richtig. Und was hat man nicht, wenn man nicht älter wird?«

»Geburtstag.«

»Genau!«

Ich war begeistert. Was für ein herrlicher Witz.

»Hahahaha! Drum sagt das Photon: ›Schlecht, ich hab heuer schon wieder nicht Geburtstag gehabt!‹. Hahahaha!«

»Gott sei Dank, Sie lachen – ich dachte schon, ich habe es mit einem kompletten Vollidioten zu tun.«

»Das ist lustig! Nicht sehr, aber lustig!«

»So. Das waren die einfachen Witze. Jetzt wird es komplizierter.«

»Das Licht hat nie Geburtstag! Hahaha! Das ist lustig!«

»Also: Ein Elektron ruft ein anderes Elektron an …«

»Moment! Der mit dem Photon ginge auch so: ›Weißt du, warum ich das Licht so sympathisch finde?‹ – ›Nein, warum?‹ – ›Weil man sich nie überlegen muss, was man ihm zum Geburtstag schenken soll!‹«

Herr Kowalski lachte. Nicht sehr stark, aber er lachte.

»Konzentrieren Sie sich auf den nächsten Witz. Also: Ein Elektron ruft ein anderes Elektron an und sagt: ›Was ist? Treffen wir uns einmal?‹ Sagt das andere: ›Gerne, wann?‹ Sagt das erste: ›In Linz!‹ Sagt das zweite ›Und wo?‹ Sagt das erste: ›Morgen!‹«

Wieder diese peinliche Pause, die ich mit »Das ist das Unlustigste, was ich jemals gehört habe, da sind die dritten Zähne meiner Großmutter lustiger!« unterbrach.

»Gut. Ich muss also ganz von vorne anfangen.«

»Sie müssen gar nicht anfangen. Witze sind an sich nicht lustig. Wissen Sie, was lustig ist? Ich werde Ihnen sagen, was lustig ist!«

»Was denn?«, fragte er mich in einem Ton, der verriet, dass es ihn überhaupt nicht interessierte.

»Lustig ist, wenn etwas aus dem Leben gegriffen ist. Eine Situation, die jeder kennt, in der er sich wiederfinden kann. Und wenn diese Situation dann übersteigert dargestellt wird, ist das lustig.«

»Aber das ist ja hier der Fall. Die Elektronen können sich nie verabreden, weil sie nur entweder wissen, wie schnell sie sind, oder wo sie sind.«

»Hä, warum?«

»Weil sie nur entweder einen messbaren Impuls haben, oder sich an einem messbaren Ort befinden. Wenn wir messen, wie schnell sie sind, dann beeinflusst das ihre Position, und wenn wir messen, wo sie sind, dann verändern wir ihre Geschwindigkeit.«

»Wer sagt das?«

»Niemand, das ist ein Naturgesetz!«

»Wer hat das herausgefunden?«

»In Ihrem Universum der Physiker Werner Heisenberg. Es

handelt sich um die Heisenberg'sche Unschärferelation. Wissen Sie übrigens, was auf Werner Heisenbergs Grab steht?«

»Nein.«

»Da steht entweder: *Hier liegt Werner Heisenberg, gestorben irgendwann* oder: *Werner Heisenberg, gestorben am 1. Februar 1971, liegt irgendwo.*«

»Hä?«

»Der nächste Witz, den Sie nicht verstanden haben!«

»Und wer hat das in Ihrem Universum herausgefunden?«

»William Shakespeare. Und zwar schon vor tausendzweihundert Jahren.«

»Das heißt, wenn ich es richtig verstanden habe, dass ein Elektron entweder eine bestimmte Geschwindigkeit hat oder sich an einem bestimmten Ort befindet.«

»Ja, bravo!«

»Das heißt, es kann nie gleichzeitig sagen, wann es wo ist!«

»Richtig! Immer nur entweder – oder!«

»Das heißt, ein Elektron könnte sagen, dass etwas passiert, aber nicht, wann es passiert. Oder es kann sagen, wann etwas passiert, aber nicht, wo!«

»Ja, Sie lernen schnell.«

»Aber entschuldigen Sie, so funktioniert doch das ganze Leben. Wenn ich sicher sagen kann, wann ich eine Frau treffe, dann kann ich nicht sicher sein, ob sie die Richtige ist. Und wenn ich sicher bin, dass sie die Richtige ist, kann ich nicht sagen, wann ich sie treffe.«

»Damit überfordern Sie mich jetzt. Mann und Frau gibt es bei uns nicht.«

»Äh … tut mir leid. Wie … äh … wie machen Sie es dann … mit der Fortpflanzung?«

»Setzlinge.«

»Wie bitte?«

»Wir schneiden ein Stück unseres Körpers ab und setzen es in einen Topf mit Erde, daraus wachsen unsere Kinder. Wir pflücken sie jetzt nicht mehr so früh wie noch vor zwanzig Jahren. Unsere Schriftsteller sind draufgekommen, dass es für die Kinder besser ist, wenn sie bis zum zweiten Lebensjahr am Baum bleiben.«

»Das heißt, ihr habt keine Geschlechtsteile?«

»Doch, doch. Aber die verwenden wir nur zum Spaß. Das ist bei uns nicht sexuell. Eher so wie essen. Und da kann man einmal das und einmal das essen … wenn Sie verstehen, was ich meine!«

»Ja, ja. Natürlich.«

»Und wie machen Sie das hier?«, fragte mich Herr Kowalski.

»Wir suchen jemanden, meistens anderen Geschlechts, mit dem wir eine Familie gründen und ein Leben lang glücklich sein wollen!«

Herr Kowalski bekam einen Lachanfall.

»Sehr lustig! Ein Leben lang glücklich! Hahaha! Mit nur einem einzigen Partner! Hahaha! Sehr, sehr lustig! Wie wenn man glücklich werden will, indem man immer nur Schweinsbraten isst, mit dem man dann kleine Schweinsbratenkinder bekommt! Hahaha!«

»Das ist in unserem Universum nicht sehr lustig!«

»Also ich finde es köstlich!« Er kam aus dem Lachen gar nicht mehr heraus.

»Können Sie mir jetzt endlich erklären, warum morgen die Welt untergehen soll?«

Er wurde mit einem Mal wieder ernst.

»Es liegt in Ihrer Hand. Sie können das Universum vor seinem Untergang retten!«

»Und wie?«

»Indem Sie morgen Abend diese Sendung nicht moderieren. Sie müssen absagen und wach bleiben.«

»Ich verstehe kein Wort.«

»Wenn morgen Dancing Stars weltweit ausgestrahlt wird, wird zwölf Minuten nach Beginn der Sendung Ihr Universum untergehen.«

»Es explodiert, oder was?«

»Nein – es verschwindet einfach ins Nichts.«

»Warum?«

»Weil Ihr Universum, wie übrigens unseres auch, nur deshalb existiert, weil wir es beobachten.«

Ich bekam Kopfschmerzen. Mein Gehirn sehnte sich nach ausgetretenen Pfaden, es war schon zu lange auf Neuland unterwegs und wohl mit dem Kopf voran gegen ein Hindernis gerannt, es tat mir weh.

»Sagt Ihnen der Begriff Doppelspaltexperiment etwas?«

»Doppelspaltexperiment? Nicht wirklich.«

»In unser beider Universen, bei uns früher als bei euch …«

»Ich hätte es mir denken können«, entfuhr es mir.

»… haben Wissenschaftler …«

»Also Schriftsteller«, frohlockte ich.

»Nein, das waren damals noch die Wissenschaftler – sie haben nämlich etwas gemessen. Und zwar wollten sie messen, durch welche der zwei Spalten das Lichtteilchen durchgeht, wenn es aus einer Lichtquelle auf die Platte mit den zwei Spalten geschossen wird.«

»Und warum?«

»Weil das Licht aus Teilchen besteht, die sich wie Wellen verhalten können. Das heißt, wenn Licht durch zwei Spalten tritt, dann werden aus der einen Lichtwelle zwei

Wellen. Was machen zwei Wellen? Sie interferieren miteinander und dadurch entsteht an der Fotoplatte hinter den zwei Spalten ein Muster von hellen und dunklen Streifen – wenn das Licht eine Welle ist. Interessanterweise besteht das Licht aber aus Teilchen. Und Teilchen können sich nicht wie Wellen verhalten, weil sich zum Beispiel eine Schallwelle im ganzen Zimmer kugelförmig ausbreitet, was ein einzelnes Teilchen nicht kann.«

»Wird das wieder ein Witz?«

»Ja, und zwar der unglaublichste des gesamten Multiversums. Wenn das Licht aus Teilchen besteht, was passiert dann, wenn man ganz langsam einzelne Lichtteilchen hintereinander durch die zwei Spalten schickt? Dann gibt es keine Welle, dann müssten sich hinter den Spalten an der Fotoplatte weiße Flecken bilden, dort, wo die Photonen auftreffen – wie etwa Farbsäcke mit weißer Farbe –, die sich auch nur wie Teilchen verhalten können, weil sie nie gleichzeitig überall im Zimmer sind, sondern nur dort, wo man sie hinwirft. Nun hat man das Experiment durchgeführt und siehe da, nach einigen Stunden hat sich, nachdem man einzelne Lichtteilchen durch die Spalten geschickt hat, wieder das Streifenmuster gebildet, das nur bei Wellen entstehen kann. Was geht da vor sich? Wie kann ein einzelnes Teilchen wissen, wo es hin muss, wenn keine anderen Teilchen da sind? Wie kann sich ein einzelnes Teilchen wie eine Welle verhalten, um dann hinten auf der Fotoplatte Teil des Streifenmusters zu sein? Offenbar tut es aber genau das: Das Streifenmuster erscheint auch, wenn Teilchen einzeln durchgeschossen werden. Das heißt aber, dass das Teilchen, genau wie eine Welle, gleichzeitig überall im Raum ist, und dann hinten auf der Fotoplatte den Platz einnimmt, den ihm die Welle zuteilt. Das Teilchen geht also durch beide – Achtung, ich wiederhole – das unteilbare Teilchen geht durch beide Spalten durch, interferiert mit sich selbst und bildet so einen Punkt des Streifenmusters. Wie kann aber ein Teilchen, das nur ein einziges Ding ist, gleichzeitig durch zwei Spalten gehen? Jetzt haben die Physiker diesen Versuch nicht nur mit Photonen durchgeführt, sondern auch mit Elektronen. Wieder passierte dasselbe. Auch bei den einzelnen Elektronen, die nacheinander durchgeschossen werden, bildet sich das Streifenmuster. Auch die Elektronen gehen durch beide Spalten, interferieren mit sich selbst und bilden das Muster. Also hat man mittels Röntgenstrahlen versucht zu messen, ob sie wirklich durch beide Spalten gleichzeitig durchgehen, also vor den Spalten zu zwei Teilchen werden. Diese Röntgenstrahlen sind so klein – also kurzwellig –, dass sie von Elektronen abgelenkt werden können. Also richtete man den Strahl auf die beiden Spalten, um zu sehen, was passiert. Und was passierte? Man konnte jetzt messen, durch welchen Spalt das Elektron geht. Es ging nur durch einen und klatschte dort, wo auch ein Farbsäckchen aufprallen würde, gegen die Fotoplatte. Das Streifenmuster kam nicht zustande, sondern nur ein lächerlicher, makrophysikalischer Fleck hinter dem Spalt. Die Elektronen wurden durch die Röntgenstrahlen beobachtet und haben ihre Welleneigenschaft verloren. Ihre Welle ist verschwunden und sie haben sich so verhalten, wie es den klassischen Gesetzen der Physik entspricht, die in Ihrem Universum Sir Isaac Newton beschrieben hat und in unserem Universum eine Person mit gleichem Namen und gleicher Biografie, die auch, und das erstaunte uns alle sehr, zur gleichen Zeit gelebt hat. Ein zweifaches Genie.«

Ich rutschte auf meinem Sofa herum und sagte dann:

»Entschuldigen Sie, Herr Kowalski, darf ich kurz raus, ich muss lulu!«

»Ja. Gerne!«

Ich pinkelte so schnell ich konnte, sprang auf mein Sofa zurück und hörte ihm weiter gebannt zu.

»Das heißt – und jetzt kommen wir dem Grund, warum Ihr Universum untergehen wird, immer näher: Wenn wir die kleinsten Teilchen, aus denen die Materie aufgebaut ist, beobachten, dann verhalten sie sich ›normal‹. Kaum sehen wir weg, verschwindet der Hausverstand zum Billa und sie verhalten sich wie Wellen. Noch dazu wie Wellen, die nicht etwa Meerwasser oder Luft als Medium zur Bewegung durch den Raum benutzen, sondern Wahrscheinlichkeiten für den Aufenthalt von Materieteilchen. Was bedeutet das? Das bedeutet, dass diese Welt, und das gilt für alle Universen, nur deshalb existiert, weil wir sie beobachten. Wenn wir alle gleichzeitig wegsehen, dann verschwindet die Welt und wird durch Wahrscheinlichkeitswellen ersetzt. Dann ist zwar wieder alles möglich, weil es für alles einen bestimmten Grad an Wahrscheinlichkeit gibt, aber nichts ist wirklich, sondern eben nur wahrscheinlich. Es hört alles auf zu existieren.«

»Aber wie soll das gehen, dass niemand mehr das Universum beobachtet? Ich meine, da müssten ja zuerst alle Menschen verschwinden.«

»Es reicht, wenn alle schlafen. Denn wenn wir schlafen, beobachten wir nicht mehr.«

»Da sehe ich aber keine Gefahr. Wie soll denn das gehen, dass alle Menschen gleichzeitig schlafen?«

»Morgen, wenn es in Österreich zwanzig Uhr fünfzehn ist, wird auf der ganzen Welt die erste Folge der vierunddreißigsten Staffel von Dancing Stars ausgestrahlt. Alle Menschen werden vor den Fernsehern sitzen und nach zwölf Minuten werden sie alle vor Langeweile eingeschlafen sein. Genau in diesem Moment wird Ihr Universum verschwinden: weil niemand mehr wach ist, um es zu beobachten! Und mit ihm werden nach und nach alle anderen auch ins Nichts gerissen, denn nichts breitet sich so schnell und kontinuierlich aus wie das Nichts.«

Ich war sprachlos. Mir schwirrte der Kopf. Also stimmte es doch: 2012 geht die Welt unter, die ganze, alle Universen, alle Planeten, alles.

»Aber Moment, warum soll dann gerade ich die Welt retten können?«

»Sie müssen die Moderation abgeben und wach bleiben, damit Sie das Universum weiter beobachten können. Die Sendung wird zweifelsohne auch ohne Sie stattfinden, deshalb reicht die Absage alleine nicht aus.«

»Moment«, sagte ich und freute mich darüber, in seinen Ausführungen einen Gedankenfehler entdeckt zu haben. »Wenn das Universum verschwindet, sobald es nicht mehr beobachtet wird, weil alle während Dancing Stars einschlafen, dann bleiben immer noch die Menschen bei Bewusstsein, die zu der Zeit im ORF-Zentrum sind. Die Tänzer, die Techniker, das Publikum.«

»Das habe ich mir ursprünglich auch gedacht, aber dann sind unsere Experten draufgekommen, dass der ORF nicht zu Ihrem Universum gehört.«

»Wie bitte?«

»Es handelt sich beim ORF um ein eigenes Universum. Sobald man es betritt, also ins schwarze Loch eintritt, befindet man sich in einer anderen Dimension.«

»Erstaunlich.«

»Dort herrschen ganz andere Gesetze als hier. Aus

schwarzen Löchern kann zum Beispiel kaum Information nach außen dringen.«

»Drum versteht man auch die Sendungen kaum.«

»Ja, bei den meisten Sendungen handelt es sich übrigens um Hilferufe. Das Universum ORF steht nämlich vor einem Big Crash.«

»Einem was?«

»Einem Zusammenbruch.«

»Aha.«

»Also brauche ich Sie, um Ihr Universum zu retten, Herr Niavarani.«

»Wieso gerade ich? Was ist so besonders an mir, dass ich die Welt retten muss?«

»Sie wurden auserkoren.«

»Von wem?«

»Vom Zufall!«

»Na geh. Vom Zufall. Das ist doch lächerlich. Nicht von Gott?«

»Nein. Gott gibt es nicht. Gott ist ein Irrtum, den der Zufall in Bezug auf seine Ursache begangen hat.«

»Was?«

»Egal. Der Zufall hat Sie ausgewählt.«

»Na schön. Wenn das die einzige Möglichkeit ist!«

»Es ist eine von vielen, aber im Moment die wahrscheinlichste.«

»Können Sie aufhören, Sachen zu sagen, die keinen Sinn ergeben?«

»Natürlich. Allerdings müsste ich dann aufhören, die Wahrheit zu sagen.«

»Einen kleinen Haken hat die Sache allerdings.«

»Und zwar?«

»Es werden nicht alle Menschen fernsehen. Es werden

doch nicht acht Milliarden Menschen vor dem Fernseher hocken.«

»Das ist richtig. Aber eine sehr große Zahl. Und sie wird mit hoher Wahrscheinlichkeit einen Wert erreichen, der zu einer Schwächung der Beobachtung führt, die mit noch höherer Wahrscheinlichkeit ausreichen wird, das Universum verschwinden zu lassen.«

»Was ist mit den Babys, die nicht fernsehen?«

»Babys beobachten noch nicht, ihr Bewusstsein ist noch zu unerfahren, um das Universum zu beobachten, sie sind schon damit überfordert, das Köpfchen zu heben, was unseren Babys übrigens erspart bleibt, deren Genick ist von Anfang an sehr ausgeprägt, weil sie ja an den Bäumen hängen.«

»Es werden also so viele Menschen einschlafen, dass nicht mehr genug wach sind, um das Universum zu beobachten?«

»Ja, das steht bei dieser Art von Sendung leider zu befürchten. Sehen Sie, normalerweise schläft immer nur ein Drittel der Menschen gleichzeitig. Durch die enorme Berichterstattung über diese Staffel Dancing Stars wissen zum ersten Mal in der Geschichte der Menschheit achtzig Prozent aller Menschen Bescheid. Haben Sie nicht gelesen, wie viel eine Minute Werbung vor der Sendung kostet?«

»Oh ja. Es ist gestern in der Zeitung gestanden. 13,7 Milliarden Euro. Und diese Arschlöcher vom ORF haben mir bei der Gagenverhandlung noch dreitausend Euro runtergerissen, weil sie angeblich kein Geld haben.«

»Halten Sie das wirklich für einen Zufall?«

»Nein, so verhandeln die immer!«

»Ich meine, dass eine Werbeminute vor der letzten Sendung, die es in diesem Universum gibt, weil es wegen dieser

Sendung nämlich untergeht, exakt 13,7 Milliarden Euro kostet?«

»Was ist daran seltsam?«

»Dass das Universum genau 13,7 Milliarden Jahre alt ist!«

»Für jedes Jahr ein Euro. Wahnsinn.«

Ich sah auf die Uhr, es war mittlerweile halb fünf. Ich saß noch bis halb zehn mit Herrn Kowalski bei mir im Wohnzimmer, rief dann im ORF an, täuschte eine Nierenkolik vor und legte mich schlafen. Den folgenden Abend verbrachte ich mit Herrn Kowalski. Wie nicht anders zu erwarten war, sprang Viktor Gernot für mich als Moderator ein. Das würde die Schlafquote der Menschheit nicht wirklich unter den kritischen Wert sinken lassen, meinte Herr Kowalski sachlich.

Um zwanzig Uhr siebenundzwanzig wurde es seltsam still in der Stadt. Tatsächlich schliefen alle Menschen vor Langeweile ein. Vierunddreißig Staffeln Dancing Stars waren dann doch zu viel.

Um zehn Uhr schalteten wir den Fernseher ein und ein sehr verschlafener Nachrichtensprecher berichtete von den unglaublichen Einschaltquoten, die diese Sendung hatte und dass die nächsten Folgen sicher genauso erfolgreich sein würden.

Ich musste also jeden Freitag während der weltweiten Übertragung von Dancing Stars in Kukmirn Wache halten, gnadenlos bis zur letzten Folge. Eine schier unendliche Anstrengung. Aber dereinst – sagte ich mir – wenn die nächsten Wahlen zum Präsidenten des Multiversums anstehen, habe ich etwas in die Waagschale zu werfen.

Ich fragte Herrn Kowalski, was es mit Kukmirn auf sich hätte, warum wir ausgerechnet von hier aus das Universum beobachten mussten. War Kukmirn ein mystischer Ort? Der Angelpunkt aller Universen?

»Nein«, sagte Herr Kowalski, »es ist einfach schöner hier, als in der Stadt rumzusitzen!«

Ende März war die Welt gerettet und das Universum konnte weiter expandieren. Herr Kowalski war wieder in sein Universum zurückgehopst, was ihm nur gelungen ist, weil man ihn dabei nicht beobachtet hat und seine Wahrscheinlichkeitswelle nicht zusammengebrochen ist.

Seine letzten Worte, bevor ich wegschaute, um seine Welle nicht zu stören, waren: »Danke, Herr Niavarani!«

»Ich muss Danke sagen, ohne Sie würde ich nicht mehr existieren.«

»Darf ich Ihnen noch eine große Wahrheit über Ihr Universum dalassen?«

»Ja, bitte, unbedingt …«

»Es ist noch ein Kind, passen Sie gut darauf auf und lassen Sie es nie aus den Augen!«

Und während ich mit den Augen blinzelte, war er verschwunden.

EIN NACHMITTAG IN SCHÖNBRUNN – Verregnet, weshalb ich spontan nach New York flog

Meine Seele ist derart träge, dass ich das Glück
nie nach seiner Höhe messe – ich messe es danach,
ob es leicht erreichbar ist.
Aber wenn ich auch ein all zu wenig auf Größe bedachtes
Herz habe, so dafür ein offenes:
eines, das mir befiehlt, seine Schwäche beherzt zu bekennen.

Michel de Montaigne

Es regnet ganz leicht. Ein feines Tröpfeln, so als hätte jemand einen großen Wasserzerstäuber über Wien installiert. Fast ein Nebel. Ich warte auf Sie, liebe LeserIn. Wir haben uns doch hier verabredet? Schönbrunn, Eingang zum Tiergarten. Die Zeit stimmt auch: nach der dritten Geschichte. Es ist sogar schon ein bisschen nach »nach der dritten Geschichte«, aber nicht viel. Es ist jetzt genau neun Sätze nach. Kein Problem, ich warte. Obwohl es mich verunsichert; bin doch normalerweise ich derjenige, der zu spät kommt. Aber ich warte gerne. Weiß zwar nicht, wie lange man warten soll, welche Spanne hier angebracht ist, damit man sich noch im Bereich »Höflich« befindet und nicht in den Bereich »Vertrottelt« abdriftet. Im wahren Leben würde ich eine halbe Stunde warten, das ist noch höflich. Alles darüber ist vertrottelt. Also werde ich im Buch eine Seite lang auf Sie warten, liebste LeserIn. Ich finde es im Übrigen keineswegs unhöflich, Menschen, mit denen man verabredet ist, warten zu lassen. Ich sehe es eher als eine Art Hilfestellung oder als Geschenk. Wie viele Menschen klagen darüber, sie hätten keine Zeit für sich selbst! Nun, wenn ich zu spät komme und jemanden warten lasse, so gebe ich dieser Person damit Zeit für sich selbst. Er oder sie kann in Ruhe nachdenken, oder etwas lesen, oder sich einfach nur über mich ärgern.

Also lassen Sie sich Zeit, meine liebe LeserIn. Ich habe es sehr schön hier. Die herbstlichen Blätter bedecken den Boden. Ein gelblich-brauner, nach Herbst duftender Teppich, der von feinen Tröpfchen berieselt wird. Sehr romantisch. Ich verkühle mich leicht und bekomme, wenn ich länger im Regen stehe, regelmäßig eine Schleimbeutelentzündung in der linken Schulter. Hab ich irgendwas Falsches geschrieben? Hab ich Sie enttäuscht? Oder verspäten Sie sich einfach nur so? Hab ich Sie beleidigt? Ich warte jetzt schon über eine Seite auf Sie. Ich hoffe, es liegt nicht an mir, oder den ersten drei Geschichten. Ich friere mir hier den Arsch ab. Und vielleicht ist es ohnehin besser, wir sehen einander heute nicht – ich bin schlechter Laune. Unausgeschlafen. Depressiv. Frustriert. Und in dreißig Jahren werde ich sagen, es war die beste Zeit meines Lebens. Schrecklich. Jetzt regnet es bereits stärker. Meine Schulter meldet sich schon mit einem leichten Stechen, das ich mir selbstverständlich nur einbilde. Aber was hilft das schon? Wenn's sticht, sticht's – ob psychisch oder physisch. Soll ich jetzt ins Trockene? Nicht, dass wir einander verpassen. Wo sind Sie nur? Ich mache Ihnen einen Vorschlag: Wir treffen uns ganz woanders. Sie kommen wahrscheinlich ohnehin nicht, da ist es doch eigentlich egal, wo ich vergebens auf Sie warte. Ein großer Vorteil, in einem Buch auf jemanden zu warten, besteht darin, dass man in Sekundenschnelle den Ort wechseln kann.

Ich fahre zum Flughafen. Kaufe ein Ticket nach New York. Komme am JFK an. Und sitze schon im Taxi nach Manhattan. Was sagen Sie dazu? Herrlich, oder? Und Sie liegen immer noch in der Badewanne? Oh Gott, Sie haben unsere Verabredung vergessen, liegen in der Badewanne und lesen gerade diese Zeilen. Was mich ein bisschen verlegen macht. Sie liegen nackt in der Wanne, halten mein Buch in Händen und ich, ich sehe sozusagen alles. Ich schwöre, ich schaue nicht absichtlich hin, aber ein Mann kann nicht anders, wenn eine Frau nackt in der Wanne liegt und man quasi über ihr ist, muss man einfach …

Egal. Also, ich bin jetzt in New York aus dem Flugzeug gestiegen … ich meine aus dem Taxi und stehe am Trafalgar Square … äh, am, Dings … ich kann mich neben Ihnen nur schwer konzentrieren … am Times Square, ich stehe am Times Square.

Müssen Sie unbedingt jetzt ein Bad nehmen? Sie haben übrigens eine perfekte Figur. Also für mich. Ich finde genau Ihre Figur am perfektesten. Ein Zufall, keine Frage.

Ich bade übrigens täglich. Nach dem Aufstehen. Ich beginne meinen Tag mit einem heißen Bad, was oft zur Folge hat, dass ich mich danach sofort wieder hinlegen muss. Ich kontempliere morgens in einem heißen Bad. Denke nach. Heute konnte ich nicht baden. Meine Frau und ich … ich weiß, was Sie jetzt denken: Er hat doch gar keine Frau. Aber für die kleine Schnurre, die ich Ihnen jetzt erzählen möchte, müssen wir davon ausgehen, ich hätte eine Frau: eine fünfundvierzigjährige Architektin – einfach, um die Privatsphäre der Dame zu wahren, mit der ich diese Geschichte wirklich erlebt habe.

Wir waren zu einem Brunch geladen. Brunch mit Jürgen, Thomas, Peter und deren Lebensgefährtinnen Elke, Sabine und Corina. Diese Promenadenmischung aus Breakfast und Lunch, die auf Deutsch Mittagsstück oder Frühessen heißen müsste, ist an sich ja eine großartige Erfindung, wird aber an einem durchschnittlichen Sonntag in einem durchschnittlichen Lokal mit durchschnittlichen Menschen zu einem unterdurchschnittlichen Ereignis, weshalb ich solche Gelegenheiten gerne auslasse. Ich bin ja generell der Meinung, dass eine ausgelassene Party nur dann wirklich ausgelassen ist, wenn man sie auslässt.

Ich bin nicht sehr gesellig. Jürgen & Elke, Thomas & Sabine und Peter & Corina sind befreundete Pärchen. Eine besonders eigenartige Spezies. Aber so ist es nun mal in einer Beziehung. Jeder hat eigene Freunde, deren Schnittmenge nicht gerade groß ist. Und dann gibt es die befreundeten Pärchen, die man entweder im Doppelpack kennengelernt hat, oder durch die unerwartete Zusammenführung des Schicksals aus einem sehr netten Freund und einer völlig Unbekannten entstanden sind.

So hat sich mein lieber Freund Jürgen vor drei Monaten plötzlich in ein befreundetes Pärchen verwandelt. Ein trauriger Umstand, wenn man bedenkt, dass seine Neue eine Exfreundin von mir ist.

Da saßen wir also, ich & meine Frau, und waren aus der Perspektive der anderen fraglos auch ein befreundetes Pärchen, was mich ein wenig unrund machte und ich mich deshalb nicht, wie die anderen Männer, neben meine Frau setzte, sondern ihr gegenüber Platz nahm – zwischen Andrea und meiner Ex, womit ich signalisieren wollte: Ich bin ein eigenständiger Mensch, im besten Fall ein befreundetes Halbpärchen, das vis-à-vis von anderen befreundeten Halbpärchen sitzt. Es entstand eine kleine Diskussion. Meine Ex fragte mit leichtem Vorwurf in der Stimme, ob meine Frau und ich denn nicht nebeneinander sitzen wollten. Nicht, weil sie sich um unsere Ehe Sorgen machte, sondern weil sie damit auf unsere Ex-Beziehung anspielen wollte. Wir sind nämlich so gut wie nie nebeneinander gesessen, haben nie Händchen gehalten, und haben auch nie die Sätze des anderen beendet, wie das die anderen Pärchen gerne taten, mit denen wir damals des Öfteren mittagsstückten.

»Nein, wir sitzen einander gerne gegenüber«, sagte ich zu meiner Ex. »Da können wir uns nämlich in die Augen sehen.«

»Aber wir können nicht kuscheln«, fiel mir meine Frau in den Rücken.

»Im Restaurant kuscheln? Ich dachte, wir wollen brunchen? Kuscheln kann man im Bett«, sagte ich.

»Im Bett kann man aber auch brunchen!«, sagte die Ex, um sich mit meiner Frau gegen mich zu verbünden. »Und wenn man im Bett brunchen kann, kann man auch im Restaurant kuscheln.«

»Er kuschelt gar nicht«, sagte meine Frau.

»Ich weiß. Kuscheln ist nicht seine große Stärke«, bestätigte meine Ex.

»Wir reden übers Pudern?«, mischte sich mein Freund Peter ein, wofür ich ihm sehr dankbar war. Ein Raunen ging durch die Pärchen.

»Das kann man auch netter sagen«, meinte seine Freundin.

»Man muss mit ihm so reden, sonst versteht er es nicht«, verteidigte sich Peter.

»Außerdem sind Sex und Kuscheln zwei komplett unterschiedliche Dinge«, meinte meine Frau. Meine Ex bestätigte nickend indem sie nickend bestätigte.

»Das ist ja das Problem«, sagte ich. Eine Bemerkung, die die Stimmung zwischen mir und meiner Frau nicht gerade verbesserte. Wir hatten uns gestritten, gleich nach dem Aufwachen, dann weiter im Bad und beim Anziehen, im Taxi auf dem Weg zum Brunch, bis es kurz vor Betreten des Lokals zu einem unausgesprochenen Waffenstillstand gekommen war. Schließlich will man vor den anderen ein glückliches Paar abgeben, um ihnen zu beweisen, dass die Liebe funktioniert. Traurig und ohne Hoffnung hatten wir fröhlich und guter Laune die anderen Pärchen begrüßt, die entweder genauso spielten oder wirklich glücklich waren.

Unser Streit stellte einen neuen Rekord dar: Zwei Sekunden nach dem Aufwachen, noch bevor ich mich meiner morgendlichen Erektion vergewissern konnte, hatte meine Frau den Streit vom Zaun gebrochen. Einen Streit über ein wunderbares Thema: ihren Traum.

»Warum tust du mir so etwas an?«, mit diesen Worten hatte sie mich aus dem Schlaf gerissen, der kein wirklicher Schlaf war, viel mehr ein Dösen. War ich doch eine halbe Stunde zuvor schon wach gewesen und hatte Andrea beobachtet, ihr beim Schlafen zugesehen. Ein an und für sich äußerst romantischer Moment, in diesem Fall jedoch keine gute Idee. Der Speichel, der ihr aus dem Mundwinkel auf den Polster rann, hatte mir in aller Deutlichkeit klargemacht, dass ich mich nach einer aufregenden Affäre sehnte.

Sie kann natürlich nichts dafür, dass ihr beim Schlafen der Speichel auf den Polster rinnt. Wir haben alle kleine Makel, die uns auf unappetitliche Weise zu Menschen machen. Ich zum Beispiel rieche unter meinen Zehennägeln eigenartig, was mir immer wieder auffällt, wenn ich sie mir zurechtstutze. Aber das weiß außer mir niemand. Zumindest gehe ich davon aus.

»Was habe ich dir denn angetan?«, räusperte ich mich, setzte mich im Bett auf und wartete auf meinen Kreislauf.

»Du hast mit einer blonden Frau geschlafen!«

Ich habe sie nämlich in ihrem Traum betrogen.

Erstaunlich.

Sehr erstaunlich, dass meine Frau davon träumt, ich

würde sie betrügen, während ich beobachte, wie ihr Speichel auf den Polster rinnt.

»Aber ich hab dich ja nicht betrogen!«

»Ja schon, aber warum träume ich das dann?«

»Keine Ahnung, ich bin kein Traumdeuter!«

»Wir waren auf einer Party bei Edith und Miriam und du bist verschwunden … ich hab dich gesucht … da sind irrsinnig viele Leute herumgestanden … und mittendrin, zwischen den Leuten, hast du mit einer blonden Frau geschlafen.«

»Wie? Zwischen den Leuten?«

»An ein Bücherregal gelehnt … habt ihr Sex gehabt … mitten auf der Party!«

»Das klingt aber gar nicht nach mir! Du musst mich verwechselt haben! Hast du mich von vorne oder von hinten gesehen?«

»Von hinten!«

»Dann war das jemand anderer!«

»Nein – ich weiß doch, wie du von hinten aussiehst! Das warst du – du hast da mitten im Wohnzimmer gevögelt …«

Das klingt wirklich gar nicht nach mir. Ich schwöre. Ich bin viel zu schamhaft. Ich kann nicht einmal neben anderen Männern pinkeln. Wenn ich auf eine öffentliche Toilette gehe, warte ich immer, bis ich allein bin. Automatische Harnverhaltung. Da geht es zack und der Weg ist versperrt.

»Du kennst mich doch, Schnabbi!« Ich nenne meine Frau zärtlich Schnabbi. Wir finden Kosenamen ziemlich lächerlich, aber gegen Schnabbi konnte ich nichts machen. Es ist mir eines Tages herausgerutscht und meine Frau musste darüber so lachen, dass wir Schnabbi nicht mehr loswurden. Schnabbi – von schnappen. Weil sie oft sehr schnippisch ist und nach mir schnappt. Also im übertragenen Sinn … Es ist lächerlich, ich weiß, aber es ist so.

»Ich kenne dich und ich weiß, dass du mit einer anderen Frau schlafen willst.«

»So ein Blödsinn. Nur weil du das träumst?«

»Es hat einen Grund, warum ich ausgerechnet davon träume.«

»Vielleicht möchtest du mit einem anderen Mann schlafen und hast im Traum den Wunsch an mich delegiert, damit ich das Arschloch bin.«

So viel Basiswissen Psychologie hab ich allemal drauf.

»Red dich jetzt nicht raus!«

»Rausreden? Ich muss mich aus nichts rausreden – das war dein Traum!«

»Vergiss es, du bist eben so, wie du bist, du wirst dich nicht ändern«, damit verließ sie das Schlafzimmer Richtung Bad.

»Wo kämen wir da hin, wenn ich mich jetzt schon jedes Mal ändern müsste, wenn du irgendwas von mir träumst?«, rief ich ihr nach und überlegte, ob ich mir einen runterholen sollte, um den Kopf freizubekommen für Wichtigeres. Mit Romantik war es ja fürs Erste vorbei.

»Du brauchst dir jetzt keinen runterzuholen, wir müssen zum Brunch«, rief sie aus dem Bad. Ich schwöre, ich hatte nur daran gedacht und noch keinerlei Anstalten gemacht, ich hatte nicht einmal eine Morgenlatte.

Also stand ich auf, ging ihr nach und ließ mir ein Bad ein.

»Musst du jeden Tag baden? Wir haben es eilig. Der Brunch ist in einer Stunde.«

»Was ist denn los?«, fragte ich sie.

»Nichts.«

»Was ist denn? Irgendwas ist doch!« Ich war der Annahme, dass sie einen guten Grund hätte, schlechter Laune zu sein. Einen guten Grund, keinen Traum, einen wirklichen Grund, aber es war der Traum gewesen, der ihr Sekunden nach dem Aufwachen bereits den ganzen Tag vermiest hatte.

»Das darf jetzt aber nicht wahr sein!«, vermeldete ich, während ich in die heiße Wanne stieg. »Es war – wie oft hab ich das jetzt eigentlich schon gesagt? – ein Traum.«

»Das ändert nichts daran, dass ich mich betrogen fühle.«

»Ja, aber …«, ich wusste nicht, was ich sagen sollte – allerdings nur wenige Hundertstel Sekunden. »Wenn du träumst, dass ich jemanden erschossen habe, rufst du dann auch die Polizei?«

»Verarsch mich bitte nicht, ja!«

»Ich versuche nur logisch zu denken, damit wir uns nicht unnötig aufregen müssen. Ups. Sorry! Jetzt hab ich zwei Fremdwörter verwendet: logisch und denken!«

Dass ich auch mein blödes Maul nicht halten kann. Sie sah mich mit zusammengekniffenen Augenbrauen an.

»Ich kann auch allein zu dem Brunch gehen.«

»Ich finde es großartig, dass man, wenn man frech ist, auch noch belohnt wird.« Wäre ich nicht nur innerlich, sondern auch sichtbar ein zehnjähriger Bub, hätte ich wohl eine Ohrfeige bekommen, so landete nur die Zahnpastatube auf meiner Stirn und platschte in die Wanne.

»Danke! Kannst du mir meine Zahnbürste auch gleich reichen, bitte?«

Sie lachte. Erleichterung, die allerdings nur sehr kurz

anhielt. Wenig später hatte sie das Bad verlassen mit den Worten: »Vielleicht sollten wir uns scheiden lassen.«

»Was? Warum? Willst du vor Gericht anführen, dass ich dich im Traum betrogen habe?«, ätzte ich gegen die geschlossene Tür. »Dann werde ich sagen, dass ich geträumt habe, dass unsere Ehe ungültig ist, weil sie nie vollzogen wurde!«

Ehestreits sind etwas ganz Normales. Vor drei Tagen hatte ich im Tagebuch des Samuel Pepys gelesen. Er war Staatssekretär im englischen Marineamt, Präsident der Royal Society und Abgeordneter zum Unterhaus. Am 9. Jänner 1663 notierte er:

Als ich morgens aufwachte, war meine Frau bereits wach. Sie war ganz aufgelöst und weinte und wollte nicht recht mit der Sprache herausrücken. Schließlich stellte sich heraus, dass Sarah jemandem erzählt hatte, der es wiederum meiner Frau erzählt hat, ich hätte mich bei meinem Bruder mit ihr, Sarah, getroffen und sie bei mir sitzen lassen, während sie mir verschiedene Dinge über meine Frau erzählt habe: wie meine Frau ihrem Bruder einen Spitzenkragen geschenkt habe und dergleichen – worüber ich mich sehr ärgere, denn ich habe gewiss mit niemandem darüber gesprochen, und meine Frau hätte nichts davon erfahren, wenn Sarah nicht geplaudert hätte. Ich versuchte sie zu beruhigen und sagte, ich hätte ihr deshalb nichts davon gesagt, weil ich Sarah kein Wort geglaubt hätte, abgesehen von der Sache mit dem Spitzenkragen, die sie mir selbst erzählt hatte. Schließlich vertrugen wir uns wieder. Meine Frau sprach nun davon, wie sehr sie eine Gesellschafterin brauche, denn die Vertraulichkeiten, die sie sich gegenüber den Bedienten erlaube, verderbe ihr Verhältnis zu ihnen, aber andere Gesellschaft habe sie nicht (was nur allzu wahr ist). Und sie rief Jane herbei, gab ihr die Schlüssel, damit sie ihr ein Bündel Papiere aus der Truhe hole, aus dem sie schließlich ein Schriftstück hervorzog. Es war die Abschrift eines wütenden Briefes, den sie mir vor längerer Zeit geschrieben hatte, den ich aber nicht gelesen, sondern verbrannt hatte. Diesen las sie mir nun vor, und er war so bissig und das meiste davon wahr – was die Zurückgezogenheit ihres Lebens betrifft und dass ich ihr keine Vergnügungen gönne –, dass ich, da er auf Englisch verfasst war und die Gefahr bestand, andere könnten ihn finden und lesen, böse wurde und sie zunächst ersuchte und ihr dann befahl, ihn zu zerreißen. Als sie sich weigerte, nahm ich ihn ihr mit Gewalt weg, zerriss ihn und nahm ihr obendrein auch noch das übrige Bündel Papiere ab. Sprang noch im Nachthemd aus dem Bett und stopfte es in meine Hosentasche, damit sie es mir nicht abnehmen konnte. Sobald ich meine Strümpfe, meine Hose und meinen Rock angezogen hatte, holte ich ein Blatt nach dem anderen hervor und zerriss alles vor ihren Augen, auch wenn es mir in der Seele weh tat, da sie weinte und mich anflehte, es nicht zu tun. Doch es erzürnte mich maßlos, meine Liebesbriefe und mein Testament (worin ich ihr vor meiner Seereise mit Lord Sandwich alles, was ich in der Welt besitze, vermacht hatte) mit einem Schriftstück zusammenliegen zu sehen, das, wenn es einem Dritten in die Hände gefallen wäre, Schimpf und Schande über mich gebracht hätte. Nachdem ich alles zerrissen hatte bis auf einen Schuldschein von Onkel Robert, der schon lange in ihrem Besitz ist, unsere Heiratsurkunde sowie den ersten Brief, den ich ihr als Verehrer geschrieben hatte, sammelte ich die Schnipsel ein und trug sie auf mein Zimmer. Nach langem Hadern, ob ich sie verbrennen sollte oder nicht, hob ich die Fetzen des Briefs, den sie mir heute vorgelesen hatte sowie die des Testamentes auf. Den Rest verbrannte ich. Ging darauf ins Amt – sehr aufgewühlt.

Dann ging Mister Pepys ins Amt. Zum Mittagessen war er wieder zu Hause.

Aber was bin ich doch für ein Narr. So missgestimmt ich auch war – als meine Frau dann kam, konnte ich mir während der ganzen Mahlzeit ein Lächeln nicht verkneifen, bis sie schließlich wieder zu schimpfen anfing. Da wurde auch ich von Neuem wütend. Dann ins Amt.

Er stürzte sich in die Arbeit und in Gespräche über den Handel. Dann kam ein Bote mit einem Brief ins Amt.

Als ein Brief von Dr. Pearse, dem Arzt, eintraf, der auf meine Einladung hin für nächsten Montag seinen und Dr. Clarkes Besuch zum Mittagessen ankündigte, ging ich zu meiner Frau und besprach die Sache mit ihr. Ich musste ihr hoch und heilig versprechen, dass sie sofort ein neues Kleid aus Mohrseide bekommt, in dem sie sich vor Mrs. Clarke sehen lassen kann. Es bedrückt mich, so viel Geld dafür ausgeben zu müssen, aber es trägt zu unserer Aussöhnung bei, denn wir haben uns wohl noch nie so heftig gestritten, und ich bezweifle, dass der Groll so bald verraucht sein wird. Tatsächlich bedaure ich außerordentlich, so viele meiner Liebesbriefe zerrissen zu haben, die ich ihr von See und anderswo geschrieben habe. Danach wieder ins Amt.

Und die letzte Eintragung an diesem Tag lautete:

Zu Hause war meine Frau mir wieder wohlgesinnt. Dann zu Bett.

Also nahm ich mir an Mister Pepys ein Beispiel und am Weg zum Brunch fragte ich meine Frau, ob sie nicht Lust hätte, morgen shoppen zu gehen, denn so wie Pepys bereute, Liebesbriefe verbrannt zu haben, bereute ich meine dumme Bemerkung über »logisch« und »denken« und die darin implizierte Unterstellung, Frauen wären dazu nicht in der Lage. Aber im Gegensatz zu Mrs. Pepys war »Mrs. Dreihundertfünfzig Jahre später« nicht so naiv, um auf diesen Trick reinzufallen. Die Menschheit entwickelt sich doch weiter, zumindest die eine Hälfte davon.

»Du kannst mich auch am Arsch lecken!«, lautete ihre unmissverständliche Botschaft.

Ich beneidete Pepys, der ins Amt gehen konnte und nicht mit Mrs. Pepys zu einem Brunch musste. Ich fragte mich, wie ich darauf reagieren, wie ich generell auf unsere Streitereien, die sich in letzter Zeit gehäuft hatten, reagieren sollte. Vielleicht wie Mister Pepys, der am 18. Juli desselben Jahres, sieben Monate nach dem geschilderten Streit, Folgendes in sein Tagebuch schrieb:

Zu Hause einen Imbiss eingenommen, dann fort, um verschiedene Besorgungen zu machen. Ging unter anderem zu meinem Buchhändler (...) Von dort zum Temple, zur königlichen Kleiderverwaltung und weiter zur Westminster Hall, wo ich bei Mrs. Lane einige Halsbinden abholen wollte. Während sie zu der Frau ging, die sie gestärkt hatte, wartete ich im Laden von Mrs. Howlett, die mit ihrem Mann ausgegangen war. Es war nur deren Tochter da (»Meine kleine Frau«, wie ich sie nenne). Kaufte ein Paar Handschuhe, um mit ihr plaudern zu können. Sie ist wirklich ein sehr redegewandtes Mädchen und verspricht, ein schönes Weib zu werden. Könnte mich sehr wohl in sie verlieben.

Da haben wir es. So sind die Männer. Ich fragte mich also, ob ich eine Frau kannte, in die ich mich sehr wohl verlieben hätte können. Wenn es zu Hause nicht passt, dann sofort die Flucht in fremde Arme antreten, Mister Pepys! Bravo, der Herr! Er schreibt weiter:

Bald kam Mrs. Lane zurück. Meine Halsbinden waren aber noch nicht fertig. Wir trennten uns daher und trafen uns wieder in der Crown am Palasthof. Aßen (ich hatte ein Hühnchen bestellt) und tranken und waren sehr vergnügt. Ich durfte sie berühren und mit ihr tun, was ich tun wollte, bis auf das eine, und ich ließ sie auch mein Ding anfassen und drückte die Spitze an ihre Brüste und schließlich auch weiter unten – wofür ich mich schrecklich schäme. Bin fest entschlossen, es nicht wieder zu tun, Himmel, wie versessen sie darauf ist, zu heiraten, und wie sie mir die Hände hinhält, damit ich ihr die Zukunft lese, und alle ihre Fragen laufen immer auf dasselbe hinaus: wen und wann sie heiraten wird. Sie war geschmeichelt, als ich ihr sagte, sie würde ganz offensichtlich mich zum Mann bekommen. Aber dann sagte sie, sie sei bei allen Wahrsagerinnen der Stadt gewesen und alle hätten ihr das gleiche vorhergesagt: dass sie lange leben, reich werden und einen guten Mann bekommen werde, aber nur wenige Kinder und eine schwere Krankheit – und zig andere Dinge. Aber alle, sagte sie, hätten ihr das Gleiche gesagt. Ich blieb so lange, bis meine Halsbinden fertig waren.

Als sie endlich kamen, fuhr ich mit dem Boot zum Temple und ging von dort zu Fuß nach Hause. Von dem Gerangel mit ihr und dem Fußmarsch war ich ganz in Schweiß gebadet. Nahm ein kleines Abendessen zu mir. Und dann zu Bett. Fürchte, mich verkühlt zu haben.

Nachdem ich das gelesen hatte, suchten mich tagelang erotische Träume heim, in denen ich mit diversen Damen beim Essen in Restaurants herumfummelte. Ich hatte meiner Frau nichts davon erzählt. Und jetzt fragte ich mich ernsthaft, ob ich mich vielleicht, wie Mister Pepys, in ein Abenteuer flüchten sollte? Wobei man sagen muss, dass Pepys, was ich später erst herausfand, Betty Lane seit 1660 kannte und mit ihr ein Verhältnis hatte. Sie heiratete später einen gewissen Mister Martin, der Pepys kannte und mit ihm befreundet war. 1674 schenkte er ihm einen zahmen Löwen, mit dem Pepys angeblich große Freude hatte. So modern war man im siebzehnten Jahrhundert.

Am Weg zum Brunch machte ich den kleinen Fehler, auf die Aufforderung meiner Frau, sie doch am Arsch zu lecken, mit Pepys' Geschichte zu kontern. Ich fragte sie, ob sie nicht auch fände, dass es nach fünf Jahren Ehe an der Zeit wäre, mit jemand anderem essen zu gehen und ein wenig herumzufummeln.

»Na also, ich hab es ja gewusst.«

»Naja – nur weil ich das von diesem Pepys gelesen habe. In der Literatur passieren solche Sachen ständig.«

»Du bist so krank im Hirn!«

»Nur gebildet!«

»Eingebildet!«

Liebe LeserIn! Denken Sie jetzt nicht falsch von mir. Ich habe Sie nicht angesprochen, um mit Ihnen eine Affäre anzufangen. Ich habe nichts im Sinn. Sie müssen mir glauben. Ich bin einzig und allein Ihrem Charme erlegen. Oder sagen wir dem Charme der Vorstellung, mit meiner LeserIn plaudern zu können. Ich möchte Sie in keiner Weise anmachen. Außerdem – und das zu meiner Verteidigung – sitzt mir noch das kleine Badewannenerlebnis in den Knochen. Die Sache mit dem Binnen-I. Sie könnten ja auch ein Mann sein. Das Binnen-I schützt uns beide davor, zu explizit zu werden. – Wobei Sie natürlich für einen Mann ungewöhnlich schöne Beine hätten …

Ich bin ja kein großer Freund des Binnen-I. Ich finde es ausgesprochen hässlich. LeserInnen, GärtnerInnen, VerleumderInnen. Viel ästhetischer erscheint mir ein Binnen-G. GastGarten, GaGe, VerGanGenheit. Oder auch ein Binnen-M: GeMüse, HalMa, VorschlaGhaMMer. Aber ich komme vom TheMa ab. (Wäre es nicht niedlich, wenn man ein Hauptwort am AnfanG und am EndE großschriebe?)

Ich sehe Sie auf mich zukommen, liebe LeserIn. Da. Sie laufen bei Rot über die Kreuzung. Mit allen anderen Passanten. Das ist hier in New York so üblich. Man passiert die Straße, wenn es möglich ist und nicht, wenn es vorgeschrieben ist. Hallo, wie war Ihr Flug? Erstaunlich kurz? Ja, das ist der Vorteil, wenn man schreibt: Man kann die Länge selbst bestimmen. Ich hätte auch seitenlang von Ihrem Flug berichten können. Aber das sparen wir uns. Wollen wir etwas essen gehen? Was? Nein! Würde ich mir doch nie erlauben, wir leben ja nicht im siebzehnten Jahrhundert.

Ich muss aber in ein paar Seiten wieder zurück in Wien sein. Meine Frau wartet auf mich. Der Brunch? War schrecklich. Ich war, wie gesagt, sehr schlechter Laune, missmutig. Erstens wegen unseres Streits und zweitens hatte ich die ganze Nacht davor geschrieben. Die zwei Geschichten, ja. Und war erst gegen fünf Uhr früh zu Bett gegangen, wo mich eine mächtige Depression heimgesucht hatte. Ja, weil ich einen Artikel über die Zukunft unseres Universums gelesen hatte. Das ganze Leben macht keinen Sinn. Nicht nur, dass wir eines Tages sterben werden und die ganze Menschheit ausgelöscht sein wird, wenn sich unsere Sonne in ein paar Millionen Jahren in eine Supernova verwandelt hat. Das ganze Universum wird sterben. Nichts wird übrig bleiben. Bitte? Ja, was hätte ich sonst vor dem Einschlafen lesen sollen? Samuel Pepys regt mich zu sehr auf. Es sieht nicht sehr rosig aus für unser Universum. Entweder es expandiert so lange, bis es zerreißt, es friert einfach ein oder es zieht sich wieder zusammen, bis es wieder eine Singularität ist, in der es keine Zeit, keinen Raum und keine Materie gibt, oder es verschwindet einfach, weil die Zeit aufhört zu existieren. Solche Sachen lese ich meist vor dem Einschlafen und höre dazu am iPod »Child in Time« von Deep Purple.

Sehr deprimierend. Ich weiß auch nicht, warum ich immer so schlecht schlafe. Und dann nach dem Aufwachen der Traum meiner Frau und der Streit und dieser schreckliche Brunch! Ich hatte nur vier Stunden geschlafen.

Unweigerlich kamen Jürgen & Andrea, Thomas & Sabine, Peter & Corina und ich & meine Frau auf die Wirtschaftskrise zu sprechen. Wo man früher über Kinder, Ferienhäuser und Family-Vans gesprochen hat, spricht man heute über Krise, Burnout und Aktienspekulation. Ich kann dieses dumme Gerede von der Wirtschaftskrise nicht mehr hören und obwohl ich Kindergeschichten genauso wenig spannend finde, war ich heilfroh, dass meine Ex, Corina, von ihrem fünfjährigen Sohn Diego erzählte, bevor wir auf die Krise zu sprechen kamen. Ich mag ihren Sohn, vor allem, weil er nicht von mir ist. Und weil er in seinem zarten Alter bereits ein kleiner Macho ist. Eines Tages lief er stundenlang mit einem Plastikhammer in der Wohnung herum und erklärte seiner Mutter: »Männer müssen etwas mit einem Hammer machen!«

Corina erzählte, dass er, wenn ihm etwas nicht passt oder er etwas nicht machen will, ständig mit seinem Kindergartenfreund Marcel droht: »Das sag ich dem Marcel, der bringt dich um!« Dabei macht er ein strenges Gesicht mit zusammengezogenen Augenbrauen, ganz wie es meine Frau gemacht hatte, als ich in der Wanne lag und meinte, sie würde die Worte »logisch« und »denken« nicht verstehen.

Wenn man Diego ein Eis verweigert, dann sagt er es Marcel, der einen umbringen wird.

»Komm, du gehst jetzt schlafen!«

»Will ich nicht!«

»Musst du aber!«

»Das sag ich dem Marcel, der bringt dich um!«

Wenn Diego ein kleiner Macho ist, dann ist Marcel ein kleiner Mafioso. Meine Ex erzählte uns von einem Arztbesuch vor drei Wochen. Der kleine Diego musste geimpft werden. Dazu waren zwei Ärzte und eine Krankenschwester nötig. Unter Tränen und Geschrei wurde ihm die Infektionen abwehrende Spritze verabreicht. Meine Ex zog ihm die Hose wieder rauf und einer der Ärzte lobte ihn für seine Tapferkeit. Man füllte noch das Krankenblatt aus und verabschiedete sich. Die Ärzte und die Krankenschwester winkten dem kleinen Diego nach, der an der Hand seiner Mutter Richtung Tür stolperte. Er sah die drei aus seinen verweinten, rot unterlaufenen Augen an und seufzte. Kurz bevor sie durch die Tür gingen, blieb Diego stehen und drehte sich noch einmal zu seinen Peinigern um.

»Brav warst du«, sagte die Krankenschwester aufmunternd. Westernmusik schien einzusetzen. Die Luft war dick geworden. Man konnte in der Ferne eine Krähe hören und Diego sagte:

»Das sag ich dem Marcel, der bringt euch alle um!«

Wir lachten. Ich bewunderte Diego für seine Coolness. Ich hätte wahrscheinlich nur so dreingeschaut wie: »Es hat aber schon ein bisserl weh getan«. Es aber nicht einmal zu sagen gewagt.

Natürlich war es dann gekommen, wie es kommen musste: Alle jammerten über die Krise.

»Der Euro ist in Gefahr. Was, wenn unser Geld schon bald nichts mehr wert ist?«

»Aber wir müssen die Banken retten, sonst geht ganz Europa bankrott!«

»Bankrott? Wenn ich eine Bank seh, seh ich rot – Bankrot!« Das war mein Kalauer im Bemühen, gute Miene zum bösen Spiel zu machen. Ich hasste mich dafür. Noch dazu stieg niemand darauf ein.

»Wir haben kein Wirtschaftswachstum mehr, das wird uns in den Ruin treiben.«

»Die Krise trifft uns alle.«

»Es ist uns noch nie so schlecht gegangen.«

»Die Preise steigen. Man kann sich das Leben bald nicht mehr leisten!«

Und dann platzte mir der Kragen. Unter anderem wahrscheinlich auch, weil ich heute Morgen nicht masturbiert hatte.

»Was redet ihr denn für eine Scheiße, bitte! Was für eine Krise? Wer ist denn in der Krise? Wir? Die Bevölkerung? Wir sind doch nicht in der Krise. Die Wirtschaft ist auch nicht in der Krise. Wem geht es denn so schlecht? Ihr sitzt hier bei einem Brunch, der jeden von uns fünfundzwanzig Euro kostet, die uns nicht weh tun. Jeder hat einen Laptop, ein iPhone oder sonst irgendein Handy und zahlt für seine monatliche Rechnung mehr, als ein Familienvater in Afrika das ganze Jahr verdient. Alle haben mindestens einen riesigen Flat Screen. Ihr fahrt Autos um Tausende von Euros. Wo ist denn da die Krise? Dieses Gejammer ist unerträglich. Wir lassen uns einreden, wir hätten eine Krise und steuern einer Katastrophe entgegen, während wir ein Drittel mehr Lebensmittel produzieren, als wir fressen können. Lebensmittel, die wir wegschmeißen. Ein Drittel schmeißen wir weg! Wir produzieren fünfzig Prozent mehr Waren, als wir nötig haben. Handys, Fernseher, Schuhe, Gewand, elektronische Produkte, sinnlose Dinge wie Fritteusen, die ohne Fett frittieren, iPod-Boxen, Computerzubehörschas. Alles so gebaut, dass es rechtzeitig kaputtgeht und wir neues Zeugs kaufen. Fünfzig Prozent von allem zu viel. Wir leben nicht in einer Krise, wir leben im Überschuss. Und wir glauben wirklich, dass Geiz geil ist. Geiz ist nicht geil, er macht krank. Geiz ist schlecht für die Verdauung. Wer geizig ist, kann nicht richtig scheißen, weil er nicht einmal seine Scheiße hergeben will und zusammengezwickt durchs Leben geht. Das sei einmal allen Arschlöchern gesagt! Großzügigkeit ist geil! Wenn ich einem Menschen etwas schenke, dann geht mir einer ab! Das ist geil: Wenn ich sehe, wie er sich über mein Geschenk freut. Was soll das heißen, ich habe nichts zu verschenken? Wir haben genug wegzuschmeißen, aber nichts zu verschenken? Kein Wunder, dass man da Angst vor der Zukunft bekommt. Wenn man Arbeitslose, Asylanten, Kranke, Alte verachtet, weil sie nichts haben, das sie wegschmeißen können! Aber wenn sie unsere Hilfe brauchen, dann teilen wir ihnen mit, dass wir uns das nicht leisten können, weil wir in der Krise sind. Weil es uns ja selbst so schlecht geht. Mit was für Arschlöchern bin ich eigentlich befreundet?«

Die zusammengekniffenen Arschlöcher schauten mich verwundert an. Ich war noch nicht am Ende mit meinen Ausführungen.

»Und die Banken gehören unter staatliche Aufsicht. Bankspekulanten müssen kontrolliert werden. Was soll denn das? Die setzen Geld ein, das real nicht existiert, kaufen damit Aktien, die keinen realen Wert darstellen und verlieren Geld, das sie nie gehabt haben, woraufhin sie eine Krankheit kriegen, die es nicht gibt. Burnout! Burnout! Alle kriegen ein Burnout! Lächerlich! Stattdessen sollte man sich lieber Gedanken machen, wie man die Banken – wenn wir ihnen schon die Milliarden hinten reinschieben – dazu verpflichten kann, mit dem Gewinn, den sie gemacht haben, nachdem sie von der Allgemeinheit gerettet wurden, etwas für die Allgemeinheit zu tun. Warum macht man nicht ein Gesetz, das die Banken verpflichtet, fünfzig Prozent des Gewinns, den sie machen, in soziale Projekte zu stecken? Sie sollen Krankenhäuser bauen, Kinderbetreuungsplätze schaffen, in einen Fonds zur Grundsicherung einzahlen! Wenn ich eine Woche Diktator der Welt wäre, würde sie besser aussehen!«

»Was ist denn mit dir los?«

»Er ist Kommunist geworden!«

»Er hat einen Nervenzusammenbruch.«

»Bist du unterpudert, oder was?«

»Schatz, bitte! Wir sind hier nicht auf der Kleinkunstbühne, wir wollen einen netten Brunch verbringen.« Sie hätte auch Kabarettbühne sagen können, aber dann wäre die Bedeutung »klein« nicht bei mir angekommen.

»Lasst ihn, er muss ja irgendwo seine neuen Nummern ausprobieren.«

»Das ist keine Nummer. Ihr geht mir auf die Nerven mit eurer Krise und euren iPhones und Laptops und Wellnessaufenthalten und Aktivurlauben und eurem langweiligen Leben!«

Ich erhob mich, ging auf die Toilette und wünschte mir, dass das Universum unverzüglich einfror oder zerfiel oder in einer Singularität verschwand. Stattdessen kam Corina, meine Ex, zur Tür herein.

»Das ist das Herrenklo!«, sagte ich unfreundlich.

Sie legte ihre Hand auf mein Gesicht und küsste mich auf die Stirn. Ich musste unweigerlich an Samuel Pepys und Betty Lane im Restaurant denken.

»Du bist überarbeitet. Wann hast du wieder Vorstellung?«

»Erst in einem Monat. Ich muss mein zweites Buch fertigschreiben.«

»Du solltest Urlaub machen.«
»Kann ich jetzt nicht.«
»Wie viel fehlt denn noch?«
»Das ganze Buch bis auf drei Geschichten, von denen die erste gar keine echte Geschichte ist und diese hier auch nicht.«
»Bitte?«
»Ja, das Ganze hier ist eine Passage aus meinem Buch, merkst du das nicht?«
»Wie? Das, was jetzt hier passiert, ist aus deinem Buch?«
»Ja. Ich stehe gerade mit der LeserIn in New York am Times Square und erzähle ihr von dem Brunch.«
»Ich bin gar nicht deine Ex?«
»Nein. Hab ich eine Exfreundin namens Corina?«
»Ach so … nein.«
»Eben. Du bist nur eine kleine Nebenfigur.«
»Darum hat auch unsere Beziehung nicht gehalten, weil ich für dich nur eine Nebenfigur war.«
»Bitte, fang nicht wieder damit an.«
»Ich bin bestimmt keine Ex von dir?«
»Nein.«
»Und deine Frau. Ich nehme an, du bist noch immer nicht verheiratet.«
»Richtig. Meine Frau ist in Wirklichkeit die Freundin eines Bekannten von mir, die ich zu meiner Frau gemacht habe, weil es für die Geschichte besser passt.«
»Welche denn?«
»Das kann ich nicht sagen. Das will ich nicht sagen. Das werde ich nicht sagen!«
»Okay, passt schon. Und? Was machen wir jetzt?«
»Ich weiß nicht, ich denke gerade darüber nach!«
»Wie?«

»Ich schreibe diese Worte gerade auf meinem Laptop. Ich sitze in meinem Büro und schreibe.«

»Ich dachte, du bist in New York.«

»Nur in der Geschichte.«

»Du bist gleichzeitig in deinem Büro, in New York und mit mir am Klo?«

»Ja. Deshalb liebe ich es, zu schreiben. Wir könnten jetzt zu dir fahren und was trinken, Musik hören und wie früher Sex am Nachmittag haben.«

»Ich habe einen Freund und einen Sohn!«

»Die könnte ich streichen!«

»Das sag ich dem Marcel, der bringt dich um!«

»Ich hab mir grade überlegt, ob es gut wäre, wenn du mich noch lieben würdest?«

»Gut wofür?«

»Für die Geschichte.«

»Man muss nicht immer so kitschig sein.«

»Warum bist du mir aufs Klo nachgegangen?«

»Weil du das geschrieben hast. Weil du dir wünschst, dass ich es tue. Weil du willst, dass dich deine Exfreundinnen noch lieben.«

»Nein. Nur du.«

»So, wie du dir wünschst, dass du Freunde hast, mit denen du zum Brunch gehen kannst und die du dann fertigmachen kannst, weil dir ihre Art zu leben nicht passt. Weil du ein eitler Mensch bist, der zeigen muss, dass er sich Gedanken über die Gesellschaft macht. Du bist ein Besserwisser, der den Menschen seine einfältigen Gedanken als große Weisheit verkauft.«

»Warum hab ich dir diesen letzten Satz geschrieben?«

»Weil du mich kennst! Wir sollten jetzt zurückgehen, sonst glauben die anderen, wir haben was miteinander.«

»Haben wir ja auch, immer noch – irgendwie.«

»Nein, haben wir nicht!«

»Du könntest wenigstens Danke sagen.«

»Wofür?«

»Dass ich dir einen eigenen Willen gegeben habe. Ich hätte dich auch mich küssen lassen können. Nicht nur auf die Stirn.«

»Glaub ich nicht. Komm jetzt!«

»Ach Gott! Du bist wirklich eigensinnig.«

Wir gingen zu den anderen zurück. Wir erzählten ihnen nicht, dass sie nur Figuren in einer Geschichte sind, wir ließen sie in dem Glauben, sie wären meine Freunde. Ich entschuldigte mich für meinen Ausbruch und erntete freundliche Worte, die ich ihnen geschrieben hatte. Meine Frau war den ganzen Nachmittag sauer auf mich, weil mir nichts Besseres einfiel. Dann setzte ich mich ins Taxi und fuhr nach Schönbrunn, um Sie, liebe LeserIn, zu treffen.

Wir müssen nach Wien zurückfliegen, ich muss weiterschreiben. Was? Etwas Autobiographisches? Nein. Das wäre zu einfach. Und zu intim. Sehen Sie, es ist so: Vieles habe ich erfunden und vieles ist aus dem echten Leben. Also die Patchwork-Geschichte ist erfunden und die Geschichte mit dem Paralleluniversum, die hab ich wirklich erlebt. Ich schwöre! Also gut, Sie möchten wissen, woran Sie sind: Die nächste Geschichte hab ich wirklich erlebt – muss aber unter uns bleiben!

ERLEUCHTUNG AUF DEN MALEDIVEN

Wenn sich ein Kohlenstoffatom mit vier
Wasserstoffatomen verbindet,
werden die Elektronen in der Weise
zum gemeinsamen Besitz,
dass die Wasserstoffatome die Illusion haben,
eine (mit zwei Elektronen) vollständig besetzte
innerste Schale zu besitzen
und das Kohlenstoffatom in seiner zweiten Schale acht
Elektronen »wahrnimmt«.
Dies ist eine sehr stabile Konfiguration.

John Gribbin

In einem meiner Kabarettprogramme habe ich eine kurze Geschichte über die Malediven erzählt. Ich möchte Ihnen hier gerne die ganze Geschichte erzählen, denn sie kann sicher einiges zu Ihrer seelischen Erbauung beitragen. Sie ist sozusagen mein Glaubensbekenntnis und vielleicht finden Sie darin eine Antwort auf die metaphysischen Fragen des Lebens.

Also im Grunde bin ich mosaischer Agnostiker. Eine Glaubensrichtung, die es nicht wirklich gibt. Agnostiker deshalb, weil ich nicht hundertprozentig ausschließen kann, dass es Gott nicht doch gibt. Mosaisch deshalb, weil ich glaube, dass Gott, wenn es ihn gibt, sicher noch nicht auf der Erde war. Der Messias kommt vielleicht noch – da war er ganz bestimmt noch nicht. Ich muss gestehen, ich glaube nicht an Gott. Die Annahme der Existenz eines ewigen allmächtigen Gottes wirft aus meiner Sicht mehr Fragen auf, als sie zu beantworten im Stande ist. Hier nur einige von ihnen, die mich beschäftigen:

Was hat Gott vor dem Urknall gemacht? War ihm langweilig?

Wenn Gott allmächtig ist, müsste er einen Stein erschaffen können, der so schwer ist, dass er ihn nicht hochheben kann. Wenn er ihn aber nicht hochheben kann, dann ist er nicht allmächtig.

Wenn einige von uns nach dem Tod für immer glücklich

im Paradies weiterleben*, stellt sich immer noch die Frage nach dem Wozu. Was hat es für einen Sinn, ewig glückselig zu sein? Würde sich da nicht unglaubliche Langeweile einstellen?**

Wenn Gott den Menschen nach seinem Ebenbild geschaffen hat, also ängstlich, abergläubisch, gierig, brutal und profitorientiert, dann möchte ich ihm lieber nicht begegnen.

Warum hat Gott den Menschen so erschaffen, dass er sich der Sünde zu und von ihm abwandte? Musste er den eigenen Sohn auf diese entsetzliche Weise ermorden lassen? Gab es keinen anderen Weg der Versöhnung? Oh, gütiger Gott! Ein Patriarch okay, aber dazu auch noch ein Sadist?

Und natürlich die leidige Frage: Warum lässt Gott Leid zu? Noch dazu in diesem Ausmaß: Erdbeben, Tsunami, Atomkraftwerke.*** Morden und Brennen, ausdrücklich auch in seinem Namen: Inquisition, Hexenverbrennung. Plagen ganz eigener Art: Kardinal Groer, Weihbischof Krenn …

Will man nicht spitzfindig oder ein Theologe sein, gibt es scheinbar nur zwei Antworten und beide sind unbefriedigend: Entweder Gott gefällt unser Leid und er delektiert sich daran oder es gibt ihn nicht.

Mir hingegen scheint die Erklärung viel logischer, dass

---

* Natürlich nur diejenigen, die brav und fromm nach den jeweiligen Regeln der Religion gelebt haben. Regeln, die übrigens von irdischen Wesen gemacht wurden – oder glauben Sie, dass es einem allmächtigen Wesen, das im Stande war, das Universum zu erschaffen, wirklich wichtig ist, dass wir am Freitag nur Fisch essen?

** Die Dauer der Ewigkeit beträgt exakt eine lange Weile. Und mir wird schon fad, wenn ich zweimal dasselbe Gericht esse, und sei es noch so köstlich. Ewiges Glück schreckt mich eher ab. Ich bin ab und zu ganz gerne traurig.

*** »Mit einem Erdbeben anfangen und dann ganz langsam steigern«, lautete einst die Forderung von Samuel Goldwyn an seine Drehbuchautoren in Hollywood.

Gott (notabene: er hat uns nach seinem Ebenbild geschaffen) ein ebenso verirrtes, verunsichertes Wesen ist wie wir. Mächtiger, verborgener, rätselhafter als wir, aber uns doch sehr ähnlich.

Zugegeben, ich bin nicht der erste Mensch, der diesen Gedanken hat. Am schönsten formuliert hat ihn Georg Christoph Lichtenberg, Professor der Physik und Schriftsteller, vor gut zweihundert Jahren: »Schon vor vielen Jahren habe ich gedacht, dass unsere Welt das Werk eines untergeordneten Wesens sein könne (...). Es ist eine Torheit, zu glauben, es wäre keine Welt möglich, worin keine Krankheit, kein Schmerz, kein Tod wäre. Denkt man sich ja doch den Himmel so. Von Prüfungszeit, von allmählicher Ausbildung zu reden, heißt sehr menschlich von Gott denken und ist bloßes Geschwätz. Warum sollte es nicht Stufen von Geistern bis zu Gott hinauf geben, und unsere Welt das Werk von einem sein können, der die Sache noch nicht recht verstand, ein Versuch. (...) Wenn ich Krieg, Hunger, Armut und Pestilenz betrachte, so kann ich unmöglich glauben, dass alles das Werk eines höchst weisen Wesens sei.«

Gott als Praktikant bei der Firma »Schöpfungen & Universen – Intelligent Design GmbH & Gott KG«?

Beängstigend, aber die wahrscheinlichste Variante. Und will man uns nicht von Seiten der katholischen Kirche dauernd erklären, dass die Evolution nur eine unter vielen Theorien, intelligentes Design aber die Wahrheit sei? Intelligent? Design vielleicht! Aber intelligent?

Dieser Gott, der uns da geschaffen hat, ich nenne ihn ab jetzt den Allmächtigen Praktikanten, der ist offensichtlich kein Genie. Der hat sich auch nicht genug Zeit genommen. Sechs Tage und am siebenten hat er geruht. Ein ganzes Universum in sieben Tagen, das schafft nicht einmal Superman.

Unsere Welt sieht eher so aus, als hätte er sechs Tage geruht und am siebten, am Sonntagabend nach dem Fernsehkrimi, noch schnell seine Präsentation für Montag hingerotzt. Der Allmächtige Praktikant entpuppt sich bei näherer Betrachtung als unbegabter BWL-Student, der durch Protektion von noch weiter oben einen Posten im Creative Management zugeschanzt bekommen hat.

Am Montagmorgen, auf dem Weg in die Firma, hat er dann im Taxi noch einen Blick auf seine Schöpfung geworfen und ist zu dem Schluss gekommen, dass da etwas nicht stimmt. Die Menschen sind böse und führen Kriege. Da hat er seinen Sohn angerufen und ihn gebeten, die Sache in Ordnung zu bringen. Und wir strampeln uns hier in seinem Schöpfungsexperiment ein Leben lang ab, im Namen des Praktikanten, seines Sohnes und des Heiligen Geistes*.

Sein Sohn allerdings war tatsächlich ein weiser Mann. Erstaunlich bei so einem Vater, aber der Sohn hat mich immer sehr beeindruckt, weil er sich, wie man so sagt, »nichts geschissen hat«. Er hat den Menschen unverblümt die Wahrheit ins Gesicht gesagt und sich mit Zöllnern und Huren herumgetrieben, die ihm mehr bedeutet haben als die Reichen und Mächtigen – ein äußerst sympathischer Zug.

Seit aber dem Praktikanten alles über den Kopf gewachsen ist, lässt er sich nicht mehr blicken. Wer weiß, vielleicht haben sie ihn auch aus der Firma geschmissen und unser Universum einfach in den Müll geworfen, wo es unbeachtet vor sich hin rottet. Und wir kommen uns wer weiß wie gut vor und versuchen gemeinsam mit Sisyphos den Karren aus dem Dreck zu ziehen.

Sehr intelligent ist das Design ja wirklich nicht. Ein Pro-

---

* Der Heilige Geist: Ein Marketinggag des Praktikanten, um von ihm und seinem Sohn abzulenken.

dukt wie der Mensch wäre am freien Markt sehr schwer zu verkaufen. Ich stelle mir vor, wie es gewesen sein muss, als der Allmächtige Praktikant dem Vorstand von »Schöpfungen & Universen – Intelligent Design GmbH & Gott KG« sein Universum präsentiert hat. Den Laptop unterm Arm (selbstverständlich ein Apple) und einen Latte Macchiato von Starbucks in der Hand (natürlich koffeinfrei und mit laktosefreier Milch zubereitet) stürmt er im lässigen T-Shirt mit coolem Aufdruck (»It's good to be God« oder »I don't believe in man«) leicht verspätet in den Konferenzraum und beginnt mit seinen Ausführungen:

»Also … zuerst einmal möchte ich Ihnen einen guten Morgen wünschen und mich noch einmal bedanken, dass Sie mir die Möglichkeit gegeben haben, mein eigenes Universum zu kreieren. Danke an den Vorstand. Ich möchte mich auch beim Artdirector der Creative Abteilung, Herrn Petrus, bedanken, der mir beim Klima auf der Erde sehr geholfen hat. Coole Eiszeit! Also, das Universum besteht aus Atomen, die sich zu Molekülen zusammenschließen. Dann gibt's noch ein paar Naturgesetze – ich hab Ihnen einen Katalog gemailt, den Sie sich in Ruhe ansehen können –, damit sich ein bisserl was abspielt. Lichtgeschwindigkeit hab ich mit dreihunderttausend Kilometern pro Sekunde festgelegt. Wow! Ha?! Das ist urschnell! Da krümmt sich der Raum! Das taugt mir sehr. Ist voll cool. Ja … also … egal … Weiter. Dann: Das Universum besteht aus Galaxien, die haben Milliarden von Sternen, diese wiederum haben jede Menge Planeten. Nicht alle, aber viele. Schaut urcool aus. Alles dreht sich! Alles bewegt sich, leuchtet … Super! Das Universum selber ist unendlich groß. Das taugt mir voll, weil da hört es nie auf … Wahnsinn, oder? Nie! Das geht immer weiter … Arg, oder? Das kann man sich gar nicht vorstellen … Super! Gut. Egal. Dann gibt's die Erde. Kleiner Planet. Schaut gut aus. Hat Sauerstoff und alles. Und jetzt kommt's: Dort gibt es Lebewesen. Pflanzen, urcool, große, kleine, manche kann man essen, die schmecken super, andere sind giftig … hehehe, das find ich total lustig. Da ist man tot, sofort! Wahnsinn, oder? Dann gibt es Tiere, die fressen sich gegenseitig! Die bringen sich um, reißen sich das Fleisch heraus und so … ist voll arg! Und dann, dann hab ich einen Fisch gemacht, der lebt im Wasser, ist aber kein Fisch, ist ein Säugetier … aber jeder glaubt, es ist ein Fisch! Wahnsinn, oder? Und einen Fisch hab ich gemacht, der kann fliegen, der schwimmt, taucht aus dem Wasser und fliegt – aber nicht zu lang, weil sonst erstickt er, aber trotzdem kann er fliegen. Toll, oder? Ja und dann, dann gibt es noch die Krone der Schöpfung: den Menschen. Der ist wirklich, der ist voll arg. Der ist urgescheit. Taugt mir sehr. Der baut Häuser und so Sachen, fliegt in den Weltraum, kann aber nicht weit kommen, weil alles so weit weg ist und Lichtgeschwindigkeit hat nur das Licht, sonst nichts. Der Mensch ist urinteressiert an allem, will alles wissen, wie es geht und so. Wie sich die Welt dreht. Wie die Atome ausschauen. Echt lieb. Ein bisserl mühsam wird er mit der Zeit, weil er immer alles besser weiß als ich, aber da schick ich dann einen Tsunami und ein Erdbeben und dann wird er wieder ein bisserl demütig, das passt schon.

Sein Design ist sehr cool: Also er geht auf zwei Beinen, nicht so wie die anderen, dafür tut ihm die Geburt sehr weh, weil ich das Becken enger machen musste, sonst wär er umgefallen – aber das passt schon. Er hat ein großes Hirn. Damit kann er nachdenken, Sachen erfinden, Musik komponieren, Witze erzählen und so, echt geil! Er muss es aber nicht verwenden, er kommt auch ohne sehr gut aus, die meisten vielleicht sogar besser, weil … also, sie werden oft traurig, wenn sie's zu sehr verwenden … das müsste man sich vielleicht noch anschauen. Ja, dann hab ich ihm die Geschlechtsteile gegeben, zur Fortpflanzung. Die kann er aber auch einfach nur so verwenden. Macht der auch. Also, eigentlich muss ich gestehen, dass er sie meistens nur so verwendet. Auch allein. Das macht er sehr gern. Zuerst wollt ich ihm ja kleine Ableger aus der Schulter wachsen lassen, wie bei den Pflanzen, aber da hat er dann aufgehört, Sachen zu erfinden und Häuser zu bauen und Musik zu komponieren. Er macht diese Sachen ausschließlich, um Geschlechtspartner anzulocken. Das ist seine ganze Freude.

Wenn der Mensch auf die Welt kommt, kann er nichts. Also echt gar nichts. Man glaubt zuerst, das wird ein Affe oder so. Mühsam lernt er dann alles. Die Eltern müssen ihn ernähren – manchmal sogar bis zum dreißigsten Lebensjahr. Er pflanzt sich fort, wird alt und stirbt. Und das Coolste ist: Er weiß nicht warum. Ist das cool? Er fällt einfach tot um, hat sein ganzes Leben lang Angst davor und fällt dann einfach so um und weiß nicht warum! Ich find das super. Dadurch – also das hab ich ihm eingebaut – wendet er sich an mich. Also die Angst bringt ihn eigentlich zu mir. Also mir taugt das echt. Das ist voll cool, weil er dadurch auch schön zahm wird und mir auch die komischsten Sachen glaubt. Ja, es gibt natürlich noch viele Details in meinem Universum, aber ich will Sie nicht länger langweilen. Ich hoffe, Sie beurteilen mich nicht zu streng, es ist mein erstes. Dennoch bin ich zuversichtlich, dass wir bald in Serie gehen können. Danke für Ihre Aufmerksamkeit.«

Niemand kann mit absoluter Gewissheit sagen, dass es nicht genau so zugegangen ist, wie ich es eben beschrieben habe. Genauso wenig kann jemand mit absoluter Gewissheit sagen, dass die Version der Katholischen Kirche die richtige ist.

Gut möglich, dass ich gerade mein Schicksal besiegelt habe und nach dem Jüngsten Gericht sofort in der Hölle schmore, weil Jesus, sitzend zur rechten Hand Gottes, gerade meine Schöpfungsgeschichte vorgelesen hat. Blasphemie! Lautet das Urteil. Und ich werde dastehen und mich ärgern, dass ich niemals Ministrant war.

Gott wird sagen: »Die Geschichte ist ja ganz witzig, aber sehr beleidigend. Und außerdem hast du auf der Bühne sehr oft ordinäre Worte verwendet.«

»Herr! Ich bitte um Verzeihung«, werde ich sagen, »aber Ihr versteht nichts von Komödie und Kabarett!«

Und hinten in einem kleinen Winkerl sitzend wird der Teufel sich zu Wort melden: »Aber ich! Ich versteh was davon!«

»Dann ersuche ich den Teufel, Niavaranis Kabarett zu beurteilen«, wird Gott sagen.

»Mir hat es gut gefallen!«, wird der Teufel erwidern, »er hat oft ›pudern‹ gesagt und ›Oasch‹ und ›scheißen‹. Hahahahaha, das hab ich gern!«

»Stimmt es, dass du mit diesen Worten auf ein paar primitive Lacher spekuliert hast?«, wird Gott seine Stimme erheben und etwas mehr Hall hineinlegen als sonst.

»Ja, Herr. Ich hab ›pudern‹ gesagt!«

»Er hat es nicht nur gesagt! Er hat es auch gemacht! Hehehehe! Unverheiratet! Manchmal mit zwei gleichzeitig! Hehehehe!«

»Da haben sich ja zwei gefunden!«, wird Gott donnern, »Beelzebuben!«

Und schon fahre ich zur Hölle.

Gut möglich aber auch, dass wir – zum Schrecken aller frommen Christen – am Jüngsten Tag auf Arabisch angeredet werden. Ich hab dann wenigstens eine Fifty-Fifty-Chance, oder eine Viertel-Chance, sagen wir eine kleine Chance … nein, eine theoretische Chance: Mein Arabisch ist nicht sehr gut.

Aber das Gesicht von Papst Benedikt möchte ich sehen. Er freut sich schon auf einen kleinen Plausch von Kollege zu Kollege, da begrüßt ihn anstelle von Petrus ein arabischer Türsteher mit dunkler Brille und fragt nach seinem Ausweis.

Ehrlich gesagt, ich glaube nicht, dass Gott keinen Humor hat, weil ich ja nicht einmal glaube, dass es ihn gibt. Zumindest nicht so als Person, wie sich die Religionen das vorstellen. Aber glauben tu ich schon. Ich bin eigentlich ein sehr gläubiger Mensch. Ich habe eine sehr stark ausgeprägte mystische Ader – »Ja, eine Krampfader«, spottet mein lieber Freund Viktor Gernot.

Dem muss ich vehement widersprechen. Ich glaube, dass es »irgendetwas« gibt. Keine Ahnung was, aber irgendetwas gibt es sicher. Und da bin ich gar nicht so allein mit diesem Gedanken. Viele Menschen, vornehmlich die, die aus der Kirche ausgetreten sind, glauben an »irgendetwas«. Wir sind von zu vielen Rätseln umgeben. Ich zum Beispiel beziehe ja Trost aus der Physik. Und wer hätte sich das je träumen lassen? Meine Mutter nicht, ich nicht und mein Physiklehrer schon gar nicht. »Nicht genügend« war mein langjähriger (so lang ich halt im Gymnasium war) Notendurchschnitt. Aber vielleicht ist gerade das der Grund: Mein Reich der Physik ist ziemlich begrenzt und ich befinde mich daher quasi schon immer außerhalb der Physik, auf dem Gebiet der Meta-physik. Griechisch »meta« heißt ja »hinter, jenseits, nach«: Metaphysik ist das, was nach der Physik kommt. Nun scheint es aber der Fall zu sein, dass diese Erfahrung, die ich da im Großen mache, allerhöchsten Koryphäen der Physik gelegentlich im Kleinen auch passiert – und seltsamerweise sind sie dabei viel unglücklicher als ich.

Sie werden es nicht für möglich halten: Der ehemalige Musterschüler begibt sich hiermit auf das Feld der Quantenphysik. Dabei habe ich nicht einmal für das nach mir benannte Steckdosen-Paradoxon eine Erklärung: Warum fließt aus einer offenen Steckdose kein Strom, wenn ich den Stöpsel hineingebe schon? Ein echter Hohn also für wirkliche Quantenphysiker, die Hilberträume mit Tensorprodukten ausstaffieren und sich darin wie zu Hause fühlen. In mein bescheidenes Heim kommt gerade mal eine schwarze Katze – natürlich nur, wenn sie sich in ihrem Stammbaum auf Schrödinger berufen kann.

Jedenfalls bin ich von der Quantenphysik und ihren Folgen für unser Weltbild ehrlich fasziniert. Die Tatsache, dass Licht gleichzeitig beides sein kann, Teilchen und Welle, tröstet mich ungemein. Es widerspricht nicht nur dem angeblich gesunden Hausverstand, sondern auch den Regeln der klassischen Physik. Das Licht verhält sich aber so: Es ist tatsächlich beides. Wenn man das Licht als Welle beschreibt und dazu ein Experiment durchführt, so bestätigt das Ergebnis diese Theorie. Wenn man Licht als einen Strahl von Teilchen beschreibt und dazu ein Experiment durchführt, so bestätigt das Ergebnis diese Theorie ebenfalls. Oder anders gesagt: Wenn Licht, als Welle beschrieben, auf eine Glasscheibe trifft, so bricht die Welle, das heißt, ein Teil geht durch, ein anderer Teil wird reflektiert.

Wenn Licht, als Strahl von Teilchen beschrieben, auf eine Glasscheibe trifft, lässt die Glasscheibe einen Teil der Photonen durch, einen anderen reflektiert sie. Allerdings gibt es keinen Unterschied zwischen den Photonen, das heißt, es ist nicht klar, welche durchzulassen sind und welche reflektiert werden. Trotzdem passiert genau das. Ein Teil geht durch, ein Teil wird reflektiert. Ein unlogischer Vorgang, der sich des Zufalls bedient. Woher weiß das Photon, das die Scheibe durchdringt, dass es nicht abprallen soll und umgekehrt? Das, so erklären die Physiker, hängt mit der Quantenwahrscheinlichkeit zusammen. Wir können in der mikroatomaren Welt (also die Teilchen, die kleiner sind als Atome) bestimmte physikalische Vorgänge nicht beobachten oder erklären, wir können nur die Wahrscheinlichkeit berechnen, mit der dieser Vorgang passiert. Und trotzdem spiegelt sich unser Gesicht in einer Fensterscheibe, weil nicht alles Licht durchgeht. Das heißt … ja, was heißt das eigentlich? – Nur so nebenbei und unter uns, weil von der mikroatomaren Welt, den Teilchen, aus denen die Atome bestehen, die Rede war: Wissen Sie, was »a-tomos« heißt? »Unteilbar!« Atomos heißt u n t e i l b a r ! Gibt es sonst noch einen Grund, warum sich die Naturwissenschaften exakt nennen dürfen?

»Zeilinger, was gibt's da zu schwätzen? Stehen Sie auf und erklären Sie uns diese Phänomene, wenn Sie es besser wissen! Aber ein bisschen dalli, Mister Beam, vielleicht geht sich gerade noch ein ›Genügend‹ aus! Ein Genügend für den Nobelpreis!« – Ja, in den Büchern von Professor Anton Zeilinger steht das alles viel genauer und verständlicher. Er hat über die Donau hinweg zwei Teilchen verschränkt. Jawohl: v e r s c h r ä n k t ! – Der Professor verfügt über eine ziemlich zügellose Phantasie, müssen Sie wissen! Freimütig bekennt er, dass es sich dabei um einen zutiefst widernatürlichen Akt handelt, gegen alle bekannten Naturgesetze. Unheimlich! Ich kann nur hoffen, eine unserer Qualitätszeitungen nimmt sich demnächst dieser Sache an; und zwar erfolgreicher als die Kampagne gegen die Schwarzen Löcher in Genf. Verschränkte Teilchen! Wo gibt's denn so was?

Was also hat das alles zu bedeuten? Ich weiß es nicht! Herr Professor Zeilinger möge es uns erklären. Es ist jedenfalls so kompliziert, dass er persönlich ein »Irgendetwas« jenseits der Physik nicht auf jeden Fall ausschließen möchte, wie man ihm gelegentlich in Interviews entlocken konnte.

Max Planck meinte: »Wer von der Quantenphysik nicht zutiefst beunruhigt ist, hat sie nicht verstanden.« Albert Einstein war beunruhigt und zeit seines Lebens unglücklich über die Rolle, die der Zufall darin spielt. Er betonte wiederholt: »Gott würfelt nicht!« Niels Bohr soll ihm damals zur Antwort gegeben haben, er möge doch endlich aufhören, dem Herrgott Vorschriften zu machen. So ging es zu bei den Gründervätern der Quantenphysik.

Diese Lücken in der Kausalkette spenden mir Trost, aber natürlich lässt sich darauf schwer eine Religion gründen. Wie sähe so ein Glaubensbekenntnis aus? »Ich glaube an irgendetwas, im Namen des Lichts und des Teilchens und der Quantenwahrscheinlichkeit?« Stephen Hawking unser Papst? Nein, Stephen Hawking der Sohn Gottes, gefesselt an den Rollstuhl – keine Erlösung ohne Leiden! Unsere Kirchen Physikhörsäle? Aus dem Evangelium nach Einstein oder Zeilinger?

Irgendetwas sei Dank gibt es noch etwas hinter der Metaphysik – und das ist wirklich eine lohnende Beschäftigung, wenn Sie zu viel Zeit haben – die Pataphysik: Sie ist die

Wissenschaft von den imaginären Lösungen und übersteigt die Metaphysik in dem Maße, wie diese die Physik übersteigt. Sie kommt zu überaus eleganten Ergebnissen, wie »Gott ist der kürzeste Weg von Null nach Unendlich, in beiderlei Richtungen.« Gegründet wurde die »Wissenschaft der Wissenschaften« vor gut hundert Jahren in Paris von Alfred Jarry, der noch immer den Rekord im schnellsten Theaterskandal hält. Bereits das erste Wort seines Stückes »König Ubu« führte bei der Uraufführung 1896 zu einem Riesenskandal: »Merdre«, zu Deutsch: »Schreiße!« Bemerkenswerterweise war es das überzählige »r«, das zu einer zehnminütigen Publikumsschlägerei im Paris der Jahrhundertwende führte. – Tolle Leistung: Wie beim Fußball ein Tor in der ersten Sekunde.

Meist zermartern wir uns allerdings den Kopf umsonst. In Wirklichkeit ist alles viel einfacher, wie ein Blick in das Philosophielexikon zeigt. Ich hab Sie weiter oben glauben gemacht und ich hab das auch bis heute geglaubt, Metaphysik sei der Bereich in der Philosophie, der sich mit den Fragen hinter oder jenseits der Physik beschäftigt. Ob Sie es glauben oder nicht, tatsächlich war es so: Um zirka 70 v. Chr. raffte sich der Bibliothekar Andronikus von Rhodos – gewiss unter dem Druck seiner Frau – endlich auf, Ordnung in seinen Saustall zu bringen. Bei der Gelegenheit waren auch die Schriften des Aristoteles zu ordnen. Es war viel zu heiß und Andronikus hätte lieber an der Strandbar zusammen mit den blonden Barbarinnen, die neuerdings überall auftauchten, ein paar Ouzos gezischt. Um schnell zu machen, hat er die aristotelischen Schriften, die keinen Titel trugen und die wir heute unter »Metaphysik« kennen, im Regal einfach hinter die Schriften gereiht, die Aristoteles unter dem Titel »Physik« verfasst hat. Metaphysik ist also das, was im Regal hinter der Physik steht. Die sogenannten »letzten Fragen«: nichts als ein bibliothekarischer Zufall.

Manchmal – bitte lachen Sie mich nicht aus – habe ich das Gefühl, dass mir das Universum Zeichen sendet. Wirklich. Manchmal denke ich mir, wenn irgendwas passiert oder ich etwas Bestimmtes sehe: »Das ist ein Zeichen! Warum sehe ich heute schon zum dritten Mal einen Rettungswagen fahren? Das ist ein Zeichen: Vielleicht bin ich schwer krank!« Auch überlasse ich alle Entscheidungen dem Universum. Meine ganze Karriere, mein ganzes Privatleben, alles wird vom Universum entschieden. Ich trage da gar nichts dazu bei. Es ist ganz einfach. Ein sehr simples, mystisches Ritual. Als man mich fragte, ob ich dieses Buch schreiben wolle, habe nicht ich entschieden, sondern das Universum. Ich war gerade auf der Mariahilferstraße unterwegs, als der Anruf vom Verlag kam. Ich wusste nicht gleich, was ich antworten sollte, und bat darum, mich später noch einmal melden zu dürfen. Ich ging also Richtung Neubaugasse und wusste nicht, ob ich mir die Arbeit antun soll oder nicht. Also bat ich das Universum zu Hilfe. Ich bat um ein Zeichen. Jetzt darf man natürlich nicht einfach nur auf irgendein Zeichen warten, man muss schon dem Universum höflicherweise die Art und Weise, wie man zu kommunizieren gedenkt, mitteilen. Ich murmelte also leise vor mich hin – immer wenn ich mit mir selbst rede (meistens handelt es sich dabei um ein Interview mit mir selbst in englischer Sprache, in dem es auffallend oft um die Frage geht, wie ich es als österreichischer Kabarettist dann doch geschafft habe, in Hollywood zu landen), stecke ich mir die weißen iPhone Kopfhörer in die Ohren, damit Passanten oder etwaige Fans mich nicht für einen Psycho halten – ich murmelte also vor mich hin: »Liebes Universum, ich weiß nicht, ob ich ein neues Buch schreiben soll. Ich biege jetzt gleich in die Neubaugasse ein. Wenn ich das Buch schreiben soll, dann schick mir, in dem Moment, in dem ich die Neubaugasse betrete, als Zeichen den 13A. Danke!«

Ich bog in die Neubaugasse ein und ... dank der Zuverlässigkeit der Wiener Linien sitzen Sie jetzt da und lesen dieses Buch. Gerade beim 13A ein wahres Wunder, wie mir zahlreiche Wiener aus den Bezirken vier bis neun versichern.

Also Sie sehen, ich bin ein sehr religiöser Mensch.

In den meisten Fällen habe ich allerdings die Angst, dass etwas ein negatives Zeichen sein könnte, das meinen herannahenden Tod ankündigt. Und damit sind wir schon bei der Geschichte aus den Malediven. Falls Sie sie schon kennen, können Sie die nächsten Seiten überspringen – vorausgesetzt, Sie haben bislang nichts übersprungen, sonst bin ich beleidigt.

Eines Tages habe ich beschlossen, auf die Malediven zu fliegen. In meinem Kabarettprogramm hab ich erzählt, ich wär allein geflogen, weil ich mich selbst kennenlernen wollte. Also das war eine reine Erfindung, ich brauchte nur einen Aufhänger für den Sketch. Hier die ganze Wahrheit:

Es war im Jänner. Es war kalt, grau und hässlich in Wien und wir wollten dem Winter entfliehen. Meine Lebensgefährtin, die Tirolerin, machte den Vorschlag, in den Indischen Ozean zu fliegen. Keine schlechte Idee, dachte ich, warum soll man sich diese Gegend nicht auch einmal ansehen? Was ich nicht wusste, dort gibt es keine Gegend. Wie soll ich das jetzt erklären? Also die Malediven bestehen zu neunundneunzig Prozent aus Meer und der bescheidene Rest aus über tausend Inseln. Kleine Inseln, teilweise sogar sehr kleine Inseln, teilweise so klein, dass sich neben dem Hotel keine Gegend mehr ausgeht. In zwölf Minuten hat man die Insel umrundet. Zu Fuß. Allerdings nur, wenn man zwei Pausen einlegt und so langsam geht, dass man riskiert von Jopie Heesters überholt zu werden. Unsere Insel war genau so eine, nur ein bisschen kleiner. Das Paradies! Wirklich! Also wie der moderne Mensch sich das Paradies halt so vorstellt: Sonne, Palmen, Sand und Meer. Und natürlich ein allgegenwärtiges Buffet: zum Frühstück, zu Mittag und am Abend – und für zwischendurch.

Den elf Stunden langen Flug hatte ich trotz meiner Flugangst (siehe Kabarettprogramm) ganz gut hinter mich gebracht. Der Pilot von der AUA bat mich sogar ins Cockpit, was von vorneherein nicht zu meiner Beruhigung beitragen konnte: In jedem Postautobus steht »Während der Fahrt ist das Sprechen mit dem Lenker verboten«. Natürlich siegte die Eitelkeit. Offen gesagt, es schmeichelt mir, wenn ich nicht als lästiges Sperrgut behandelt werde, wie alle übrigen Passagiere – aber das können Sie natürlich nicht verstehen! Ich durfte also auf einem kleinen Sesselchen Platz nehmen. Die Frage »Wer sitzt da normalerweise und hat sich gerade ein paar Freistunden genehmigt?« behielt ich lieber für mich. Die Arbeit der Piloten bestand hauptsächlich darin, mit mir zu plaudern und ab und zu ein paar Knöpfe zu drehen. Ich war nicht sehr unterhaltsam, fürchte ich, denn ständig musste ich an mich halten, um nicht herauszuplatzen, wenigstens einer von ihnen möge doch ab und zu auf die Straße schauen.

Bereits vor dem Flug war ich in Panik, denn ich hatte den Eindruck, das Universum möchte mich von dieser Reise abhalten. Es schickte mir Zeichen der Warnung. Ich hatte mir ein Buch ins Handgepäck gesteckt und begann schon am Weg zum Flughafen darin zu blättern. Einer der ersten Sätze lautete: »Er starb am 12. Jänner«, und zufällig war der 12. Jänner. Was hat das zu bedeuten? Warum lese ich ausgerechnet vor dem Flug diesen Satz? Ich ignorierte die Warnung und tat so, als ob nichts sei. Allein schon deshalb, weil es sehr kompliziert gewesen wäre, meiner Lebensgefährtin zu erklären, warum ich den Urlaub wegen eines Satzes in einem Buch stornieren hätte wollen.

Nach dem Einchecken tranken wir noch einen Kaffee und begaben uns zum Gate. Ich saß auf einem dieser Bänkchen und starrte gedankenverloren auf den Boden. Ich weiß nicht mehr, woran ich dachte, aber es muss etwas mit Tod und Flugzeugabsturz und dem Sinn des Lebens zu tun gehabt haben. Plötzlich sah ich einen kleinen schwarzen Käfer am Boden krabbeln. Witzig, dachte ich, Ungeziefer am Flughafen, vielleicht kann man da ein Universum draus machen (ich meine jetzt die Fernsehsendung). In dem Augenblick ging ein Mann in Nagelschuhen an mir vorbei und zermalmte den armen Käfer. Er war auf der Stelle nicht nur tot, sondern auch nicht mehr als Käfer erkennbar. Das zweite Zeichen! Das Universum (jetzt meine ich wieder das große Ding, in dem Raum und Zeit gekrümmt sind) gab mir das zweite Zeichen: »Flieg nicht! Du wirst sterben. Du wirst abstürzen!« Ich konnte das Universum schon förmlich mit mir schreien hören: »Depperter! Nicht einsteigen! Du wirst nicht nur abstürzen, sondern auch noch einen Herzinfarkt bekommen!«

Aus purer Feigheit sagte ich den Urlaub nicht ab. Es war mir zu peinlich.

Den Flug habe ich überlebt und elf Stunden später war ich auf den Malediven. Großartig! Dreiunddreißig Grad

Lufttemperatur und siebenhunderttausend Prozent Luftfeuchtigkeit pro Minute. Was für ein Paradies! Wir hatten einen Bungalow direkt am Meer. Ich zählte die Schritte von unserem Bett direkt ins Meer … Fünfzehn. Fünfzehn Schritte und ich konnte im Indischen Ozean auf einen Steinfisch treten und an seinem Gift sterben. Ich kann nichts dafür, aber das sind nun einmal die Gedanken, die mir kommen, wenn ich am Strand im Indischen Ozean liege. Also beschloss ich, die nächsten zwei Wochen nicht ins Wasser zu gehen. Der Steinfisch – ich googelte sofort – ist absolut tödlich, ganz zu schweigen von den Haien, die sich »schau, wie lieb!« (meine Tirolerin) um das Riff tummelten.

»Wozu bischt dann herkemmen?«, fragte mich meine Lebensgefährtin.

»Zur Erholung!«

»Das heißt, du gehsch nit schnorcheln?«

»Nein, natürlich nittt, um Gottes willen!«

»Warum nacha nit?«

»Das ist mir zu gefährlich! Ich schau mir die Fische von heraußen an. Schließlich gehe ich ja auch im Tiergarten nicht in den Löwenkäfig, wenn ich einen Löwen sehen will!« Ich schau ihn mir von außen an, und freue mich darüber, dass er mir nichts tun kann. Manchmal, wenn mich niemand beobachtet, reize ich ihn sogar ein wenig und er kann nichts machen. Ein erhebendes Gefühl. Ich reize ihn natürlich nicht zu sehr. Ich klopfe nur ein wenig gegen die Scheibe – grad so viel, dass ihm klar wird, dass er zwar der König der Savanne ist, ich aber die Krone der Schöpfung bin.

Ich ließ also die Lebensgefährtin alleine in den Fischkäfig, der sich als Korallenriff tarnte, und döste auf meiner

Liege vor mich hin. Es war herrlich. Der Ozean, die Sonne, die Palmen, das reine Glück. Die reine Idylle und plötzlich hatte ich Angst vor dem Sterben. Was, wenn es jetzt aus ist? Was, wenn der Ozean das Letzte ist, was ich von dieser Welt sehe? Dieser Gedanke macht mich immer besonders traurig, denn insgeheim habe ich immer noch die Hoffnung, beim Sex oder beim Essen zu sterben, oder bei einer wilden Kombination aus beidem.

Und dann war es soweit. Ich schwöre, ich habe den Tod gesehen. Leibhaftig! Zuerst hörte ich nur ein seltsames Geräusch, wie ein kurzes, rhythmisches Rauschen oder Keuchen. Dann drehte ich mich um – und da stand er, der Tod. Ganz in Schwarz. Schwarze Hose, schwarzes Oberteil, schwarzer Schleier, nur mit einem kleinen Schlitz zum Rausschauen, schwarze Socken, schwarze Flipflops und einen Besen in der Hand, mit dem er den Strand kehrte. Plötzlich kamen zwei weitere Tode aus dem dschungelartigen Gebüsch hinter einer Palme. Ich erschrak. Ich sprang von meiner Liege auf und sah den Toden in die Augen. Einem nach dem andern. Der erste Tod, es muss der Chef-Tod gewesen sein, sagte in gebrochenem Englisch mit indischem Akzent: »We are vely sorry, Mister. Budth the strand is the vely impordand to the cleaning fol thle moskitos!«

Bei den drei Toden handelte es sich um die muslimischen Putzfrauen, die den Strand von Moskitolarven befreien mussten. Ich war erleichtert. Kein Zeichen des Universums. Ich hatte es noch einmal geschafft.

Am nächsten Tag jedoch passierte Unglaubliches. Meine Lebensgefährtin schwamm schon seit drei Stunden im Indischen Ozean als ich beschloss, es wäre an der Zeit, den Bungalow zu verlassen. Auf allen vier maledivischen TV-Kanälen wurde aus dem Koran vorgelesen.

Ich ging sieben Schritte Richtung Meer, da erblickte ich auf einer der Palmen einen Raben. Er sah mich an und schwankte ein wenig. Mit letzter Kraft versuchte er, sich auf der Palme zu halten. Dann krächzte er jämmerlich, schüttelte auf seltsame Art seinen Kopf und fiel zu Boden! Tot. Der Rabe war tot! Das war nun aber ein untrügliches Zeichen. Ein toter Rabe! Ich drehte mich um und sah hinter mir auf dem Boden eine zweiten Raben liegen! Er bewegte sich noch ein wenig, schlug mit einem Flügel und verschied. Tot! Ich hatte zwei tote Raben gesehen. Ein dritter! Zwei Meter links vom zweiten Raben lag ein dritter toter Rabe. Drei tote Raben! Wenn das kein Zeichen war! Das steht ganz sicher in der Bibel, da steht geschrieben: »Ich aber sage euch, erst wenn die Raben dreimal gestorben sind« … oder steht es im Koran: »Rabe tot, nix gut« … oder haben sie es in einem Bericht auf ATV gezeigt? Was weiß denn ich!? Es war zu gefährlich hier, wir mussten sofort weg. Ich sprintete Richtung Meer, um meine Lebensgefährtin zu suchen. Weg, sie war weg! Bravo! Ich konnte sie nirgendwo ausmachen. Also rannte ich zur Rezeption. Musste ich mich halt zuerst um die Evakuierung kümmern und dann nach meiner Tirolerin suchen. Ich stürmte auf die kleine Inderin an der Rezeption zu und rief keuchend: »Listen! Something terrible will happen. I need a plane …«

»Please Mister, take a seat!«

»No seat! Something terrible …«

»You must relax!«

»No! No relax! We all must leave – there was a bad sign!«

»You want a mango juice?«

»No mango juice! No! A plane, we need a plane, something terrible will happen! The sign! You know! The … äh … äh …«

Mir fiel das englische Wort für Rabe nicht ein!

»The birds are dying! We must go. Three black birds are dead! It is not good! A Tsunami is coming and the Americans will bomb your country, because of your Allah o Akbar! Please!«

Sie sah mich fassungslos an.

»You want a mango juice?«

»Aber no! Heast … The devil is coming! The devil! He will kill us all! The devil, you know?«

Sie reagierte nicht. Also spielte ich ihr in der Lobby, gleich neben dem Spa-Bereich, den Teufel vor: Ich hinkte und imitierte mit meinem rechten Arm einen Schweif.

»The devil! Don't you know the devil?« Ich wedelte mit meinem rechten Arm!

»The devil is the man with the big dick in his ass!«

»Oh, I know! The man with the big dick in his ass is our manager!«

»No! Please! There will be a catastrophe. We must all go! A plane, I need a plane right now!«

»We only have mango juice!«

Dann fiel mir endlich das Wort für »Rabe« ein.

»The crows are dying! I saw three dead crows!«

Sie sah mich an und sagte sehr höflich: »Oh yes, of course. That's because we poison them!«

Die vergiften dort die Raben, so wie wir hier die Ratten. Ich sah sie an und sagte ganz ruhig und höflich – very politely: »May I have a mango juice, please!«

Ich habe mich zum Idioten gemacht, aus reiner Angst vor dem Sterben. Meiner Lebensgefährtin gegenüber habe ich nichts erwähnt. In einem Anfall von Fatalismus ging ich dann auch ins Meer, wurde von einem Triggerfish gebissen und konnte mit dem Verband die restlichen Urlaubstage natürlich nicht im Wasser verbringen. Ich aß wunderbare indische Curries, genoss die Wärme der Sonne und blieb eines Nachts länger auf der Terrasse sitzen als gewöhnlich. Überwältigt vom gestirnten Himmel über mir und den Gedanken an den Tod in mir, begann ich über Gott zu philosophieren. Angefangen hat es damit, dass ich den Satz »Hier steht kein Satz« auf ein Blatt Papier schrieb. In jener Nacht auf den Malediven hielt ich das darauf Folgende für meine ganz private Erleuchtung, bei Tageslicht eher für das, wofür Sie es vermutlich auch halten: einen philosophischen Vogerlsalat. Weil ich den aber jederzeit verteidigen würde – er entspricht einfach meinem Gefühl – will ich Ihnen diesen nicht vorenthalten. Das Dressing können Sie nach Belieben selbst beisteuern:

»Hier steht kein Satz.« Dieser Satz behauptet von sich, dass er nicht existiert. Er existiert, teilt uns aber nichts anderes mit, als dass er nicht existiert. Damit ist er falsch. Wenn er allerdings falsch ist, dann existiert er! Wenn der Satz: »Hier steht kein Satz«, nicht stimmt, dann steht dieser Satz hier. Es steht also hier ein Satz, der gar nicht hier steht. Oder anders gesagt, hier steht kein Satz, der hier steht. Was für ein Satz steht dann hier? Was ist das für ein Satz, der hier steht und gleichzeitig nicht hier steht? Es kommt noch schlimmer: Die einzige Möglichkeit für diesen Satz, hier zu stehen, ist, dass er nicht hier steht. Denn wenn er lautete »Hier steht ein Satz«, wäre er zwar richtig, aber nicht mehr derselbe Satz. Er wäre ein ganz anderer Satz. Unser Satz lautet: Hier steht kein Satz.

Das Universum ist unendlich. Und sollte dies ein Irrtum der Physik sein, würde dies nichts an der Tatsache ändern, dass es unendlich ist, denn wenn es endlich wäre, so wäre doch immer noch etwas dahinter denkbar, das unendlich ist, und falls dies wieder nur endlich wäre, wäre dahinter wieder etwas denkbar, das unendlich wäre, und wenn das nur endlich wäre, wäre dahinter wieder ... und so geht es unendlich weiter – also ist das Universum unendlich. Wenn das Universum unendlich ist, dann hört es in keine Richtung auf. Plus und Minus. Oder anders gesagt, wenn es unendlich groß ist, dann ist es auch unendlich klein. Denn wenn es irgendwann aufhören würde, kleiner zu werden oder größer, dann wäre es nicht mehr unendlich. Das Universum ist also gleichzeitig unendlich groß und unendlich klein. Außer natürlich, es hörte irgendwann auf, aus Materie zu bestehen. Wenn es also weiterginge, aber nicht mehr aus Materie bestünde, sondern aus Nichts, dann würde es sozusagen aufhören, aus etwas zu bestehen und bestünde wieder unendlich aus Nichts. Aber selbst dann, wenn es ab einem gewissen Punkt aus Nichts bestünde, wäre es unendlich, außer das Nichts hört irgendwo auf. Und dann wäre aber wieder etwas dahinter denkbar. Vielleicht eine andere Art von Nichts. Bis jetzt kennen wir ja nur eine Art des Nichts, nämlich jene, die die Abwesenheit von Etwas ist. Vielleicht aber gibt es ein anderes Nichts, das weder nichts, noch etwas ist.

Ein sehr kluger Mann hat einmal gesagt: »Es gibt Dinge, von denen wir wissen, dass wir sie wissen. Dann gibt es Dinge, von denen wir wissen, dass wir sie nicht wissen. Und es gibt Dinge, von denen wir nicht wissen, dass wir sie nicht wissen.«

Ich glaube, letztere sind die einzig wirklich spannenden.

Amen.

MONSIEUR DESCARTES HOLT SICH DEN TOD

So will ich denn annehmen,
nicht der allgütige Gott, die Quelle der Wahrheit,
sondern irgendein böser Geist,
der zugleich allmächtig und verschlagen ist,
habe all seinen Fleiß daran gewandt,
mich zu täuschen.

René Descartes

Kalt. Sehr kalt. Stockholm, 21. Januar 1650. Der kälteste Winter im kältesten Monat des kältesten Jahrhunderts. Monsieur Descartes hustet. Kann nicht schlafen. Sitzt an seinem Schreibtisch und taucht die Feder in ein Glas Tinte. Zwei Uhr Nachts. Die Kerzen neigen sich dem Ende zu. Er muss an dem verhassten Ballett-Libretto arbeiten. Titel: »Die Geburt des Friedens«. Er wird sein Zimmer in der französischen Botschaft verlassen müssen, um im Keller nach Kerzen zu suchen. Die Haushälterin schläft, Monsieur Chanut, der französische Gesandte, schläft, ganz Stockholm schläft, bis auf ein paar Dirnen, Trunkenbolde, Diebe und vergnügungssüchtige Adelige, die auf den Dirnen liegen, während ihnen die Diebe den Geldbeutel abschneiden, und Monsieur Descartes, der Arzt, Mathematiker, Naturwissenschaftler und Philosoph, der seit Ende Oktober auf Einladung von Kristina in Schweden weilt.

Er war nicht freiwillig hierhergekommen. Kristina ließ ihn holen. Ein Admiral und ein paar Soldaten standen eines Tages vor seiner Haustür, um ihn nach Schweden zu geleiten, an den Hof von Königin Kristina. Diesem unschönen Ereignis waren

Diese Seite sollte eigentlich leer sein, weil ich auf Seite 14 angekündigt habe, dass sie leer sein wird.

Auf jeden Fall halten Sie kein Mängelexemplar in Händen. Sie müssen nicht umtauschen gehen – Es sei denn, diese Seite ist wirklich leer.

ES WAR EINMAL

Alles ist ein Märchen.

Novalis

Wie jeden Freitagnachmittag trafen sich der böse Wolf und der kleine Däumling beim König im zweiten Wiener Gemeindebezirk. Allerdings handelte es sich dabei nicht um den König des Märchenlandes – der lebte mit seiner Frau, der Königin, in Döbling im Erdgeschoß der Villa eines Chirurgen und arbeitete dort als Gärtner. Es handelte sich vielmehr um den Kebab-König am Karmelitermarkt. Der böse Wolf hatte sein Taxi in einer Seitenstraße geparkt und schlenderte zum türkischen Lokal. Er steckte sich seine iPhon-Kopfhörer in die Ohren, betrat das Lokal und hielt Ausschau nach dem kleinen Däumling. Der jedoch steckte in der Westentasche seines Bodyguards, der seinerseits in einem BMW steckte, der noch auf der Taborstraße im Stau steckte.

»Ruf den bösen Wolf an, ich verspäte mich!«, befahl er seinem Bodyguard.

»Jawohl Chef, wird sofort gemacht.«

Der böse Wolf setzte sich an einen Tisch und bestellte ein Ayran und einen türkischen Tee. Er seufzte und musste an das Rotkäppchen denken, mit dem er vor drei Tagen Sex gehabt hatte. Sie waren zwar schon seit einem Jahr getrennt, konnten aber die Finger nicht voneinander lassen. Das Rotkäppchen arbeitete als Kassierin beim Billa und nahm privat Schauspielunterricht. Sie wollte zum Theater.

Seit der großen Flüchtlingswelle vor vier Jahren hatte sich das Leben der Bewohner des Märchenlandes sehr verändert. Es war lebensgefährlich geworden, als die Oger unter der Führung des dunklen Zauberers die Macht an sich gerissen und den König gestürzt hatten. Der dunkle Zauberer hasste alle Bewohner des Märchenlandes und befahl den Ogern, sie alle aufzufressen. Warum er die Bewohner des Märchenlandes so sehr hasste, wusste niemand. Es gab Gerüchte. Eine schöne Prinzessin hätte ihn nicht heiraten wollen und ihm das Herz gebrochen, er hätte eine Wette mit Rübezahl verloren und wäre ausgerastet, er mochte keine Märchen, weil ihm seine Mutter jeden Abend eines vorgelesen und er sich dann die ganze Nacht gefürchtet hatte … Niemand wusste genau, woher sein Hass kam.

Die Oger begannen gleich am Tag der Machtübernahme mit dem Menschenfressen. Sie zogen durch das Land und schlugen sich die Bäuche voll. Zuerst erwischte es das Mädchen mit den Schwefelhölzern, dann Jack mit der Bohnenranke, die alte Frau mit dem Schwein und zu guter Letzt die Schöne und das Biest.

Am nächsten Morgen war den Überlebenden klar, dass sie flüchten mussten. Das Märchenland war nicht mehr sicher. Der König rief alle Märchenfiguren in die Höhle, in der er sich mit seinem Hofstaat versteckt hielt, um die Flucht zu planen.

»Wohin sollen wir denn?«, fragte Schneewittchen. »Wer wird uns aufnehmen?«

»Keine Ahnung«, sagte der König und fragte seinen Minister, ob er sich schon etwas überlegt hätte. Der Minister war wie bei jeder Sitzung eingeschlafen.

»E… Es … Es lebe der König!«, rappelte er sich hoch.

»Ob du dir schon überlegt hast, wohin wir flüchten könnten!«, donnerte der König.

»Ich dachte, dass wir das jetzt alle gemeinsam besprechen«, sagte der Minister. »Ich wusste nicht, dass ich mir dazu was überlegen sollte. Verzeiht mir, Majestät!«

»Wofür bezahle ich dich eigentlich?«, murrte der König.

»Das kann ich so schnell nicht beantworten, da müsste ich mir was überlegen«, erwiderte der Minister.

Man war vom Minister nichts anderes gewohnt. Deshalb wunderte sich auch niemand.

»Wir fliehen durch den dunklen Wald auf die andere Seite des Märchenlandes. Dorthin, wo die Oger noch nicht sind«, meinten Ali Baba und die vierzig Räuber.

»Es ist nur eine Frage der Zeit, bis der dunkle Zauberer auch diesen Teil erobert und die Oger uns alle auffressen«, gab Frau Holle zu bedenken.

»Es muss doch noch eine andere Möglichkeit geben«, warf Rübezahl ein. »Können wir nicht gegen die Oger kämpfen?«

»Sie sind zu groß und zu stark«, sagte der gestiefelte Kater. »Ich hab sie gesehen, wie sie die drei Schweinchen verspeist haben. Es war schrecklich. Sie sind riesig!«

»Natürlich sind sie im Vergleich zu dir und den Schweinchen riesig«, meinte Rapunzel, »aber so groß sind sie auch wieder nicht. Ich könnte aus meinen Haaren ein Netz machen und wir fangen sie alle ein.«

»Dann bleibt immer noch der dunkle Zauberer, der sie mit einem einzigen Spruch wieder befreien könnte«, sagte der König. »Es bleibt uns keine andere Wahl. Wir müssen in die Emigration.«

»Moment. Ich habe eine Idee«, meldete sich der Zauberer Merlin zu Wort.

»Merlin!«, rief das Rumpelstilzchen aus, »du bist doch ein Zauberer, du kannst uns helfen! Du musst den dunklen Zauberer verzaubern, dann sind wir gerettet!«

»Ich kann den dunklen Zauberer leider nicht verzaubern, so gern ich das tun würde. Seine Macht ist tausendmal größer als meine. Aber ich habe eine andere Idee. Ich kann uns verzaubern.«

»Uns?«, riefen der Hase und der Igel aus.

»In was willst du uns verzaubern?«, fragte Dornröschen.

»In Bäume oder Steine. Dann werden uns die Oger nicht erkennen und fressen uns nicht auf«, antwortete Merlin.

»Und der dunkle Zauberer würde das nicht bemerken?«, fragte der Froschkönig.

»Naja, ganz sicher bin ich mir da nicht, aber es wäre einen Versuch wert. Am ehesten käme er drauf, wenn ich uns in andere Lebewesen verwandle. Aber ich denke, wenn wir als seelenlose Steine in der Landschaft herumliegen, würde er uns nicht erkennen.«

»Als seelenloser Stein?«, fragte der, der ausgezogen war, das Fürchten zu lernen. »Ich soll den Rest meines Lebens als seelenloser Stein verbringen?«

»Aber ja! Warum denn nicht?«, sagte das tapfere Schneiderlein. »Ich bin bereit, auch als Stein weiterzuleben, solange ich nur in meiner Heimat bleiben kann. Ich liebe das Märchenland. Es ist wunderschön hier. Ich will nicht in ein fremdes Land. Mir gefällt diese Idee. Ich bleibe!«

Der König sah in die Runde und überlegte, was zu tun sei. Es wurde still. Alle überlegten, ob sie flüchten und in einem fremden Land ein neues Leben beginnen oder auf ewig zu Stein erstarren sollten, um dafür aber in der Heimat bleiben könnten. Es war totenstill, man hätte eine Stecknadel fallen hören können, wenn der Minister nicht so laut geschnarcht hätte.

»Ich habe eine Entscheidung getroffen«, sagte der König und stupste seinen Minister an.

»Es lebe der König!«

»Ruhe!«

»Jawohl, Majestät.«

»Wir werden, sobald es dunkel ist, das Land verlassen.«

Gemurre und Gemurmel war zu hören.

»Auch wenn es einigen nicht passt. Es ist das Beste für uns. Hier können wir kein Leben wie im Märchen mehr führen.«

Und sie wurden alle traurig und verspürten zugleich auch einen Funken Hoffnung auf ein besseres Leben.

»Aber wo sollen wir hin?«, fragte Schneewittchen wieder.

»Ja. Wohin? Wo um alles in der Welt nimmt man gerne Flüchtlinge auf? Noch dazu welche, die so aussehen wie wir?«, meinte die böse Hexe.

»Du kannst ja dableiben!«, erwiderten Hänsel und Gretel, »dich braucht sowieso keiner. Kinderfresserin! Du passt besser zu den Ogern als zu uns.«

»Hört auf zu streiten. Wir sitzen alle im selben Boot«, meinte die gute Fee.

»Wir sind dafür, dass wir ein paar von uns hier lassen. Nicht jeder hat es verdient, vor den Ogern gerettet zu werden«, meinten die sieben Geißlein und schauten verängstigt auf den bösen Wolf, der neben dem Rotkäppchen lag, das zärtlich seine Ohren kraulte. Sie waren sehr verliebt ineinander.

»Ich habe jetzt andere Interessen. Niemand braucht sich vor mir zu fürchten«, sagte dieser und sah das Rotkäppchen voller Begierde an.

»Warum hast du so eine große Zunge?«, flüsterte sie dem bösen Wolf ins Ohr.

»Damit ich dich besser verwöhnen kann!«, prustete er und die beiden kicherten dämlich.

»Jede Märchenfigur hat das Recht, mit uns zu flüchten. Wir sind alle gleich«, sagte der König.

»Ja, das glaubt er«, murmelte die böse Stiefmutter und drehte sich zu ihrem Spiegel: »Spieglein, Spieglein an der Wand, wer ist die Schönste im ganzen Land?«

»Aber halt doch den Mund, wir müssen uns auf die Flucht konzentrieren«, dachte der Spiegel gereizt. Er hatte die ständige Fragerei schon lange satt.

»Ist doch egal wohin. Hauptsache, wir kommen mit dem Leben davon! Oh mein Gott! Ich halte diese Situation nicht aus. Meine Nerven! Können wir – bitte – gehen, bevor die Oger kommen?«, kreischte die Prinzessin auf der Erbse.

»Wo ist der Däumling?«, fragte die kleine Meerjungfrau. »Ich habe gehört, dass er schon einmal einen Oger überlistet hat.«

Der Däumling saß im Hut des gestiefelten Katers. Er hatte schon die ganze Zeit versucht, sich auszudenken, wie er denn die Oger überlisten könnte. Aber es fiel ihm nichts ein. Es waren einfach zu viele. Damals, als er noch ein Kind gewesen war, hatte er einen Oger überlistet, der ihn und seine fünf Geschwister fressen wollte. Er hatte es fertiggebracht, dass der Oger anstelle des Däumlings und seinen Brüdern seine eigenen Töchter schlachtete. Seither hatte der Däumling unter den Ogern einen gewissen Ruf.

»Ich bin hier!«, rief er.

»Wo denn? Wir können dich nicht sehen!«, sagte der König.

»Im Hut des gestiefelten Katers!«

»Ach deswegen kribbelt es so«, sagte der gestiefelte Kater, »ich dachte, ich hab schon wieder Flöhe.«

»Fällt dir denn keine List ein?«, fragte der König.

»Nein, Majestät. Ich denke schon die längste Zeit darüber nach, aber es scheint mir unmöglich, so viele Oger zu überlisten.«

»Dann steht es fest: Wir müssen weg!«, seufzte der König.

»Womit wir wieder bei derselben Frage sind wie vorher«, sagte Schneewittchen.

»Hat jemand Vorschläge, wohin wir flüchten könnten?«, rief der König aus und blickte grimmig auf seinen schlafenden Minister. Stille. Nur der Minister schnarchte. Der König stupste ihn an, aber der Minister schlief tief und fest. Der König rüttelte ihn kräftig durch. Nichts. Er schlief. Argwöhnisch fragte er die böse Hexe, ob sie ihn verzaubert hätte.

»Aber nein, warum denn? Der ist einfach faul, der Sack!«, sagte sie.

»Hexe, sag die Wahrheit!«, insistierten Merlin und die gute Fee.

»Also schön. Mir war langweilig«, gestand sie ihre Tat.

»Wo ist der schöne Prinz? Er muss ihn wachküssen! Ich brauche meinen Minister, er muss uns nachdenken helfen!«, forderte der König.

Der schöne Prinz saß in einer Ecke und betrachtete sich in einem kleinen Handspiegel.

»Keine einzige Falte. Ich habe keine einzige Falte«, war er mit sich zufrieden.

»Prinz«, sagte der König, »du musst den Minister wachküssen!«

»Was?« Er war ehrlich entsetzt.

»Er muss uns beim Nachdenken helfen und die Hexe hat ihn verzaubert.«

»Ich will diesen fetten, hässlichen Minister nicht küssen. Dornröschen ja, das war etwas anderes, aber diese Kröte da!«

»Hallo, hallo«, der Froschkönig war empört, »Kröten sind sehr nette Tiere!«

»Soll ihn doch die Prinzessin mit der goldenen Kugel küssen, die den Frosch da geküsst hat, der graust ja, wie es scheint, vor gar nichts.«

»Nein!«, sagte der König. »Ich will, dass er aufwacht, und nicht, dass er sich in einen Prinzen verwandelt.«

»Außerdem würde ich niemals einen Politiker küssen. Einen Frosch ja, ein Nashorn ja, meinetwegen auch einen Bandwurm – aber doch keinen Minister!«, verlor sich die Prinzessin in Details.

»Ich befehle dir, ihn wachzuküssen!«, schrie der König. Widerwillig küsste der Prinz den Minister wach und übergab sich auf der Stelle.

»Es lebe der König!«, sagte der Minister. »Majestät, ich hatte einen Traum. Einen schrecklichen Traum! Der dunkle Zauberer hat das Märchenland übernommen und die Oger haben alle getötet, die nicht rechtzeitig flüchten konnten!«

»Das ist kein Traum! Das ist die Wahrheit!«, verlor der König seine Geduld. »Es ist schrecklich, so ein Minister ist zu rein gar nichts nütze.«

»Aber Majestät, ich habe auch geträumt, wohin wir alle geflüchtet sind.«

Alle starrten gebannt auf den Minister.

»Sag doch schon: wohin?«, drängte der König voller Hoffnung.

»Wir sind aus dem Land der Märchen ins Land der Sagen geflohen.«

»Ins Land der Sagen?«

»Ja!«

»Das ist vielleicht keine so schlechte Idee. Und was geschah dort?«

»Dort wurden wir von Basilisken und Drachen gefressen.«

Alle fragten sich, wozu man eigentlich Minister brauchte. Der König überlegte, ob er den Minister entlassen und ihn von den Ogern fressen lassen sollte. Doch dann hatte er eine Idee.

»Das Land der Sagen ist nichts für uns, aber wie wäre es, meine lieben Untertanen, wenn wir ins Land der Bücher flüchten? Wir teilen uns auf und verstecken uns in verschiedenen Geschichten.«

Zuerst fanden alle, dies wäre eine ausgezeichnete Idee. Jeder malte sich schon aus, in welcher Geschichte er sich verstecken würde. Aber dann hatte der Zauberer Merlin einen Einwand.

»Das ist zu auffällig. Die Geschichten werden doch gelesen. Wie können wir uns darin verstecken, wenn das jeder lesen kann?«

»Außerdem sind wir mehrere hundert. Wir bräuchten sehr viele Geschichten«, sagte das Aschenputtel.

»Oder wir verstecken uns in einer sehr großen Geschichte«, sagte der standhafte Zinnsoldat, »zum Beispiel in der Bibel!«

»Das fliegt doch sofort auf«, Merlin war verzweifelt. »Jeden Sonntag liest ein Priester in der Kirche aus der Bibel. Glaubt ihr denn, dass niemandem etwas auffällt, wenn es heißt: ›Und Jesus sagte zu den Jüngern: Bevor der Froschkönig dreimal quakt, wird mich einer von euch verraten haben!‹«

»Und wenn wir uns in den Werken von Shakespeare verstecken?«, meinte Frau Holle. »Ein paar Hexen mehr in »Macbeth« können nicht schaden und statt Rosenkranz und Güldenstern sind Schneeweißchen und Rosenrot Hamlets Freunde. Das würde jederzeit als moderne Inszenierung durchgehen.«

»Feuchtgebiete!«, rief Dornröschen.

»Was?«, fragte der König.

»Wir könnten uns in dem Roman ›Feuchtgebiete‹ verstecken. Da fällt der Knüppel aus dem Sack sicher nicht auf.«

»Und wir zwei könnten unsere Namen ändern«, sagte Schneewittchen. »Wir nennen uns Schneefickchen und Dornmöschen.«

»Schluss jetzt!«, rief der König, »das geht zu weit! Wir können nicht ins Land der Bücher, das ist zu auffällig, Punktum.«

»Aber wohin dann? Wohin?«, jammerte Schneewittchen zum wiederholten Mal.

»Wir könnten den Spiegel befragen«, sagte die böse Stiefmutter.

»Aber natürlich. Der Zauberspiegel!«, der König strahlte und lief zum Spiegel. »Sag mir, wohin wir flüchten sollen!«

Nichts, der Spiegel blieb stumm. Der König war verdutzt.

»Er ist kaputt«, sagte er.

»Majestät, Ihr müsst mit ihm in Reimen reden.«

»In Reimen? Tatsächlich?«

»Ja.«

»Wie mühsam. Nun gut.«

Der König räusperte sich und blickte sich verstohlen um.

»Ich bin ein ganz schlechter Dichter«, flüsterte er der bösen Stiefmutter zu.

»Die Frage muss sich auf ›Wand‹ reimen«, sagte sie.

»Wieso?«

»Naja, wegen ›Spieglein, Spieglein an der Wand‹. Versteht Ihr, Majestät?«

»Ach so, ja natürlich! Er hängt ja hier an der Wand.«

Der König besah sich den Spiegel näher, den die böse Stiefmutter auch hier in der Höhle an die Wand gehängt hatte. Er wunderte sich.

»Warum habt Ihr eigentlich den Spiegel … äh …?«

»Weil sich die Frage sonst auf ›Boden‹ reimen müsste!«

»Wie?«, der König verstand nicht gleich.

»Je nachdem, wo er steht oder liegt oder hängt.«

»Ach so, ja! Wirklich? Sehr interessant«, sagte der König.

»Das geht ja nicht: ›Spieglein, Spieglein auf dem Boden, wer ist die Schönste im ganzen …?‹«, sagte die böse Stiefmutter.

»Ich hab eine Frage«, sagte das Rumpelstilzchen, »Spieglein, Spieglein auf dem Boden, warum jucken meine Hoden? Hehehe!«

»Ich verbitte mir diese Scherze!«

»Verzeiht, Majestät«, schämte sich das Rumpelstilzchen und murmelte leise: »Ach wie gut, dass niemand weiß, dass ich Rumpelstilzchen heiß!«

»Ich weiß, wie du heißt«, raunte der kleine Däumling.

»Und wie heiß ich, Herr Tausendgescheit?«

»Rumpelstilzchen!«

»Woher weißt du das?«

»Du hast es gerade gesagt, Vollkoffer!«

Der König stand vor dem Spiegel und konzentrierte sich darauf, die Frage in einen Satz zu verpacken, der sich auf »Wand« reimt. Er brauchte einige Minuten dazu. Er war wirklich kein großer Dichter.

Plötzlich hörte man vor der Höhle ein Geräusch, als ob jemand mit einem Pferd angeritten käme. Alle zuckten zusammen.

»Majestät, beeilt euch, es könnten die Oger sein!«

»Stress mich nicht, Minister Nichtsnutz!«

Man hörte mehrere Pferde und Stimmengewirr. Jemand betrat die Höhle. Alle erstarrten. Einige grüne Gestalten kamen auf sie zu. Sie hatten Fackeln in der Hand. Und dann konnten es alle sehen, es waren Oger. Zwei Erwachsene und vier Kinder. Schneewittchen kreischte laut auf. Die Prinzessin auf der Erbse wurde ohnmächtig. Der gestiefelte Kater fauchte katzbuckelnd. Der Froschkönig sprang der Prinzessin in den Ausschnitt.

Der männliche Oger trat einen Schritt vor und sagte: »Hallo! Ich bin Shrek. Ich mache diese Scheiße nicht mit. Ich bin auf eurer Seite!«

Der König, der sich so sehr auf seinen Reim konzentriert und von alledem nichts mitbekommen hatte, rief plötzlich aus: »Ich hab's:

> Spieglein, Spieglein, an der Wand,
> wo soll'n wir hin, in welches Land?«

Darauf der Spiegel:

> »Am schönsten ist es immer noch hier,
> doch müssen wir weg, bis morgens um vier.
> Hinter den Bergen,
> weit weg von den sieben Zwergen,
> ist es sicherer als hier.
> Wenn Ihr zögert, ist es zu spät:
> Vertschüsst euch in die Realität.
> Lauft! Es ist höchste Zeit.
> Wir sehen uns in der Wirklichkeit!«

*

Vier Jahre waren mittlerweile ins Land gezogen. Die Märchenfiguren hatten das Märchenland verlassen und lebten seither in der Wirklichkeit. Unerkannt. Versteckt. Merlin hatte denen, die von märchenhafter Gestalt waren, einen Zaubertrank gegeben, der sie wie ganz normale Menschen aussehen ließ. Nur wenn sie unter sich waren, konnten sie sein wie im Märchen. Dann war der böse Wolf ein Wolf, der Froschkönig ein Frosch und das hässliche Entlein ein schöner Schwan. Das war kein leichtes Leben. Sie waren über die ganze Welt verstreut. Hans im Glück hatte Pech gehabt. Er investierte sein ganzes Vermögen in die falsche Aktie. Die Pechmarie hatte Glück gehabt. Sie knackte viermal den Euromillionen Jackpot und kaufte Apple. Andere wiederum lebten in schrecklicher Armut und großem Elend. Der Großteil von ihnen kam halbwegs gut zurecht. Der böse Wolf fuhr Taxi, Frau Holle arbeitete als Putzfrau und der gestiefelte Kater betrieb einen Gemüsestand am Naschmarkt. Einige waren in die Kriminalität abgerutscht. Der, der auszog, das Fürchten zu lernen, verkaufte Marihuana. Der Däumling führte ein Bordell am Gürtel, in dem unter anderem Dornröschen, Rapunzel und Schneewittchen als Prostituierte arbeiteten und Schneeweißchen und Rosenrot als die große Nummer galten.

Es war nicht immer einfach, die wahre Gestalt vor den Menschen zu verbergen. Im Laufe der Zeit hatte ihre Vorsicht nachgelassen und es häuften sich Zwischenfälle, in denen ihre Identität aufzufliegen drohte. Besonders schwer hatte es der Däumling. Er hatte aus gesundheitlichen Gründen den Zaubertrank nicht zu sich nehmen können. Er war einfach zu klein gewesen und die Zauberkraft hätte sein Herz zum Stillstand gebracht. Deshalb war er der Einzige, der sich mit seiner Märchengestalt in der Wirklichkeit zurechtfinden musste. Genauso winzig wie er nun einmal war, saß er die meiste Zeit in der Westentasche seines Bodyguards. Nur wenn er sich Freitagnachmittag mit dem bösen Wolf beim Kebab-König traf, wollte er diesen gewalttätigen Dummkopf nicht am Tisch sitzen haben. Also setzte er sich in einen Teller Hirtensalat, den der böse Wolf immer zu seinem Kebab bestellte. Da es natürlich zu auffällig gewesen wäre, wenn der böse Wolf mit dem Däumling einfach so geredet hätte, trug der böse Wolf immer die Ohrstöpsel seines iPhones, damit die Leute um ihn herum glaubten, er telefoniere gerade.

Dieses Mal saß der Däumling auf einem gefüllten Weinblatt.

»Hirtensalat war aus«, sagte der böse Wolf und biss in seinen Döner.

»Aber die sind heiß, da verbrenne ich mir den Arsch«, motzte der Däumling.

»Setz dich einfach auf die Tomatenscheibe und erzähl! Wie läuft es so?«

»Geht, siehst du das Rotkäppchen noch?«

»Ja, gelegentlich.«

Der böse Wolf und das Rotkäppchen hatten sich nach zwei Jahren Beziehung und mehreren heftigen Streits getrennt. Der Sex war, wie der böse Wolf oft betont hatte, exorbitant. Daran hatte es nicht gelegen. Auch für das Rotkäppchen war die körperliche Komponente der Beziehung nie das Problem gewesen. Woran es genau gelegen hatte, konnten beide nicht festmachen.

»Die Emigration«, sagte der Däumling, »diese ganze Situation hier in der Wirklichkeit ist entsetzlich.«

»Dir geht es doch gut. Du betreibst einen Puff am Gürtel, hast einen Bodyguard.«

»Glaubst du, das ist die Erfüllung?«

»Was soll ich sagen? Jammer nicht!«

Die Existenz in der Wirklichkeit war den meisten aufs Gemüt geschlagen. König Blaubart war in Therapie. Das tapfere Schneiderlein war Alkoholiker.

»Man muss ja nicht unbedingt miteinander leben, um Sex haben zu können«, meinte der böse Wolf. Für ihn und das Rotkäppchen war es nie wirklich einfach gewesen. Ihre Beziehung war von Anfang an etwas belastet. Es gab kaum einen Streit, in dem nicht ein lang vergangenes Ereignis zum großen Thema wurde.

»Weißt du«, hatte dann der böse Wolf gesagt, »es ist nicht einfach für mich, dir überhaupt zu vertrauen!«

»Aber ich liebe dich doch!«, hatte das Rotkäppchen beteuert.

»Das ist schön und gut. Aber weißt du …«, hatte er seinen Kopf geschüttelt.

»Was denn?«

»Du hast mir Steine in den Bauch gegeben und mich in einen Brunnen geworfen.«

»Das war aber nicht meine Schuld. Wie du dich vielleicht erinnern kannst, hast du mich davor aufgefressen!«

»Ich bin ein Wolf! Was verlangst du von mir? Hätte ich ›Mensch ärgere dich nicht!‹ mit dir spielen sollen?«

»Und du hast meine Großmutter aufgefressen.«

»Die dir ohnehin immer nur auf die Nerven gegangen ist, wie du selbst erzählt hast! Du hast sie nie gemocht, also mach mir daraus jetzt keinen Vorwurf!«

»Ich habe meine Großmutter sehr geliebt.«

»Erzähl mir doch keine Märchen. Du hast ihr jedes Mal, wenn du bei ihr zu Besuch warst, Wein und Kuchen mitgebracht …«

»Weil sie das gern mochte!«

»… obwohl du wusstest, dass sie Alkoholikerin und Diabetikerin ist.«

»Möchtest du damit sagen, ich habe meine Oma umgebracht?«

Er hatte nach der Trennung die gemeinsame Wohnung verlassen und war mit dem Froschkönig und der Prinzessin auf der Erbse in eine WG gezogen. Dort bewohnte der böse Wolf ein kleines Zimmer. Er hatte sich einen großen Hundekorb zugelegt, in dem er schlief und versuchte, sich mit allerhand Hundespielzeug abzulenken, was zu ständigen Diskussionen mit der Prinzessin auf der Erbse führte.

»Ich werde noch wahnsinnig mit euch beiden! Ich halte das nicht mehr aus!«, sagte sie eines Tages, als sie von der Arbeit nach Hause kam und die beiden im Wohnzimmer vorfand. Der böse Wolf spielte mit einem Quietschball und der Froschkönig saß vor seinem Terrarium, in dem er Fliegen züchtete, ließ von Zeit zu Zeit seine Zunge genüsslich schnalzen und verschlang eine Fliege.

»Muss das sein?«, kreischte sie hysterisch, »wir sollen uns wie Menschen benehmen! Wir müssen uns der Wirklichkeit anpassen, hat es geheißen!«

»Zu Hause dürfen wir machen, was wir wollen!«, sagte der Froschkönig und verschlang eine weitere Fliege.

»Was, wenn jemand beim Fenster reinschaut?« Die Prinzessin auf der Erbse lief von Fenster zu Fenster und zog die Vorhänge zu.

»Der Minister kann sehr böse werden, wenn etwas schiefgeht und die Menschen Wind davon bekommen, dass wir unter ihnen leben. Los! Nehmt menschliche Gestalt an! Wir machen jetzt was Menschen so machen.«

Der böse Wolf und der Froschkönig blickten traurig drein und verwandelten sich missmutig in Menschen. Die Prinzessin auf der Erbse kreischte wieder laut auf.

»Zieht euch etwas an! Das ist ja nicht auszuhalten. So, wir gehen jetzt ins Kino. Schnell, zack, zack! Wolf, trag den Mist runter und du Froschkönig, hilf mir, die Couch auf die andere Seite zu schieben.«

Es passte zu ihr. Die Prinzessin auf der Erbse war mit der Einrichtung der Wohnung nie zufrieden, sie musste jeden Tag umstellen.

»Du solltest dich auch menschlicher benehmen, vor allem uns gegenüber«, murrte der böse Wolf, nahm den Mist und verließ die Wohnung.

Man muss es immer wieder sagen: Sie hatten es nicht leicht.

Nach dem großen Exodus hatte der König seinen Minister zum obersten Wächter über die Märchenfiguren bestellt. Man hatte die MIB gegründet, die »Märchenfiguren-Integrationsbehörde«, die einerseits die Integration der Märchenfiguren kontrollieren, andererseits aber auch Streits zwischen ihnen schlichten sollte. Ein Haus im neunzehnten Wiener Gemeindebezirk diente als Ministerium. Der Minister engagierte König Drosselbart und Rübezahl als Staatssekretäre für Integration, übertrug ihnen all seine Aufgaben und legte sich schlafen. Seither schaukelten die beiden den Laden. Nur in ganz schlimmen Fällen war es gestattet, den Minister zu wecken – was man allerdings tunlichst vermied, denn er war dann sehr grantig und unleidlich.

Die erste Maßnahme, die von der MIB gesetzt wurde, war die Konfiskation aller Zaubergegenstände. Jeder, der etwas Magisches besaß, wurde aufgerufen, es im Ministerium abzugeben. Zuerst weigerten sich die meisten. Aber dann, unter

Androhung drastischer Strafen – der König hatte angeordnet, dass jeder, der sich weigert, von der bösen Hexe in einen ORF-Redakteur zu verwandeln sei –, gaben alle bereitwillig ihre Zauberutensilien ab. Niemand wusste, wo sie gelagert wurden. Nicht einmal der Minister. Einzig und allein der König und die Königin kannten die mit Rosengestrüpp überwucherte Halle in der Ukraine. Von hundertzwanzig Heinzelmännchen bewacht lagerten dort: die Wunderlampe, die Siebenmeilenstiefel, der fliegende Teppich, die Zauberbohnen, das Tischleindeckdich, der Knüppel aus dem Sack, die Spindel, an der sich Dornröschen gestochen und dann die nächsten hundert Jahre verpennt hatte, der vergiftete rote Apfel von Schneewittchen, die Flöte des Rattenfängers von Hameln, das Spinnrad, mit dem man Stroh zu Gold spinnen kann, die Wundergeige, die, wenn man auf ihr spielt, die Zeit anhält, die Schuhe des kleinen Muck, das Tuch, mit dem das tapfere Schneiderlein sieben Fliegen auf einen Streich erschlagen hatte und das Spieglein an der Wand sowie sämtliche Zauberbücher, Zauberstäbe, Zaubertränke und Glaskugeln aller Magier und Hexen.

Gleichzeitig hatte die MIB eine Verordnung herausgegeben, die allen, die über Zauberkräfte verfügten, verbot, diese anzuwenden. Im Großen und Ganzen hielten sich auch alle an die Verordnung. Es gab nur ein klitzekleines Problem mit dem Zaubertrank, den Merlin ihnen verabreicht hatte. Seine Wirkung wurde schwächer, wenn sich die jeweilige Person entweder in einem Rauschzustand oder in stark emotionaler Gemütsverfassung befand. Dann begann die menschliche Hülle langsam und punktuell zu schwinden und die Zauberkräfte gerieten außer Kontrolle. So war es erst vor ein paar Monaten passiert, dass die Prinzessin mit der goldenen Kugel nach mehreren Wodkas bei einem Clubbing in der Passage ihren Tanzpartner, während sexueller Handlungen auf der Damentoilette, durch ihre leidenschaftlichen Küsse mehrmals die Gestalt wechseln ließ. Mensch, Kuss, Frosch, Kuss, Mensch, Kuss, Frosch ... Der Arme hatte um einiges weniger getrunken als die Prinzessin mit der goldenen Kugel und die Verwandlungen vollständig mitbekommen. Zuerst hatte er es auf seinen Kokainkonsum zurückgeführt, aber dann war ihm rasch klar geworden, dass er wirklich ein Frosch war. Die Perspektive war eindeutig. Die Prinzessin mit der goldenen Kugel war nämlich in einem ungünstigen Augenblick in postkoitalen Entspannungsschlaf gefallen. Erst als sie drei Minuten später durch das erbärmliche Quaken erwachte, hatte sie ihn wieder in einen Menschen zurückverwandelt.

»Bist du wahnsinnig?«, rief der bedauernswerte junge Mann aus. »Was machst du mit mir?«

»Jetzt sei kein Frosch«, lachte die Prinzessin mit der goldenen Kugel, »das kann schon mal passieren!«

Zwei Tage später war der Mann im Irrenhaus gelandet. Die Prinzessin mit der goldenen Kugel wurde in die MIB zitiert, die von der Sache Wind bekommen hatte, weil die Geschichte in einer Zeitung zu lesen war. Drei Tage beim ORF waren die grausame Folge.

Bei der betagten Frau Holle reichten zwei Gläser Prosecco und sie ließ es unweigerlich schneien.

»Hast du von dem neuen Geheimdienst gehört?«, fragte der Däumling den bösen Wolf, während er nervös auf der Tomatenscheibe herumrutschte.

»Nein!«

»Die amerikanische Regierung hat angeblich einen neuen Geheimdienst ins Leben gerufen.«

»Aha. Wozu?«

»Zur Aufdeckung märchenhafter Vorgänge.«

Der böse Wolf verschluckte sich an seinem Döner. Er hatte schon befürchtet, dass etwas in diese Richtung passieren würde. Vor ein paar Stunden hatte er in seinem Taxi einen Beamten des Innenministeriums als Fahrgast gehabt, der am Telefon davon gesprochen hatte, dass die Amerikaner willkommen seien und man von Seiten des Innenministeriums alles tun werde, um »die Sache im Palmenhaus« aufzuklären.

»Scheiße!«, sagte er, »Frau Holle ist schuld.«

»Frau Holle?« Der Däumling wusste nicht, worauf der böse Wolf hinauswollte.

»Ja. Ich hab sie gestern getroffen …!«

»Habt ihr was miteinander?«

»Nein. Wir spielen mit dem kleinen Muck und der Prinzessin auf der Erbse einmal in der Woche Tennis.«

»Wie langweilig!«

»Was soll's! Wir müssen uns anpassen und wie Menschen verhalten … Auf jeden Fall hat sie mir erzählt, dass sie von der alten Dame, bei der sie putzt, zu einem Empfang eingeladen worden war.«

»Und?«

»Der Empfang war in Schönbrunn im Palmenhaus. Und sie war ein bisschen angeheitert.«

»Oh Gott! Nein!«

»Doch! Sie hat es schneien lassen.«

»Vor den Menschen!?«

»Ja, vor den Menschen.«

»Wann war das?«

»Vor drei Tagen.«

»Wieso stand nichts in der Zeitung?«

»Keine Ahnung. Sie haben es geheim gehalten.«

Zumindest bis vor drei Minuten. Als der böse Wolf und der Däumling beim Kebab-König saßen, berichtete man in der Zeit im Bild bereits von dem merkwürdigen Vorfall und die Abendzeitungen titelten: »Klimakatastrophe nimmt bizarre Formen an.« Die Pflanzen im Palmenhaus hatten nämlich etwas empfindlich reagiert, als sich die Temperatur dem Nullpunkt genähert hatte. Nach wenigen Stunden waren sämtliche tropischen Schätze im Palmenhaus eingegangen. Damit war es schwer geworden, den Vorfall noch länger zu vertuschen.

Der böse Wolf nahm sein iPhone und rief die ORF-Homepage auf. Da stand bereits: »Schnee im Palmenhaus – Experten stehen vor einem Rätsel.«

»Ruckedigu, Blut ist im Schuh!«, rief der böse Wolf.

»Verdammte Scheiße! Wir werden auffliegen!« Der Däumling war außer sich.

»Diese dumme Frau Holle.« Der böse Wolf wurde wütend: »Sie hat sich überhaupt nicht im Griff! Verdammt noch mal!« Er schlug mit seiner rechten Faust auf den Tisch, die sich plötzlich in eine Wolfspranke verwandelt hatte. »Beruhige dich, um Gottes willen!«

Der böse Wolf knurrte.

»Alles okay?«, fragte ein türkischer Kellner, der gerade am Nebentisch drei Teller abservierte.

»Ja, ja!«, sagte der böse Wolf mit dunkler, tiefer, rauer Stimme.

»Klingst du nicht gut«, sagte der Kellner mit türkischem Akzent, »bist du verkühlst, oder was?«

»Nein, nein – alles in Ordnung«, dröhnte und krächzte der böse Wolf.

Er langte in seine Hosentasche, nahm ein Stück Kreide heraus und schluckte es.

»Ein Çai?«, fragte der Kellner, »geht auf Haus!«

»Ja, bitte!«, flötete der böse Wolf mit heller Stimme.

»Darfst du nicht so viel am Telefon reden. Jeden Freitag du sitzt in Lokal und telefonierst drei Stunden. Ist teuer und nicht gut für Stimme. Und dem Strahlen von die Handy. Ist ganz schlecht. Bei uns in Bodrum eine Mann ist gestorben von die Strahlen. Isch schwöre, Alter. Passt du auf!« Damit verließ er den Tisch.

»Ich pack es nicht.« Der Däumling sprang von der Tomatenscheibe und ging unruhig zwischen den gefüllten Weinblättern auf und ab, wobei er immer wieder mit seinen kleinen Händen in der Luft herumfuchtelte.

»Die alte Holle wird uns noch alles vermasseln. Wenn wir auffliegen, ist dir wohl klar, was uns allen droht?«

»Sie werden uns wie die Tiere in Zoos stecken und zur Schau stellen.«

»Aber nein, viel schlimmer. He! Bestell bitte was, ich brauche eine Tropfen Wodka!«

Der Beamte des Innenministeriums, den der böse Wolf im Taxi gefahren hatte, saß mit seinem Vorgesetzten im Ministerium vor dem Fernseher und verfolgte die Nachrichten. Es klopfte an der Tür und zwei Beamte des von den Amerikanern neugegründeten Geheimdienstes MIY betraten das Zimmer. Es waren die Men in Yellow, die man auf die Suche nach den angeblich in der Wirklichkeit lebenden Märchenfiguren schickte. Sie waren zur Gänze in Gelb gekleidet. Gelbe Socken, gelbe Schuhe, gelbe Hosen, gelbes Hemd, gelbe Krawatten, gelbe Sakkos und gelb getönte Brillen. Gelb wäre die beste Tarnung, hatte man beim CIA herausgefunden. Niemand würde zwei derart gekleidete Menschen für Regierungsbeamte halten. Auf diese Weise gingen sie locker als schräge, homosexuelle Vögel durch und niemand wunderte sich.

Der Beamte des Innenministeriums, Herr Schrank, übersetzte die Nachrichten, nachdem man sich begrüßt und einander vorgestellt hatte. Nach der Sendung meinten die MIY, man müsse sofort herausfinden, wer an diesem Abend im Palmenhaus gewesen war. Herr Schrank präsentierte ihnen stolz eine Liste, die man heute Nachmittag bereits erstellt hatte. Sie fanden nichts Auffälliges unter den Namen.

»Die werden wir alle verhören müssen«, sagte einer der beiden.

»Schon passiert«, schleimte Herr Schrank. »Wir haben die Beschreibung von einer Dame, die in betrunkenem Zustand ein kleines Pölsterchen geschüttelt haben soll, woraufhin es zu schneien begann.«

»Zuerst dachten wir, es handelt sich um eine Kokaingeschichte, aber dann wurde uns klar, dass es tatsächlich Schnee gewesen sein muss.«

»Frau Holle!«, riefen die zwei Gelben aus.

»Darauf sind wir auch schon gekommen«, sagte Herr Schrank.

»Dann wissen wir ja, was zu tun ist. Wir müssen sie finden.«

Der Däumling kippte einen Tropfen Alkohol auf ex, während der böse Wolf eine SMS erhielt.

»Vom König«, sagte er, »heute Nacht ist eine Versammlung.«

»Jetzt ist die Kacke am Dampfen.«

»Was glaubst du, wird passieren, wenn wir auffliegen?«

»Sie werden uns ins Märchenland abschieben und die Oger werden uns alle auffressen.«

»Wieso sollten sie uns abschieben?«

»Hör mal. Diese Menschen wollen nicht einmal ihre eigene Rasse im Land haben, wenn sie aus einem anderen Land kommt. Glaubst du, sie wollen, dass wir unter ihnen leben? Geschöpfe aus der Märchenwelt. Zauberer, Hexen, Riesen, Zwerge. Die haben doch schon Angst, wenn ein Mensch einen anderen Glauben hat, oder eine andere Sprache spricht. Was glaubst du, wie sich die vor dir fürchten, wenn dir jedes Mal, wenn du zornig bist, die Haare aus dem Ärmel quellen.«

Der böse Wolf stopfte sich die Haare wieder in den Ärmel zurück. Er musste sich beruhigen, sonst träfe am Ende noch ihn die Schuld, wenn sie aufflögen.

»Sie werden Experimente mit uns machen. Uns in Kliniken stecken und versuchen, unsere DNA zu extrahieren. Es wird schrecklich.«

»Ich geh jetzt nach Hause, mach mich frisch und wir sehen uns um Mitternacht beim König«, sagte der böse Wolf.

*

»Hast du's schon gehört?«, fragte der böse Wolf die gute Fee.

»Ja.«

Die gute Fee kam gerade von der Arbeit und war am Weg in ein französisches Lokal, wo sie sich mit ihren menschlichen Freundinnen treffen wollte. Sie schaute noch schnell im Supermarkt vorbei. Dort hatte sie den bösen Wolf getroffen und sofort erkannt. Er war gerade dabei, fünf Kilo Rindfleisch in seinen Einkaufswagen zu packen. Selbst in menschlicher Gestalt erkennen Märchenfiguren einander sofort, manchmal spüren sie die Anwesenheit sogar Sekunden bevor sie sich sehen können. Sie hatte schon immer etwas für ihn übrig gehabt, um nicht zu sagen, sie stand auf ihn. Sie konnte den weichen Kern hinter seiner harten Schale sehen und hatte von Rotkäppchens Freundin gehört, dass er im Bett immer noch eine Kanone war.

»Die alte Holle ist eine Gefahr für uns«, sagte sie.

»Du bist aber auch nicht gerade eine Vorzeige-Integrationsfigur.«

»Ich weiß nicht, wovon du redest«, sagte die gute Fee mit einem dramatischen Augenaufschlag. Es gab das Gerücht, sie würde hin und wieder Menschen heimliche Wünsche erfüllen. Außerdem munkelte man, sie hätte ihren Hochschulabschluss in Germanistik und Geschichte durch Zauberei erlangt.

»Im Gegenteil. Es sind viele neidisch, weil ich mein Studium in zweieinhalb Jahren geschafft habe und jetzt an einem Gymnasium unterrichte. Ich bin sehr gut integriert.«

»Man redet viel«, murrte der böse Wolf und nahm ein weiteres Päckchen Rindfleisch aus dem Kühlfach.

»Vegetarier?«, scherzte die gute Fee.

»Nein, Fleischhauer«, konterte der böse Wolf.

Humor hat er auch, dachte die gute Fee. Er ist zwar ein fleischfressender Wolf, dem man hin und wieder den Bauch aufschlitzen und Steine hineinlegen wird müssen, aber er hat Humor. Sie trat nahe an ihn heran, strich mit der Hand über seinen Drei-Tage-Bart und griff mit der linken Hand zwischen seine Beine.

»Du hast einen Wunsch frei«, gurrte sie.

»Die gute Fee, ein böses Mädchen?«

Und dann küssten sich die gute Fee und der böse Wolf, mitten im Supermarkt neben dem Kühlregal für Rindfleisch. Der böse Wolf löste sich von ihren Lippen: »Was sollen denn die Brüder Grimm von uns denken?«

»Sie werden es nie erfahren.«

Und schon steckte die Zunge der guten Fee wieder im Rachen des bösen Wolfs. Er fühlte ein Kribbeln in seinem Bauch, das eindeutig nichts mit Steinen zu tun hatte. Gleichzeitig spürte er etwas in seiner Brust, das ihm nicht gefiel.

Von den beiden unbemerkt, hatten zwei Männer den Supermarkt betreten. Sie wurden von einem älteren, schmächtigen Herrn begleitet.

Der böse Wolf war nervös. Schwitzte. Machte einen Gesichtsausdruck, als ob er sich für etwas schämte.

Die gute Fee schreckte auf: »Spürst du das?«

»Ja. Es ist unglaublich. Was ist das?«

»Das ist die Liebe. Aber davon rede ich nicht. Ich spüre eine Anwesenheit.«

»Küss mich!«

»Eine dunkle Anwesenheit.«

Der ältere, schmächtige Herr und die zwei Männer in Gelb liefen durch die Regalgänge. Sie waren auf der Suche nach der guten Fee. Sie kamen gerade um die Ecke, blieben wie zufällig stehen und der böse Wolf hörte den älteren, schmächtigen Herrn sagen: »Das ist sie. Aber Vorsicht! Sie ist nicht allein, der böse Wolf ist bei ihr.« Es war das tapfere Schneiderlein.

»No problem«, sagte einer der Gelben, »wir haben alles im Griff.« Der andere Gelbe zog eine Waffe aus dem Sakko. Eigentlich war es nur ein Stück Holz. Er bespuckte es, sah den bösen Wolf an: »Wo ist das Stöckchen? Wo?«, und warf es zwischen die Regalreihen. Der sprintete los und begann das Stöckchen zu suchen. Währenddessen stürzte sich der andere Gelbe auf die gute Fee, überwältigte sie und die drei Männer schleppten sie blitzschnell aus dem Supermarkt, zerrten sie in einen schwarzen Minivan und fuhren davon. Der böse Wolf stand mit dem Stöckchen im Mund da und wusste nicht, wie ihm geschehen war.

*

»Ich werde noch wahnsinnig!« Die Prinzessin auf der Erbse und der Froschkönig saßen vor dem Fernseher, in dem eine Expertenrunde über den Schneefall im Palmenhaus diskutierte. Der böse Wolf stand in der Zimmertür. Er hatte ihnen von dem Vorfall erzählt.

»Wie kann man so blöd sein und einem Stöckchen nachlaufen! Ich krieg die Krise. Wieso warst du überhaupt mit der guten Fee unterwegs?«

»Wir haben uns zufällig getroffen.«

»Weiß das Rotkäppchen davon?«

»Wir sind getrennt, das geht sie gar nichts an.«

»Du musst das dem König berichten, heute bei der Versammlung«, mischte sich der Froschkönig ein.

»Irgendjemand hat die gute Fee entführt. Das ist eine Sache für den Minister. Belästige bitte nicht den König damit. Ich werde noch wahnsinnig! Der König hat mit Frau Holle genug zu tun.«

»Kurz bevor es passierte sagte sie, sie spüre eine dunkle Anwesenheit.«

»Hast du jemanden von uns gesehen?«

»Nein. Ich … ich war zu sehr abgelenkt.«

»Wovon?«

»Egal. Ich war eben abgelenkt.« Natürlich schämte er sich, dass er die gute Fee geküsst und dabei so etwas wie Liebe empfunden hatte.

»Und die Männer waren komplett gelb angezogen?«, fragte der Froschkönig.

»Ja. Aber niemand nahm davon Notiz. Niemandem kam das seltsam vor.«

»Das ist ja eine komische Sache: Zwei Männer in Gelb und das tapfere Schneiderlein entführen die gute Fee ... Ruf im Ministerium an!« Der Froschkönig sprang von der Couch auf den Tisch, vom Tisch auf den Türstock, vom Türstock auf die Kredenz in der Küche, schnappte sich eine kleine Plastikbox mit Fliegenlarven, sprang dieselbe Strecke wieder zurück bis zur Couch, öffnete die Box und begann genüsslich zu knabbern.

»Mir wird das alles zu viel! Die Holle lässt es schneien, die gute Fee wird entführt, im Fernsehen wird über die Klimakatastrophe diskutiert, der Frosch neben mir frisst Fliegenlarven! Ich brauche meine Psychopax!«, kreischte die Prinzessin auf der Erbse.

»Ich bring sie dir«, beschwichtigte der böse Wolf.

»In meiner Handtasche.«

Im Fernsehen hörte man einen Meteorologen reden: »Das Erstaunliche ist natürlich, dass es in einem Innenraum zu schneien beginnt. Aber – und das dürfen wir nicht vergessen – das Klima ist ja nicht nur draußen, das ist ja auch drinnen. Also, wenn draußen Winter ist, dann ist ja auch drinnen Winter. Oder glauben Sie, nur weil geheizt wird, dass es in den Wohnungen Sommer ist? Das Klima ist überall! Wir werden verfolgt vom Klima.«

Ein anderer Experte meldete sich zu Wort: »Die Natur schlägt zurück. Dass es im Palmenhaus schneit, ist ein eindeutiges Zeichen dafür, dass sich die Natur das nicht mehr gefallen lässt, was wir mit ihr alles anstellen. Wenn das so weitergeht, wird es bald überall schneien. Die Natur rächt sich!«

Der böse Wolf reichte der Prinzessin auf der Erbse ihre Psychopax-Tropfen.

»Was für Idioten!«, sagte er.

Dann hörte man die Moderatorin fragen: »Wie denken Sie über die Theorie, dass eine Person es hat schneien lassen?«

»Sie meinen die Frau Holle?«, witzelte ein Politiker im Bemühen, mit einem Lacher alle Sympathien auf seine Seite zu ziehen.

»Ja. Oder ein Mensch mit den Fähigkeiten der Frau Holle.«

»Ich will nicht behaupten, dass das unmöglich ist, aber es deuten alle Indizien darauf hin, dass es sich hier wirklich um eine äußerst seltsame Wettersituation handelt. Das bestätigen auch die Experten, die wir aus Amerika hinzugezogen haben. Das Wetter bricht in unsere Behausungen ein. Eine Mutation der Evolution. Jahrtausende haben die Lebewesen auf das Klima reagiert, jetzt reagiert das Klima auf die Lebewesen. Also auf den Menschen.«

»Gibt es irgendetwas, das uns die Regierung verheimlicht, Herr Vizekanzler?«

Der Vizekanzler lächelte und sagte: »Nein. Außer dass Elvis Presley in Bruck an der Leitha lebt und noch immer gemeinsam mit einem Außerirdischen auf das Raumschiff wartet, das sie in die Andromeda-Galaxie bringen soll, verheimlicht die Regierung der Bevölkerung nichts.« Er lachte laut, die anderen fielen in das Gelächter ein.

*

In einem kleinen Reihenhaus in Bruck an der Leitha drehte Elvis Presley mürrisch den Fernseher ab. Der kleine Außerirdische, der neben ihm saß – sein Name war Viertewurzelausunendlichplusfünfundzwanziggebrochendurchzweimalpiminusdelta – fand das gar nicht komisch.

»Ich will mir das ansehen!«, sagte $\frac{\sqrt[4]{\infty+25}}{2\pi-\delta}$.

»Sorg du lieber dafür, dass dieses elende Raumschiff endlich kommt! Ich bin der King of Rock'n'Roll und warte jetzt schon seit 1977. Und ich hasse Bruck an der Leitha!«

»Schalt den Fernseher wieder ein, ich will wissen, wer es schneien hat lassen!«, sagte $\frac{\sqrt[4]{\infty+25}}{2\pi-\delta}$.

»Kiss my ass«, gab Elvis Presley zurück.

»Im Palmenhaus Schnee, was ist denn das für eine absurde Geschichte? Was soll das sein? Ein PR-Gag?«, $\frac{\sqrt[4]{\infty+25}}{2\pi-\delta}$ griff zur Fernbedienung. Elvis Presley erwischte sie vor ihm und schob sie sich unter den Hintern.

»Du darfst erst wieder fernsehen, wenn du mir sagst, wann das Raumschiff kommt und uns endlich holt!«

»Ich weiß es nicht. Es geht seit vierunddreißig Jahren keiner ans Telefon bei denen.«

»Vielleicht hast du eine falsche Nummer?«

»Zwölf. Die Telefonnummer meines Raumschiffes ist zwölf. Ich bin doch kein Idiot!«

»Und die Vorwahl? Vielleicht hast du die Vorwahl vergessen.«

»Raumschiffe haben keine Vorwahl, weil sie sich in keinem Staat befinden, sondern im Weltall.« $\frac{\sqrt[4]{\infty+25}}{2\pi-\delta}$ hatte Elvis Presley die Sache schon tausendmal erklärt.

»Leck mich am Arsch.«

»Würde ich ja gern, dann könnte ich mir die Fernbedienung holen.«

»Mir ist langweilig.«

»Ich will wissen, warum es im Palmenhaus geschneit hat.«

»Ist doch völlig egal. Vielleicht war's ja die Frau Holle.«

»Frau Holle ist eine Märchenfigur und Märchenfiguren gibt es nicht wirklich.«

»Wer weiß, vielleicht verheimlicht uns die Regierung etwas.«

»Uns?« $\frac{\sqrt[4]{\infty+25}}{2\pi-\delta}$ war entsetzt. »Warum sollte die Regierung *uns* etwas verheimlichen? Wir leben seit vierunddreißig Jahren hier in Bruck an der Leitha, Elvis Presley mit einem Außerirdischen auf hundertzwanzig Quadratmetern, die wir uns seit einiger Zeit mit Lady Di, Jörg Haider und Osama bin Laden teilen müssen … Und da sollen die *uns* was verheimlichen? Was ist mit dir? Nimmst du wieder Drogen?«

»Leck mich! Kannst du dem Gaddafi sagen, dass er nicht immer mein Duschgel nehmen soll?«

»Mach ich«, sagte $\frac{\sqrt[4]{\infty+25}}{2\pi-\delta}$, stand vom Sofa auf und ging in die Küche, um sich ein Salamibrot zu machen.

*

Im Fernsehen lachte man immer noch über den Scherz des Vizekanzlers. Die Prinzessin auf der Erbse hatte sich beruhigt und der Froschkönig kaute an einer Fliegenlarve.

»Vielleicht hast du recht. Ich sollte die Sache lieber nicht mit dem König besprechen. Ich rufe das Ministerium an.«

Der böse Wolf nahm sein iPhone und wählte die Nummer der MIB. Während er wartete, spürte er wieder diesen stechenden Schmerz in seiner Brust und er sah im Geiste das Gesicht der guten Fee vor sich. Er bildete sich ein, ihre Küsse zu schmecken.

»Märchenfiguren-Integrationsbehörde, Büro Drosselbart

& Rübezahl, guten Abend«, er erkannte die Stimme von Schneewittchen, »momentan sind alle Leitungen besetzt. Wenn Sie einen Missbrauch von Zauberkraft melden wollen, drücken Sie die Eins. Wenn Sie von einem Menschen gehört haben, der uns erkannt haben soll, dann drücken Sie die Zwei. Wenn Sie Probleme mit einer anderen Märchenfigur haben, dann drücken Sie die Drei. Wenn Sie sich in einen Menschen verliebt haben, dann drücken Sie die Vier. Wenn Sie eine Audienz beim König wollen, dann drücken Sie die Fünf. Wenn Sie uns eine Nachricht hinterlassen wollen, sprechen Sie nach dem Piep, aber bitte leise, der Minister schläft. Vielen Dank!«

»Hier ist der böse Wolf. Es handelt sich um einen Notfall. Die gute Fee wurde entführt.«

*

Die MIY hatten der guten Fee ein Schlafmittel verabreicht. Sie fürchteten, sie würde ihre Zauberkraft anwenden, um zu fliehen. Das tapfere Schneiderlein saß auf der Rückbank des gelben BMW und beobachtete, wie die zwei Gelben die gute Fee in den Kofferraum verfrachteten. Er strich sich über sein Ziegenbärtchen. Dann fuhren sie los.

»Sie halten unsere Vereinbarung doch ein?«, fragte er die zwei Gelben.

»Nervös?«, drehte sich der Beifahrer zu ihm um.

»Ein wenig!«

»Ich dachte, Sie sind das tapfere Schneiderlein. Davon merkt man aber wenig.«

Das tapfere Schneiderlein hüstelte.

»Und die Sache mit den Ogern geht in Ordnung?«

»Yes. No Problem. Sie können von den Ogern unbehelligt im Märchenland leben. Sobald Sie uns alles geliefert haben.«

»Wann werden Sie die Oger angreifen? Haben Sie mit dem amerikanischen Präsidenten schon gesprochen?«

»Machen Sie sich keine Sorgen, wir kümmern uns um alles.«

Das tapfere Schneiderlein hatte mit den Amerikanern einen Deal ausgehandelt. Er war in der Emigration depressiv geworden, hatte alles probiert, um ein menschliches Leben zu führen, aber er vermisste die Heimat zu sehr. Nach seiner Entziehungskur, er war schwerer Alkoholiker geworden, machte er eine Ausbildung zum Paartherapeuten. Er eröffnete eine Praxis und hatte als erste Klienten die sieben Zwerge. Er therapierte alle sieben auf einen Streich. Sie blieben seine einzigen Klienten. Die Therapiesitzungen waren schrecklich für ihn, denn alle Erinnerungen an das Märchenland kamen hoch. Die sieben Zwerge hatten nur ein Ziel: Schneewittchen zurückzugewinnen.

»Sie hat uns von heute auf morgen wegen dieses dummen Prinzen verlassen.«

»Unsere Beziehung war eigentlich wunderschön. Es hat gut funktioniert.«

»Ja, und nur weil dieser Macho daherkommt, hat sie uns alle sieben stehen lassen.«

»Weißt du, wie leer es in unserem Haus geworden ist?«

»Sie hat uns nie erklärt, warum sie mit dem Typen abgehauen ist!«

»Wir haben kein Tellerchen mehr, von dem wir essen können …«

»Kein Becherchen, von dem wir trinken können …«

»Kein Bettchen, in dem wir schlafen können, ohne dass wir weinen müssen.«

»Wir waren am Ende. Egal, wo wir hingegangen sind, alles hat uns an Schneewittchen erinnert.«

»Und was ist aus ihr geworden, hier in der Wirklichkeit? Sie arbeitet in einem Bordell!«

»Das dem Däumling gehört.«

»Du musst uns helfen, wie können wir sie wieder zurückbekommen?«

Das tapfere Schneiderlein riet den sieben Zwergen, Schneewittchen doch im Bordell aufzusuchen und mit ihr zu sprechen. Was die sieben auch taten.

Sie betraten das Bordell am Gürtel. Sieben elegant gekleidete Männer. Der Däumling, der wie immer in der Westentasche seines Bodyguards steckte, hatte natürlich sofort ihre Anwesenheit gespürt. Er kam auf sie zu und wollte sie des Lokals verweisen.

»Schneewittchen ist besetzt, sie ist gerade im Séparée«, ließ er seinen Bodyguard sagen. Er durfte ja nicht selbst zu den Leuten sprechen, weil sonst sein Cover aufgeflogen wäre. Also hatte er ein kleines Headset, in das er sprach. Der Bodyguard hatte einen kleinen, kaum sichtbaren Kopfhörer im Ohr. Er machte immer ein sehr dämliches Gesicht, wenn er gerade auf den Däumling hörte, was zu sehr eigenartigen Gesprächspausen führte, sodass sich alle wunderten, wie so ein Vollidiot, der selbst bei der einfachen Frage »Wie geht es dir?« lange nachdenken musste, Chef eines Bordells sein konnte.

»Wir wollen mit Schneewittchen Champagner trinken.«

Der Däumling sprach etwas in sein Mikrophon. Der Bodyguard schaute dämlich und sagte dann: »Verpisst euch!«

»Wir sind zahlende Gäste!«

»Ja! Wir nehmen vier Flaschen vom teuersten Champagner!«

»Und gehen vielleicht auch ins Séparée. Stell dir vor! Sieben Stunden im Séparée, das ist eine Menge Geld!«

Also ließ sich der Däumling, geldgierig wie er war, überreden. Da saßen also sieben Männer mit vier Flaschen Champagner und warteten, dass Schneewittchen aus dem Séparée kommt. Nach einer Weile setzte sich der Däumling, also der Bodyguard mit dem Däumling im Sakko, zu ihnen. Sie begannen über die alte Zeit zu plaudern, über die Heimat und über das Leben in der Wirklichkeit.

»Wir haben es nicht leicht«, sagte einer der sieben Zwerge.

»Es fällt uns schwer, nicht zu siebent aufzutreten.«

»Wir haben es probiert, aber wir sind alleine verloren. Wir brauchen einander.«

»Und wer stellt schon sieben Leute auf einmal ein?«

»Wir haben eine IT-Firma gegründet.«

»Aber es ist sehr kompliziert, sich mit diesen Computern auszukennen. Tagelang konnten wir sie nicht einmal hochfahren!«

»Das ist nichts für uns, das hab ich immer gesagt!«

»Wie läuft dein Bordell?«

Der Bodyguard machte sein dämliches Gesicht, dann sagte er: »Es geht so. Läuft nicht schlecht. Aber ihr müsst mir versprechen, dass ihr Schneewittchen nicht überreden werdet, hier aufzuhören. Ich hab schon Aschenputtel verloren. Sie hat sich in einen Schuhfetischisten verliebt. Der ist hier mit einem gläsernen Schuh aufgetaucht, der ihr gepasst hat, und weg war sie!«

Die sieben Zwerge wurden traurig. Sehr traurig, denn wenig später ließ ihnen Schneewittchen mitteilen, dass sie nichts mehr von ihnen wissen wolle und ganz sicher nicht mit ihnen ins Séparée gehen würde. Daraufhin zogen sie durch die Nacht, betranken sich und gingen in ein anderes Bordell, wo sie zum Trost mit sieben Damen gleichzeitig ins Séparée gingen. Männer eben. Am nächsten Tag wachten sie auf und waren noch trauriger als zuvor.

Das tapfere Schneiderlein schickte sie zu einem Psychiater, der ihnen Antidepressiva verschrieb. Ihre IT-Firma ging in Konkurs, sie wurden delogiert und laufen jetzt als Augustinverkäufer durch die Stadt.

Diese Geschichte hatte dem tapferen Schneiderlein hart zugesetzt. Er konnte Schneewittchen und die sieben Zwerge nicht zusammenbringen. Er hatte als Paartherapeut versagt, begann wieder zu trinken und dann kam ihm die Idee mit den Amerikanern. Er meldete sich beim CIA, erzählte von den Ogern und der Flucht in die Realität. Die Amerikaner versprachen, das Märchenland anzugreifen und von dem dunklen Zauberer und den Ogern zu befreien. Unter einer Bedingung: Er musste ihnen die gute Fee ausliefern.

»Wo fahren wir hin?«, fragte er die Gelben.

»Zum Flughafen«, sagte der gelbe Beifahrer.

»Wo geht es hin?«

»Top secret!«, meinte der andere Gelbe.

*

Drosselbart und Rübezahl saßen mit dem bösen Wolf am Küchentisch und hatten sich die Entführung detailgetreu schildern lassen.

»Du läufst einem Stöckchen nach?«, fragte Drosselbart.

»Was soll ich machen? Instinkt!«

»Du bist ein Wolf, kein Schoßhündchen«, ätzte Rübezahl.

»Wäre es der MIB lieber gewesen, ich hätte die drei Typen zerfleischt?«

»Ich sag ja nur.«

»In diesen vier Jahren Emigration habe ich mich zu zähmen versucht, damit wir nicht auffliegen. Ihr hättet lieber auf Frau Holle besser aufpassen sollen!« Er knurrte und Haare kamen unter seinem Hemd hervor.

»Ganz ruhig. Magst du ein Leckerli?«

Er verwandelte sich in einen Wolf und bellte Drosselbart an. Die Prinzessin auf der Erbse kam in die Küche: »Kannst du bitte leiser sein! Der Minister schläft im Wohnzimmer auf der Couch.« Sie setzte Teewasser auf.

Die Entführung der guten Fee war ein derart wichtiger Fall, dass der Minister beschlossen hatte, sich selbst darum zu kümmern. Er begleitete Drosselbart und Rübezahl, musste sich jedoch, kurz nachdem sie in der Wohnung angekommen waren, gleich wieder hinlegen.

»Kümmert euch um die gute Fee, verdammt noch einmal!«, knurrte der böse Wolf.

Ein Handy läutete. Drosselbart antwortete:

»Ja ... Ja ... Sehr wohl, Majestät! Auf der Stelle. Jawohl! Nein, wir sind beim bösen Wolf ... die gute Fee wurde ... Oh mein Gott! Sehr wohl, Majestät. Ja, wir bringen ihn mit. Sehr wohl.«

»Der König«, sagte er kreidebleich, »wir sollen sofort zu ihm kommen. In die Halle mit den Zaubergegenständen wurde eingebrochen. Es ist alles weg. Die hundertzwanzig Heinzelmännchen wurden überwältigt und alle Gegenstände gestohlen. Wir müssen los – weck den Minister!«

Wenig später waren Drosselbart, Rübezahl und der böse Wolf beim König im neunzehnten Bezirk. Fast hätten sie den Minister im Taxi vergessen, weil er wieder eingeschlafen war. In einer Stunde sollte die Versammlung wegen Frau

Holle beginnen. Der König saß auf seinem Thron, einem braunen Ohrensessel. Er erzählte von dem Raub. Alle Zaubergegenstände waren weg.

»Wissen wir, wer es war?«, fragte Rübezahl.

»Nein«, antwortete der König und blickte verstohlen auf die Königin, die gerade Kaffee brachte.

»Außer dir weiß niemand, wo das Depot ist«, sagte sie. »Zucker und Milch bringe ich gleich.«

Sie streichelte dem König zärtlich über den Kopf.

»Mach dir keine Sorgen, es wird sich alles aufklären! Alles wird gut!«

Der König, ein kleiner, dicklicher, grauhaariger Herr mit Schnurrbart, kam sich wie ein kleines Kind vor.

»Musst du mich jetzt am Kopf tätscheln, vor den anderen?«, flüsterte er der Königin zu.

»Mein Bärchen!«, flüsterte sie zurück und gab ihm einen Kuss auf die Wange.

Drosselbart, Rübezahl und der böse Wolf taten als hätten sie die Szene nicht mitbekommen. Der Minister schlief auf der Couch. Die Königin verließ das Wohnzimmer, um Milch und Zucker zu holen.

»Wir können hier nicht ungestört sprechen«, sagte der König.

»Aber Majestät, der Minister schläft und außer uns ist niemand hier!«, wandte Drosselbart ein.

»Doch. Meine Frau, die Königin.« Der König blickte verstohlen Richtung Küche.

»Habt Ihr kein Vertrauen?«, fragte der böse Wolf.

»Doch. Doch. Aber es gibt etwas, das sie nicht wissen darf.«

Sie kam mit Milch und Zucker zurück.

»Bitte, bedient euch«, sagte sie. »Also, was gedenken wir

zu tun?« Sie blickte in die Runde, dann fuhr sie fort: »Fassen wir zusammen. Frau Holle hat es schneien lassen, die gute Fee wurde entführt und irgendjemand hat ins Depot eingebrochen und sämtliche Zaubergegenstände gestohlen …«

»Verzeiht, meine Königin«, fiel der böse Wolf ein: »Ich möchte Seiner Majestät gerne den Tatort zeigen. Ich denke, dass wir dort vielleicht etwas finden könnten, das uns einen Hinweis gibt. Vielleicht hängen diese zwei Verbrechen zusammen.«

»Wie wollt ihr so spät in den Supermarkt kommen? Es ist elf Uhr.«

»Wir könnten das Rotkäppchen fragen, sie arbeitet dort an der Kassa, vielleicht hat sie einen Schlüssel.«

Sie tranken ihren Kaffee aus, verabschiedeten sich und zwanzig Minuten später saßen sie im Taxi des bösen Wolfs. Den Minister hatten sie zurückgelassen, er wäre ohnehin keine Hilfe gewesen. Sie fuhren durch Wien, um ungestört reden zu können.

»Die Sache ist die«, sagte der König, er saß am Beifahrersitz, »die Königin darf davon nichts wissen. Es gibt noch jemanden, der das Depot kennt.«

»Und diese Person, meint Ihr, könnte den Einbruch verübt haben?«

»Ich weiß es nicht. Wir fahren zu ihr und fragen sie. Siebenter Bezirk, Burggasse 135, bitte!«

»Wer wohnt dort?«

»Die böse Stiefmutter.«

Der König öffnete sein Herz und beichtete seine kurze aber heftige Affäre mit der bösen Stiefmutter. Sie hatten einander bei einer Audienz getroffen, die die böse Stiefmutter beantragt hatte. Sie klagte dem König ihr Leid in der Wirklichkeit und flirtete heftig mit ihm. Der König war ihrem Charme und ihrer Schönheit erlegen. Sie trafen sich des Öfteren und hatten wilden Sex, so wild ein kleiner, dicklicher, grauhaariger König eben noch konnte.

»Ich wollte die Königin nicht betrügen, aber ihr müsst wissen, sie behandelt mich wie ein kleines Kind. Zwischen uns knistert es gar nicht mehr. Gerade, dass sie mir nicht den Mund abwischt nach dem Essen«, sagte der König und dachte daran, wie sie ihm immer den Mund abwischte nach dem Essen.

»Hier in der Wirklichkeit hab ich all meine königliche Würde verloren, meine Frau hätschelt mich wie einen Säugling und dann kommt eine scharfe Braut daher, die mich wie einen König behandelt …« Er beugte sich zum bösen Wolf und flüsterte ihm zu: »Wenn sie kam, hat sie immer ›Es lebe der König!‹ gerufen. Und sie kam oft. Manchmal sogar zwölf Mal hintereinander.« Er hatte ein Leuchten in den Augen und rief laut: »Es lebe der König!«

»Für einen alten König seid Ihr ganz schön fit.«

»Ja, ja«, sagte der König verschwörerisch, »mit ein bisschen Zauberei ist das keine Hexerei!«

»Ihr habt einen Zauber angewandt?«, war der böse Wolf entsetzt.

»Klar doch! Zwölf Mal hintereinander, das hat nicht einmal Jack mit der Bohnenranke geschafft!«

»Majestät! Ihr habt Euer eigenes Gesetz gebrochen?«

»Aber nein, kein Märchenzauber. Ein ganz realer Zauber. Die kleinen blauen Pillen … wunderbar!«

»Majestät, Ihr habt Viagra genommen?«

»Psst! Leise!« Er deutete mit dem Kopf auf die Rückbank: »Die zwei müssen das nicht wissen.«

Rübezahl und Drosselbart taten als hätten sie nichts gehört.

»Sie hat mir die kleinen Pillen immer in einen roten Apfel gesteckt. Ich nahm einen Bissen und fünfzehn Minuten später waren wir schon mittendrin!«

Wieder leuchteten seine Augen. Der König war einmal heimlich ins Depot geschlichen, um den Spiegel zu befragen:

»Spieglein, Spieglein an der Wand,
wer ist der beste Lover im ganzen Land?«

Der Spiegel hatte geantwortet:

»Majestät, Ihr seid der beste Lover im ganzen Land,
Ihr liebt mit Zunge, Penis und der Hand;
doch hinter dem Lenkrad in seinem Golf,
da sitzt tagtäglich der böse Wolf;
fährt Taxi bis morgens um vier
und ist noch viel potenter als ihr!«

Der König hatte zornig den Spiegel von der Wand genommen und ihn in einem Eck hinter all den anderen Zaubergegenständen versteckt. Er war zur bösen Stiefmutter gefahren und hatte sie gefragt, ob sie etwas mit dem bösen Wolf hätte. Sie verneinte. Sie liebe ihn, den König, und wäre noch nie so glücklich gewesen. Aber die böse Stiefmutter verfolgte einen Plan. Sie hatte nur eines im Sinn. Sie wollte das Spieglein an der Wand zurückhaben, um täglich bestätigt zu bekommen, dass sie die Schönste im ganzen Land sei. Also stellte sie nach einem Jahr den König vor eine Entscheidung. Entweder sie oder die Königin. Und um sie zu besänftigen, nahm der König sie mit ins Depot und gab ihr das Spieglein an der Wand zurück. Dem bösen Wolf erzählte er jetzt die Geschichte ein wenig abgewandelt.

»Wir waren sehr glücklich. Und dann nahm ich sie ins

Depot mit, um ihr den Spiegel zu unserem dreijährigen Jubiläum zu schenken.«

»Das heißt, der Spiegel ist bei ihr?«

»Ja.«

»Das ist ja großartig. Dann können wir den Spiegel befragen, wo die gute Fee ist und wer ins Depot eingebrochen hat.«

»Sehr richtig! Den Spiegel kann man alles fragen und er sagt immer die Wahrheit.«

Er flüsterte dem bösen Wolf ins Ohr: »Er hat mir gesagt, ich sei der beste Liebhaber im ganzen Land!«

»Das steht außer Zweifel, Majestät!«, gab der böse Wolf zurück.

Nachdem sie zehn Minuten Sturm geläutet hatten, brachen sie die Wohnung auf. Sie hatten Angst, der bösen Stiefmutter sei etwas passiert. Aber die Wohnung war leer, die böse Stiefmutter nicht da.

»Sie hat den Spiegel im Schlafzimmer über dem Bett hängen«, sagte der König. Aber dort war nur noch ein heller Fleck zu sehen.

»Majestät, in einer halben Stunde beginnt die Versammlung. Wir müssen los!«, sagte Rübezahl.

»Die Versammlung ist abgesagt, wir haben hier etwas aufzuklären!«, donnerte der König. Gleichzeitig konnte man auch von draußen einen Donner hören. Ein Gewitter war hereingebrochen. Es begann zu regnen.

*

Die MIY hatten sich mittlerweile vermehrt. Zwölf gelbe Männer schafften am Rollfeld des Flughafens die Zaubergegenstände aus einem gelben Lieferwagen und verfrachteten sie in ein großes, gelbes Flugzeug. Dahinter stand der gelbe BMW. Das tapfere Schneiderlein saß auf der Rückbank und verfolgte die Szene. Er war unendlich verängstigt und verunsichert. Der Schweiß rann ihm über die Stirn. Hinten im Kofferraum spürte er die Anwesenheit der guten Fee. Sie war immer noch bewusstlos. Die beiden MIY standen etwas entfernt in der Landschaft und überwachten die Aktion. Irgendetwas ging hier nicht mit rechten Dingen zu. Die Vereinbarung mit den Amerikanern war gewesen, das Märchenland anzugreifen, sobald sie die gute Fee in ihrer Gewalt hatten. Er sah aus dem Fenster und konnte das Tischleindeckdich erkennen, das gerade im Bauch des gelben Flugzeugs verschwand. Sie hatten die Zaubergegenstände gestohlen. Das tapfere Schneiderlein presste seine Nase gegen die Scheibe, um genauer erkennen zu können, mit wem die MIY sprachen. Eine elegante Dame, die gerade einen Regenschirm aufspannte, stand zwischen ihnen. Dahinter schafften die anderen MIY weitere Gegenstände ins Flugzeug.

»Wir haben die Liste kontrolliert. Es ist alles da.«

»Gut«, sagte die böse Stiefmutter, »wo ist mein Geld?«

Die böse Stiefmutter hatte, ohne vom tapferen Schneiderlein zu wissen, ebenfalls Kontakt mit dem CIA aufgenommen. Nicht um ins Märchenland zurückgehen zu können, sondern um Geld zu machen. Hundertzwanzig Millionen Dollar für alle Zaubergegenstände schien dem amerikanischen Präsidenten ein angemessener Preis. Besäße man sie, wäre man mit aller Wahrscheinlichkeit nach unschlagbar. Das Pentagon wurde informiert und steuerte einen Teil des Betrages bei. Neue Waffen. Unglaubliche, märchenhafte Waffen.

»Die Liste, die Sie uns von den Zaubergegenständen gemacht haben, liebe böse Stiefmutter, weist eine kleine

Lücke auf. Es ist, wie gesagt, alles da, was Sie uns aufgelistet haben, nur scheint es, dass Sie auf der Liste etwas vergessen haben.«

»Ihr habt alles aus dem Depot. Mehr gibt es nicht.«

»Sie sind doch die Stiefmutter von Schneewittchen? Richtig?«

»Ja.«

»Es geht uns nicht um den vergifteten Apfel. Das schaffen unsere Waffenexperten von allein. Es geht um das Spieglein an der Wand. Ein Artefakt von unschätzbarem Wert für das amerikanische Volk.«

Ein weiterer Gelber kam und salutierte.

»Sir, alle Artefakte sind verstaut.«

»Sehr gut. Kümmert euch um den Kofferraum.«

Der Gelbe salutierte erneut und sprintete auf seine Kollegen zu und gab Befehl. Daraufhin näherten sich vier von ihnen mit einem gläsernen Sarg dem BMW, öffneten ihn, legten die gute Fee hinein und verstauten den Sarg im Flugzeug. Die böse Stiefmutter war erstaunt.

»Was machen Sie da mit der guten Fee?«

»Was geht Sie das an?«

»Das gehört nicht zu unserem Geschäft«, sagte sie empört.

»Es handelt sich hierbei um eine andere Abmachung als die unsrige, liebe böse Stiefmutter. Aber kommen wir auf die Liste zurück. Wo ist das Spieglein an der Wand?«

»Wahrscheinlich an der Wand!«, fauchte die böse Stiefmutter.

Das Spieglein an der Wand, das zeit seines Lebens damit umgehen musste, ständig über alles Bescheid zu wissen, was in der Welt vorging, lag in einem dunklen Karton im Kofferraum eines Taxis, wo es die böse Stiefmutter vor wenigen

Tagen absichtlich liegen gelassen hatte. Das Spieglein hatte es nicht leicht. Es sah alles. Alles Schöne, alles Böse. Es wusste die letzte, ultimative Wahrheit über dieses Universum genauso wie alle Telefonnummern aller Teilnehmer auf der ganzen Welt, alle Sehnsüchte, Schmerzen. Es kannte die Lügen aller Menschen. Es hatte die ganze Welt in sich und was auch immer man es fragte, es wusste die Antwort. Da lag es also und wusste nicht, was es tun sollte. Es wusste, dass der böse Wolf, Drosselbart, Rübezahl und der König ratlos in der Wohnung der bösen Stiefmutter standen. Es wusste, dass die gute Fee im Flugzeug im Sarg lag, neben all den Zaubergegenständen. Könnte es doch nur Bescheid geben und den König informieren! Wenn es jetzt gefragt würde, wo sich die gute Fee befindet, dann hätte sie gerettet werden können. Aber es war niemand da, der es befragte. Die ganze Wahrheit, die es wusste, war wertlos, wenn sie keiner suchte.

»Wir müssen den Spiegel finden«, sagte der böse Wolf. Sie saßen wieder im Wagen und fuhren ziellos umher.

»Du Idiot«, dachte das Spieglein, »erinnere dich doch, dass die böse Stiefmutter ein Paket in deinem Taxi vergessen hat, von dem sie dir sagte, dass sie es nächste Woche abholen würde! Hallo! Ich bin hier in deinem Taxi im Kofferraum!«

Leider konnte niemand das Spieglein hören, denn es war erstens in Packpapier und Plastikfolie eingewickelt und zweitens konnte es nur dann reden, wenn es gefragt wurde. Seine Gedanken konnte niemand hören. Es konnte nicht von selbst ein Gespräch beginnen. Es musste etwas gefragt werden. Auch konnte niemand seine Anwesenheit spüren, denn es war ein Ding und kein Wesen. Es hatte zwar ein Wesen, war aber keines.

Der böse Wolf stieg aufs Gas.

»Wo sollen wir suchen?«, fragte der König.

Da war sie endlich, die Frage. Jetzt konnte es antworten.

»Im Kofferraum, ihr Vollidioten! Ich bin im Kofferraum!«, schrie es ganz laut.

»Dein Wagen macht hinten komische Geräusche!«

»Ich muss ihn zum Service bringen«, sagte der böse Wolf.

»Wir müssen überlegen, wo die böse Stiefmutter den Spiegel hingetan haben könnte«, dachte der König laut vor sich hin.

»Wer sagt, dass sie ihn wo hingetan hat? Vielleicht ist sie auch entführt worden. Wann habt Ihr sie das letzte Mal gesehen, Majestät?«

Zwei Fragen! Drei. Das Spieglein schrie ganz laut.

»Das ist schon etwas her«, wurde der König traurig und überlegte, ob er die Wahrheit erzählen solle. »Sie hat mich verlassen. Sie wollte eine Entscheidung. Sie oder die Königin.«

Der böse Wolf bremste unvermittelt, blieb mitten auf der Straße stehen, sprang aus dem Wagen, öffnete den Kofferraum und nahm das Paket heraus. Er schlug den Kofferraum zu, legte das Paket darauf und riss es auf. Die anderen stiegen ebenfalls aus und sahen dem bösen Wolf zu.

»Was soll das? Was ist das?«, fragte der König.

Zwei Fragen. Wieder schrie das Spieglein, konnte aber durch die Verpackung nicht gehört werden.

»Ich habe sie vor kurzem gefahren und sie hat das hier im Wagen gelassen. Sie will es nächste Woche abholen, die böse Stiefmutter.«

Aber er brauchte sehr lang, um das gut eingepackte Spieglein zu befreien, sodass zu viel Zeit verstrichen war zwischen Frage und Antwort, was zur Folge hatte, dass es erneut gefragt werden musste.

»Frag es! Frag es!«, riefen Drosselbart und Rübezahl.

»Wir müssen es an eine Wand hängen!«

»Egal wohin wir es legen, die Frage muss sich auf seinen Hintergrund reimen.«

»Nein, muss es nicht. Das ist nur eine idiotische Angewohnheit von euch. Ich hasse diese Reime! Frag mich schon was, damit ich antworten kann!«, dachte das Spieglein. »Frag mich was, frag mich was!«

»Wir wollen wissen, wo die gute Fee ist. Also brauchen wir einen Hintergrund, der sich auf ›Fee‹ reimt!«

»Nein, braucht ihr nicht! Bitte, stellt doch eine Frage ... irgendeine, damit ich antworten kann!«

»Kanapee, wir müssen es auf ein Kanapee legen!«

»Das werden wir jetzt schwer finden.«

»Ein Taschentuch. Ein Feh!«

Alle suchten in ihren Taschen. Niemand hatte ein Taschentuch dabei.

»Eine Frage, irgendeine Frage! Sie muss nicht einmal an mich gerichtet sein. Es muss nur eine Frage sein! Was ist denn los mit euch?«

*

Die MIY hatten mittlerweile die böse Stiefmutter und das tapfere Schneiderlein festgenommen und ins Flugzeug verfrachtet. Der neue Plan war, sie in Amerika zu verstecken. Die böse Stiefmutter in Guantanamo zu »verhören«, bis sie mit dem Versteck des Spiegleins herausrücken würde und auf die gute Fee warteten Ärzte und Wissenschaftler, um sie zu untersuchen. Der Pilot startete die Maschine. Das gelbe Flugzeug rollte an.

*

»Tee. Wir brauchen Tee, auf den wir das Spieglein legen.«

Sie sahen sich um.

»Da ist weit und breit kein Lokal in der Nähe, in dem wir Tee kaufen können!«

»Ihr braucht keinen Tee – ihr braucht eine Frage! Wahnsinn, wie lange kann man einen Dialog führen, ohne ein einziges Fragezeichen?«

»Eine Armee!«

»Einen See!«

»Ein Komitee!«

»Die gute Fee!«

Alle sahen den König an.

»Ich weiß«, sagte er verschämt, »aber es reimt sich auf Fee!«

»›Schwanensee‹! Ich habe eine CD von ›Schwanensee‹ im Auto!«

»Kannst du dich nicht über Bluetooth mit dem Radio verbinden?«, fragte Drosselbart.

Das Spieglein war erleichtert – endlich ein Fragezeichen: »Nein, kann er nicht! Das wäre ein zu teures Extra gewesen. Also hört mir zu.«

»Wieso redet es mit uns? Wir müssen doch reimen!«

»Nein. Das geht mir seit fünfhundert Jahren auf die Nerven. Noch dazu, wo ich selbst so schlecht dichten kann.«

»Wieso haben wir dann immer …?«

»Was weiß denn ich. Ist doch jetzt egal. Also, es ist Folgendes passiert …«

Das Spieglein erzählte ihnen von den MIY und der bösen Stiefmutter und dem tapferen Schneiderlein.

»Ihr müsst euch beeilen. Das Flugzeug hebt in wenigen Minuten ab«, sagte das Spieglein.

»Das schaffen wir mit dem Taxi niemals«, resignierte der böse Wolf.

»Aber mit den Siebenmeilenstiefeln!«

»Haben die nicht die MIY im Flugzeug?«

Der König wurde rot.

»Nein, die hat der König in seinem Köfferchen, das er immer bei sich trägt«, verriet ihn das Spiegelchen.

»Majestät, wieso habt Ihr die Siebenmeilenstiefel?«

»Wegen meiner Affäre, so konnte ich schnell zwischen der bösen Stiefmutter und der Königin hin und her eilen. Damit meine Frau mir nicht draufkommen würde. Es tut mir leid.«

Der böse Wolf zog sich die Siebenmeilenstiefel an und war zwei Sekunden später auf dem Flugfeld. Zu spät. Das Flugzeug hob gerade ab.

Die Siebenmeilenstiefel trugen den bösen Wolf so schnell, dass er sich stets auf gleicher Höhe mit dem Flugzeug befand. Den Blick immer abwechselnd auf Flugzeug und Wegstrecke richtend, dachte er nach, was man tun könnte, um die gute Fee zu befreien. Er sprang über Häuser und Straßen, über Flüsse und Seen. Er spürte die Anwesenheit der guten Fee, der bösen Stiefmutter und des tapferen Schneiderleins. Er musste mit ihnen in Kontakt treten. Er nahm sein iPhone und wählte die Nummer des tapferen Schneiderleins.

»Mein Handy läutet«, flüsterte das tapfere Schneiderlein der bösen Stiefmutter zu. Sie waren beide gefesselt.

»Um Gottes willen, hast du es nicht abgedreht? Wir werden noch abstürzen!«

»Aber nein, das ist ein Märchen. Ein Flugzeug kann nicht abstürzen wegen eines Handys.«

»Aha, und warum muss man es dann immer abdrehen?«

»Damit es den Bordcomputer nicht irritiert. Du musst es aus meiner Hosentasche ziehen.«

»Wie denn?«

»Beug dich runter und hol es mit den Zähnen heraus.«

Die böse Stiefmutter tat wie ihr geheißen und versuchte mit ihren Zähnen das Handy aus der Hosentasche zu holen. Einer der MIY drehte sich um und sah wie der Kopf der bösen Stiefmutter im Schoß des tapferen Schneiderleins verschwand.

»Schau dir das an«, sagte er zu seinem Kollegen, »was für Dreckschweine!«

»Lass ihnen doch den Spaß!«, meinte der andere.

*

Der böse Wolf ging den Plan, den er gefasst hatte, nochmal im Kopf durch. Wenn es dem tapferen Schneiderlein gelänge, im Flugzeug zu den Zaubergegenständen durchzudringen, dann würde er die Geige finden, die die Zeit anhält, wenn man auf ihr spielt. Wenn das Flugzeug dann reglos in der Luft stehen würde, könnten sie die gute Fee wecken und die Zauberbohnen auf die Erde werfen. Die würden dann in die Höhe wachsen und sie könnten auf ihnen zur Erde absteigen. Alles Weitere könne man dann überlegen. Der böse Wolf hoffte, dass das tapfere Schneiderlein ans Handy gehen würde und vor allem, dass einer von den beiden da oben in der Lage wäre, eine Geige zu spielen. Es läutete und läutete, dann meldete sich die Mobilbox.

Die böse Stiefmutter schaffte es einfach nicht, das Handy aus der Hose zu kriegen. Sie blickte zum tapferen Schneiderlein hoch.

»Ich schaff es nicht!«, flüsterte sie.

»Nicht aufhören! Mach weiter, mach weiter!«

Die MIY schüttelten ihre Köpfe.

»He! Wenn du mit dem fertig bist, kommen dann wir dran?«, rief einer der beiden. Sie lachten.

*

Der böse Wolf lief und lief und lief und wusste nicht weiter. Das Flugzeug war unterwegs Richtung Westen, es überflog gerade Bruck an der Leitha, wo Elvis Presley am Fenster stand und nach dem Raumschiff Ausschau hielt.

»Da ist es, da ist es! Komm zum Fenster, deine Kollegen sind da.«

$\frac{\sqrt[4]{\infty+25}}{2\pi-\delta}$ erhob sich furzend vom Sofa und wagte einen Blick aus dem Fenster.

»Das ist nur ein gelbes Flugzeug!«, sagte er lakonisch.

»Nein, das ist ein Raumschiff! Sie sind da, sie sind da!«, rief Elvis Presley.

»Es gibt keine Außerirdischen«, meinte Osama bin Laden, »das ist eine Erfindung dieser amerikanischen Ungläubigen!«

»Natürlich gibt es Außerirdische«, sagte Lady Di, »und die Queen of England ist ihre Anführerin!«

»Kannst du bitte zu furzen aufhören«, sagte Gaddafi, als sich der Außerirdische wieder aufs Sofa setzte.

»Du sollst nicht immer das Duschgel von Elvis verwenden!«, revanchierte sich dieser.

Der böse Wolf lief weiter und weiter. Er wählte erneut eine Nummer. Diesmal die der guten Fee. Es läutete.

Die gute Fee lag im Glassarg und rührte sich nicht. Aber beim achten Läuten erwachte sie und spürte sofort die Anwesenheit des bösen Wolfs. Sie nahm ihr Handy aus der goldenen Handtasche und hob ab.

»Hallo!«

»Gott sei Dank, du lebst!«, sagte der böse Wolf. Obwohl er mit 798 km/h zu Fuß unterwegs war, war er kein bisschen außer Atem, lief er doch nicht selbst, sondern wurde von den Siebenmeilenstiefeln getragen.

»Ich liebe dich«, sagte die gute Fee.

»Ich liebe dich«, antwortete der böse Wolf. »Hör zu, du bist in einem gläsernen Sarg in einem gelben Flugzeug, das dich nach Amerika bringen soll. Das tapfere Schneiderlein und die böse Stiefmutter sind auch an Bord. Die gelben Männer haben unsere Zaubergegenstände gestohlen. Du musst jetzt ein bisschen zaubern. Geht das? Fühlst du dich dazu im Stande?«

»Ich kann nicht zaubern, ich kann nur Wünsche erfüllen.«

»Dann wünsche ich mir, dass das tapfere Schneiderlein jetzt im Frachtraum die Geige spielt, die die Zeit anhält.«

»Mein Geliebter. Es tut mir leid, aber ich kann nur Wünsche erfüllen, die aus dem Innersten deines Herzens kommen.«

»Ja, aber verdammt! Das wünsche ich mir doch! Ich will, dass du befreit wirst und ich wünsche mir, dass das alles nie passiert wäre, dass der dunkle Zauberer nie die Macht übernommen hätte und wir im Märchenland in Frieden leben können!«

»Ist das dein Wunsch?«

»Ja. Ich wünsche mir, dass wir wieder ins Märchenland können, und dass all das, was passiert ist, nie passiert ist!«

Der guten Fee lief eine Träne über die Wange. Sie wusste, sie würde diesen Wunsch erfüllen müssen, denn er kam aus tiefstem Herzen. Und wenn all das, was passiert ist, nicht passiert ist, dann haben sich der böse Wolf und sie niemals ineinander verliebt. Dann haben sie einander nie geküsst. Dann würden sie einander niemals in den Armen liegen. Sie schloss ihre Augen und flüsterte: »Ich werde immer an dich denken!«

»Das Flugzeug ist weg! Einfach verschwunden! Ich fasse es nicht!«, rief Elvis aus und fing an »Love me Tender« zu singen.

*

Es war einmal eine kleine, süße Dirne, die hatte jedermann lieb, der sie nur ansah, am allerliebsten aber ihre Großmutter. Sie wusste gar nicht, was sie dem Kinde alles geben solle. Einmal schenkte sie ihm ein Käppchen von rotem Samt. Und weil ihm das so wohl stand und es nichts anderes tragen wollte, hieß es fortan nur das Rotkäppchen. Eines Tages sprach seine Mutter zu ihm: »Komm, Rotkäppchen, hier hast du ein Stück Kuchen und eine Flasche Wein, bring das der Großmutter hinaus, sie ist krank und schwach und wird sich daran laben.«

Die Großmutter aber wohnte draußen im Wald, eine halbe Stunde vom Dorf. Wie nun Rotkäppchen in den Wald kam, begegnete ihm der böse Wolf. Rotkäppchen aber wusste nicht, was das für ein böses Tier war und fürchtete sich nicht vor ihm.

»Guten Tag, Rotkäppchen!«, sprach er.

»Schönen Dank, Wolf.«

»Wohinaus so früh?«

»Zur Großmutter.«

»Was trägst du da unter der Schürze?«

»Wein und Kuchen. Den bringe ich der Großmutter, damit sie sich daran laben kann!«

»Hör zu, Kleines, deine Großmutter ist Alkoholikerin und hat Diabetes, du solltest besser ein paar Beeren für sie pflücken.«

»Oh danke, guter Wolf, das werde ich tun.«

»Also dann. Schönen Tag noch!«

»Willst du gar nicht wissen, wo die Großmutter wohnt?«

»Nein.«

»Aber warum, guter Wolf? Kommst du etwa nicht vorbei und frisst uns auf?«

»Nein, ich hab keine Zeit für solche Sachen.«

»Na gut. Dann leb wohl!«

»Leb wohl!«

Da entfernte sich das Rotkäppchen und suchte nach Beeren für die Großmutter. Nach einer Weile kam der böse Wolf hinter ihr angerannt. Sie dachte schon, er hätte es sich doch noch überlegt. Aber der böse Wolf fragte nur: »Weißt du vielleicht, wo ich die gute Fee finden kann?«

DIE LEITER IN DER HÜPFBURG

Der menschliche Verkehr besteht ganz einfach darin,
dass jeder des anderen Irrenwärter ist.
Nur aus diesem Altruismus kann man die Kraft schöpfen
zu der noch schwierigeren und ernsteren Aufgabe:
sein eigener Irrenwärter zu sein.

Egon Friedell

1 Da schien es ihm plötzlich, als stünde er nicht mehr im Besprechungszimmer an seiner Powerpoint-Präsentation, auf die er sich seit Wochen gewissenhaft vorbereitet hatte, sondern auf einer Leiter mitten in einer Hüpfburg. Solange noch keine Kinder da waren, würde er die Balance halten können. Natürlich war es nur eine Frage der Zeit, bis unter Gekreische sanfte Wellen sich zu jähen, bösartigen Wogen auftürmen würden. Angst hielt seine beiden Gehirnhälften in Atem. Ein offenbar bislang ungenutzter Rest seines Gehirns rechnete seinem Chef und den Vorstandsmitgliedern weiterhin vor, wie der Gewinn im nächsten Jahr verdoppelt werden könnte. Kurz fasste er wieder Boden unter den Füßen. Die Leiter war verschwunden und er stand im Besprechungszimmer im sechsten Stock am Ende des langen Tisches. Er riss sich zusammen und hob mit kräftiger Stimme zu weiteren Ausführungen an. Er sah dabei seinem Vorgesetzten in die Augen und konnte im Augenwinkel einige Kinder wahrnehmen. Da fiel er von der Leiter.

Vierunddreißig Minuten später erwachte Reinhard Waldemar, siebenundvierzig, Leiter der Marketing-Abteilung eines großen Telekommunikationskonzerns, geschieden, Vater zweier Kinder und Verlobter einer siebenunddreißigjährigen Filialleiterin in der Modebranche, in der langgezogenen Rechtskurve der Einfahrt des Allgemeinen Krankenhauses in Wien auf der Tragbahre eines Rettungswagens. Er spürte einen kalten Luftzug auf seinen Wangen, nahm das zum Anlass für die vage Vermutung, nicht tot zu sein, und hatte Angst. Schlaganfall? Herzinfarkt? Er bekam kaum Luft. Lungenembolie? Keine Ahnung! Auf jeden Fall: Angst. Vor allem vor der bevorstehenden Entleerung seines Darms, die er nicht mehr kontrollieren konnte. Er litt seit Monaten schon unter Attacken von Durchfall.

»Das ist psychosomatisch«, hatte seine Verlobte gemeint, als sie vor drei Tagen bei einem Juwelier Eheringe aussuchten.

»Psychosomatisch ist gar nichts. Ich hab einfach Verdauungsprobleme.«

Er hatte höflich nach einer Toilette gefragt und sich mit seinem iPhone zurückgezogen. Während er auf dem Klo saß, checkte er die E-Mails: vier berufliche, zwei private und drei Spams. Dann googelte er »Mountainbike«. Die Anschaffung eines Mountainbikes war überfällig. Schnell drei Homepages von Bikerläden durchgeklickt und auf Spiegel-Online die Schlagzeilen überflogen: Reaktor 3 im AKW Fukushima brannte immer noch. Gaddafi ließ auf seine eigenen Leute schießen. Der Ölpreis stieg. Der DAX fiel und in der Rubrik Sport war ein Mountainbiker tödlich verunglückt. Angst. Er saß auf der Toilette eines Juweliers in der Wiener Innenstadt und hatte Angst. Gründe genug, aber eigentlich wusste er nicht wovor. Seit es Nachrichten gab, waren es schlechte Nachrichten. Jawohl, er saß auf einer Toilette und hatte Angst.

»Vielleicht sollten wir die Hochzeit verschieben?«, meinte seine Verlobte, nachdem sie die passenden Ringe gefunden und am Graben Richtung Stephansdom unterwegs waren, um in einem Kaffeehaus seinen zukünftigen

Schwager in seiner Eigenschaft als Hochzeitsplaner zu treffen.

»Wieso?«, fragte Reinhard Waldemar irritiert, während er auf seinem iPhone die SMS seines Chefs beantwortete, der launig angefragt hatte, ob er gedenke, heute noch in die Firma zu kommen, oder beschlossen habe, frei zu machen: »mache nicht frei – plane hochzeit ... dagegen ist ein tag mit 14 meetings urlaub ; -) bin in 40 minuten im büro. lg rw.«

»Wieso verschieben? Wegen was?« War das am Ende ernst gemeint?

»Naja, wenn halb Japan verstrahlt ist und so viele Menschen tot sind, wer hat dann Lust, auf unserer Hochzeit zu tanzen?«

»Dann erst recht, wirst sehen! Und das Wort Tanz im Zusammenhang mit meiner Hochzeit ...?«

»Unserer Hochzeit, wenn schon!«

»Unserer Hochzeit, Entschuldigung! Japan ist weit weg. In zwei Wochen interessiert das keine Sau mehr und in sechs Wochen heiraten wir – ich betone wir!«

»Vielleicht sollten wir warten, bis sich tatsächlich alles beruhigt hat ...«

»Wenn wir warten, bis niemand mehr verstrahlt ist, müssen wir die Hochzeit um vierzigtausend Jahre verschieben. Da weiß ich dann nicht, ob meine Mutter noch kommen kann.«

»War nur so eine Idee.«

»Und die Torte wird hart, grauslich und unappetitlich.«

»In vierzigtausend Jahren bin ich das auch.«

»Das kann ich mir nicht vorstellen.« Er blieb stehen, umarmte seine Verlobte und drückte ihr einen Kuss auf die Stirn.

»Ich freue mich, deine Frau zu werden, aber in vierzigtausend Jahren bist du hoffentlich nicht mehr bei dieser schrecklichen Firma.«

»Das ist keine schreckliche Firma!«

»Du wirst unter deinem Wert verkauft.«

»Ich werde dort gar nicht verkauft, ich lass mir kreative Sachen einfallen, damit wir mehr verkaufen.«

»Wahnsinnig kreativ!«

»Ja, klar!«

»Das ist doch eine Idiotenarbeit. Du kannst viel mehr!«

Er löste sich aus der Umarmung und sie gingen weiter.

»Bitte! Das nervt. Ich bin Leiter der Marketing-Abteilung eines der größten Telekommunikationskonzerne weltweit.«

»Ich sag ja nur, dass du aus deinem Leben mehr machen könntest.«

Er bekam Sodbrennen. Es muss an den zwei kleinen Schokoladekeksen gelegen haben, die er im Juweliergeschäft zu seinem doppelten Espresso serviert bekommen hatte.

»Das ist psychosomatisch«, sagte seine Verlobte.

»Das geht mir so auf die Nerven, dass du bei allem sagst: ›Das ist psychosomatisch.‹ Ich habe Sodbrennen von den Scheiß-Keksen! Es ist nicht alles psychosomatisch! Warum sagst du nicht leibseelisch? ... Weil es dann nämlich lächerlich klingt!«

»Achtzig Prozent aller Erkrankungen sind psychosomatisch.«

»Hundert Prozent, meine Liebe, hundert Prozent! Was hat nicht mit Leib und Seele zu tun? Aber wenn du's so haben willst: Du bist psychosomatisch! Dieses dauernde esoterische Gerede ist psychosomatisch – davon kriegt man ja Kopfschmerzen!«

»Das ist kein esoterisches Gerede, das ist eine wissenschaftliche Erkenntnis. Aber bitte, du musst es ja nicht glauben.«

»Richtig! Genau!«

»Was?«

»Wenn das eine wissenschaftliche Erkenntnis ist, dann muss man es nicht glauben, dann ist es nämlich bewiesen.«

»Es ist ja bewiesen, aber du glaubst es nicht.«

»Eben nicht! Es ist eben nicht bewiesen, weil es nur bewiesen ist, wenn man daran glaubt. Das ist ja das Problem.«

»Na bitte, das Problem ist, dass du es nicht glaubst!«

»Ja! Nein! Ich glaube nicht, dass die Atomverseuchung in Japan psychosomatisch ist.«

»Das behaupte ich ja auch nicht! Was soll der Blödsinn?«

Sein Sodbrennen wurde stärker und gleichzeitig regten sich seine Eingeweide. Sie waren mittlerweile in der Wollzeile angekommen und standen vor dem Kaffeehaus, in dem sie mit dem verschwägerten Hochzeitsplaner verabredet waren. Reinhard Waldemar ließ seine Verlobte vorgehen, wechselte die Straßenseite und besorgte sich gegenüber in der Apotheke etwas gegen sein Sodbrennen. Während er sich hinter einer jungen Mutter mit Kinderwagen anstellte, um bedient zu werden, googelte er noch einmal »Mountainbike«. Während er darauf wartete, dass sich die Seite aufbaute, klingelte das iPhone. Er sah auf das Foto seines besten Freundes – Gerhard, sechsundvierzig, geschieden, Single, Vater dreier Kinder, baldiger Trauzeuge. Eine Zigarre im Mund und einen schwarzen Hut auf dem Kopf. Sie waren in einer Bar gewesen und hatten einiges getrunken gehabt. Reinhard Waldemar nahm ab.

»Hi! Wie geht's dem Bräutigam?«

»Alles im grünen Bereich! Was macht der Tripper?«

»Das war kein Tripper, das war nur eine kleine Harnröhreninfektion. Ist besser.«

»Ich glaub, es war der Tripper«, lästerte er weiter.

Die junge Mutter drehte sich nach Reinhard Waldemar um, er hatte das Wort Tripper etwas zu laut ausgesprochen. Er wechselte das Thema.

»Was ist jetzt am Samstag? Fahr ma biken, oder was?«

»Sicher. Hast schon a Bike?«

»Bin dran. Was ist heut? Montag. Ja, ich hab eines auf einer Homepage gesehen, das ist nicht schlecht.«

»Nimm dir so eines, wie i a. Ist ein bisserl teuer, aber es zahlt sich aus.«

»Warst schon unterwegs damit?«

»Nein, noch nicht – wir haben ja gesagt, wir gehen gemeinsam.«

»Was heißt teuer …?«

»Zweitausendsechshundert Euronen …«

»Zweitausendsechshundert dafür, dass wir ein einziges Mal mountainbiken gehen?«

»Wir gehen nicht ein Mal, wir gehen jetzt jede Woche … jede zweite.«

»Ja, schauen wir. Wart, bleib dran, mir klopft wer rein …«

»Ich melde mich einfach später.«

»Ja. Passt.«

Am Display erschien der Name seines Chefs.

»Bin in zwanzig Minuten in der Firma!«

»Lass dir Zeit, aber nicht heut! Ich muss in einer dreiviertel Stunde weg und will vorher noch die Deutschen besprechen.«

»Ja. Passt.«

»Die haben sich spontan gemeldet und wollen jetzt doch mit uns kooperieren.«

Die junge Mutter schob den Kinderwagen Richtung Ausgang und die Apothekerin wandte sich an Reinhard Waldemar.

»Grüß Gott! Wie kann ich Ihnen helfen?«

Er hielt den unteren Teil seines Handys von seinem Mund weg und hörte seinem Chef zu, während er gleichzeitig der Apothekerin bedeutete: »Ich brauch was gegen Sodbrennen ...«

»Ich hab den Deutschen gesagt, dass du ihnen heute noch die Unterlagen mailst. Ich will sie aber vorher noch mit dir durchgehen ...«

»Wollen Sie eine Magensäure bindende Flüssigkeit oder ...«

»... wenn dich das nicht von der Vorbereitung deiner Präsentation übermorgen abhält.«

»Nein, nein!«, sagte er zu seinem Chef, »ist egal ... irgendwas«, zur Apothekerin.

»Weil du müsstest die Unterlagen natürlich noch überarbeiten, bevor du sie weiterleitest.«

»... oder einen Wirkstoff, der die Säureentwicklung hemmt?«

»Egal, das ist wirklich egal!«, sagte er zur Apothekerin, während er gleichzeitig den Entschluss fasste, seinem Chef den eingeschobenen Termin in zwanzig Minuten abzusagen oder zumindest zu versuchen, ihn auf morgen Mittag zu verschieben. Die Unterlagen würde er ja ohnehin wie immer in der Nacht bearbeiten und sie am Vormittag nach Deutschland mailen müssen.

»Wenn's egal ist, dann passt es. Ich will dich nur nicht

von deiner Präsentation ablenken. Gut. Wir sehen uns in zwanzig Minuten. Danke dir, super!«

*

Während er eine Tablette aus der Verpackung fummelte, überquerte er die Straße. Er betrat das Kaffeehaus, suchte nach seiner Verlobten und ihrem Bruder, begrüßte beide, griff nach dem Glas Wasser, das seine Verlobte zu ihrer Melange serviert bekommen hatte, und schluckte seine Tablette.

»Wir haben zehn Minuten!«

»Geh bitte, wieso denn?«

»Ich muss noch ins Büro.«

»Wir wollen die Hochzeit besprechen.«

»Tun wir auch. Wir legen gemeinsam in einem ersten kurzen, aber effizienten Gespräch die Parameter fest. Danach kann jeder für sich weiterarbeiten und spätestens in …« Er spürte die fassungslosen Blicke und brach ab. Ohne Powerpoint fehlte es den hundertfach bewährten Sätzen eklatant an Überzeugungskraft. Um irgendetwas zu tun, bestellte er noch rasch einen Espresso, den er nicht mehr trinken konnte, da er nicht zeitgleich mit der Bestellung serviert wurde. Entschlossen drückte er seiner Verlobten einen Kuss auf die Stirn, verabschiedete sich unsicher von seinem künftigen Schwager, nicht ohne sich für das gezeigte Verständnis zu bedanken und darauf hinzuweisen, dass es sein Beruf sei, der ihnen die jährlichen Reisen in die Südsee und ein Haus mit Garten am Land ermögliche, ganz zu schweigen von dem neuen 3D-Fernseher, der zwar zugegeben aus reinem Zeitmangel noch nicht ausgepackt …

Wenn es auch bereits etwas bemüht wirkte, bot er seiner

Verlobten zu guter Letzt an, die Mountainbike-Tour mit seinem besten Freund um einen Tag zu kürzen, am Sonntagabend also die Hochzeitsbesprechung en détail durchzuführen. Überhaupt wäre es doch nett, gemeinsam zu kochen und alles in Ruhe zu besprechen.

Kaum aus der Parklücke raus, rief er seinen besten Freund an. Hinter einem dieser ärgerlichen Wiener Fiaker herzuckelnd ging es wirklich nur mühsam voran.

»Hast jetzt schon dein Mountainbike?«

»Nein, morgen. Hör zu: Wir fahren nicht Samstag Früh, wir fahren schon Freitag in der Nacht. Dann haben wir den ganzen Samstag und ich bin Sonntagnachmittag wieder in Wien.«

»Wir brauchen fünf Stunden nach Tirol!«

»Das schaff ma schon!«

»Ist ein bisserl stressig …«

»Das ist nicht stressig, das ist effektiv. Auch die Freizeit muss optimiert werden, sonst macht's ja keinen Spaß!«

»Vielleicht bleib ich halt länger.«

»Wir sind ja nicht kürzer dort – wir verschieben es nur nach vor. Ich muss spätestens um sieben in Wien sein. Wir kochen gemeinsam mit dem Schwager und besprechen die Hochzeit. Das heißt, wir können bis eins, halb zwei am Berg sein und radeln. Dafür sind wir ja, wenn wir in der Nacht fahren, schon am Samstag in der Früh dort.«

»Dann schlafen wir ja nicht!«

»Wir wechseln uns ab. Mehr als vier Stunden Schlaf brauch ich ohnehin nicht.«

»Naja, wenn du meinst. Dann fährst aber du durch, ich brauch mindestens acht Stunden Schlaf.«

»Wenn ich acht Stunden schlafe, bin ich tot. Wir fahren

um zehn weg, kommen um drei Uhr früh an, schlafen bis acht und radeln los.«

Er musste seinem Impuls, den Fiaker anzuhupen, widerstehen.

»Gut, ich freu mich. Vielleicht nehm ich die Ingrid mit. Die könnte auch fahren.«

»Wer ist Ingrid?«

»Die Harnröhrenentzündung.«

Reinhard Waldemar bekam unvermittelt einen Schweißausbruch und sein Herz klopfte schneller. Leichte Angst wie in der Toilette beim Juwelier, kroch in ihm hoch. Er hupte den Fiaker an. Ganz kurz. Weder der Kutscher noch die Pferde reagierten.

»Ich schleich hinter einem Scheißdreck-Fiaker her ...«

»Ja, furchtbar. Sie ist verheiratet und der Gatte ist übers Wochenende mit den Kindern im Disneyland in Frankreich.«

»Wieso fährt sie da nicht mit?«

»Wegen der Harnröhrenentzündung.«

»Blödsinn.«

»Nein – sie hat wirklich eine Harnröhrenentzündung. Einer von uns beiden hat den anderen angesteckt. Aber es ist schon wieder am Abklingen.«

Die Angst kam näher, wurde größer, größer als beim Juwelier.

»Aber nicht, dass ihr die ganze Zeit im Hotel bleibt – wir wollen biken!«

Schweißperlen fanden ihren Weg seine Schläfen hinab.

»Nein, nein – klar!«

Sie beendeten das Gespräch. Ein Gefühl wie auf einer wackeligen Leiter beschlich Reinhard Waldemar. Ihm wurde schwindlig. Der Innenraum des Autos schien kleiner zu werden.

Der Fiaker hielt an. Beinahe wäre er aufgefahren. Irgendetwas war passiert. Passanten liefen zusammen, starrten auf den Boden vor dem Fiaker. Die Angst war weg. Er wischte sich den Schweiß ab und stieg aus. Ein Pferd lag reglos auf den Pflastersteinen. Die Passanten wurden immer mehr. Autos hupten. Der Kutscher schrie in sein Handy. Reinhard Waldemar ging in die Knie und suchte vergeblich am Hals des Pferdes nach dem Puls. Es war augenscheinlich tot. Er streichelte den Kopf des Rappen und fing an zu weinen. In seiner Kindheit hatte er sich nichts sehnlicher gewünscht als ein Pferd. Sein Vater hatte immer gemeint, seine Noten seien nicht danach.

*

Jetzt, drei Tage später, war er der Gaul. Er lag auf der Bahre, die soeben von den Sanitätern über den Gehsteig in die Notaufnahme des Spitals geschoben wurde.

»Dieser Scheißdurchfall«, rief er. »Ich habe Durchfall, ich muss auf die Toilette!«

Ein Sanitäter versuchte ihn zu beruhigen, obwohl er selber eine gewisse Unruhe nicht verbergen konnte. Er machte sich Sorgen um den Zustand seiner Bahre, die er auf jeden Fall wieder mitnehmen musste. Er werde sofort untersucht werden, er solle sich nicht … keine Sorgen machen.

»Ich habe seit Monaten Durchfall! Sie müssen mich aber nicht operieren, es ist sicher nur psychosomatisch! Hören Sie? Ich will auf gar keinen Fall operiert werden! Ich muss morgen nach Tirol zum Mountainbiken!«

Reinhard Waldemar musste nicht operiert werden. Vier Stunden später lag er in seinem Krankenzimmer und rief mittels iPhone E-Mails ab. Es war halb drei und man hatte bereits alle Untersuchungen an ihm vorgenommen, um sicherzugehen, dass nichts Akutes in Sachen Herz, Lunge oder Gehirn vorlag. Zwei berufliche, ein privates und sieben Spams. Die Sekretärin seines Chefs teilte ihm mit, dass die Fortsetzung seiner Präsentation auf Montag verschoben worden war. Seine Verlobte war auf dem Weg ins Spital. Er hatte vor den Untersuchungen nicht daran gedacht, sie zu verständigen und in die Behandlungszimmer hatte er sein Handy nicht mitnehmen dürfen. Er öffnete den Internetbrowser und googelte »Burnout«. Einfach so. Nicht, dass er darunter litt. Er hatte davon gehört, er wollte wissen, was die Symptome dafür seien. Zwei Klicks und er konnte auf Wikipedia lesen: ***Burnout-Syndrom*** *((to) burn out: »ausbrennen«) bzw.* ***Ausgebranntsein*** *ist ein Zustand ausgesprochener Erschöpfung mit reduzierter Leistungsfähigkeit, der als Endzustand einer Entwicklungslinie bezeichnet werden kann, die mit idealistischer Begeisterung beginnt und über frustrierende Erlebnisse zu Desillusion und Apathie, psychosomatischen Erkrankungen und Depression oder Aggressivität und einer erhöhten Suchtgefährdung führt.*

Sicher, er würde in Zukunft an manche Dinge etwas bewusster herangehen müssen, aber ein Burnout ließe sich doch leicht vermeiden.

Der »Walkürenritt« ertönte, der Klingelton seines Chefs.

»Hi! Lebst du noch, Alter?«

»Ja. Grad noch!«

»Was ist los?«

»Keine Ahnung, wir warten noch auf die Befunde – müssten gleich da sein.«

»Hoffentlich war es kein Herzinfarkt oder so ...«

»Herzinfarkt haben sie schon ausgeschlossen. Sie schauen jetzt, was im Hirn los ist.«

»Alter Schwede! Ein Wahnsinn! Gut, aber da haben sie bei dir nicht so viel zu tun. Ruf mich an, wenn du die Ergebnisse hast!«

»Ja, danke! Ich meld mich.«

Reinhard Waldemar besah sich die Schläuche seiner Infusion. Er ärgerte sich über das Wort psychosomatisch im Wikipedia-Eintrag. Unwissenschaftlich. Nichts ist psychosomatisch, dachte er, alles ist somatisch.

»Der Körper ist eine biologische Maschine. Ein Auto sozusagen, das nicht aus Plastik und Metall, sondern aus Kohlenwasserstoff besteht. Eine perfekte Maschine, vom Gehirn gesteuert«, hatte er seiner Verlobten vor einigen Monaten in einem nächtlichen Gespräch in einer Bar zu erklären versucht. Zwei Stunden nach dem Heiratsantrag:

»Und was ist mit der Liebe?«

Er griff zu den Erdnüssen und stopfte sich eine Handvoll in den Mund.

»Was soll damit sein?«

»Wenn der Körper eine Maschine ist – wie erklärst du dir dann die Liebe?«

»Ein chemischer Vorgang. Irgendwelche Hormone kommen aus meiner Vorderhirndrüse, oder wie die heißt, schießen in meinen Blutkreislauf, der befördert sie wieder ins Hirn, an die Stelle, wo die Emotionen entstehen und – ›ich liebe dich‹.«

»Du liebst mich also aufgrund eines chemischen Vorgangs?«

»Ja. So ist das Leben. Das ist Wissenschaft, das ist so.

Alles nachgewiesen. Gefühle sind biochemische Prozesse in unserem Gehirn.«

»Und warum machst du mir dann einen Heiratsantrag?«

»Weil ich dich liebe, weil ich mit dir alt werden möchte.«

Seine Verlobte lächelte und brachte ihren üblichen Witz an, wenn Reinhard Waldemar davon sprach, mit ihr alt werden zu wollen: »Du bist schon alt, du kannst mit mir nur noch älter werden.«

»Jetzt komm! So groß ist der Unterschied nicht.«

»Lass dich nicht von mir verarschen!« Sie streichelte ihm über die Wange und wollte die Unterhaltung auf eine andere Ebene bringen: »Spürst du die Hormone?«

»Das ist natürlich auch wissenschaftlich leicht zu erklären.«

»Was?«

Sie näherte sich seinem Gesicht und gab ihm einen Kuss.

»Warum wir heiraten.«

»Wie?«

»Schau: Nachdem wir jetzt drei Jahre zusammen sind, kommt es zu einer Oxytocinausschüttung.«

»Aha.« Die Hormongeschichten begannen sie zu langweilen.

»Das ist ein Hormon, das bewirkt, dass wir uns an jemanden binden wollen. Das Heimelig-kuschelig-ich-möchte-gern-ein-Nesterl-Hormon!«

»Hormone sind nicht alles.«

»Oh ja, alles. Das gesamte menschliche Verhalten wird von Hormonen gesteuert.«

»Das ist ein Blödsinn.«

*

Dr. Andreas Baumgartner, dreiundvierzig, verheiratet, keine Kinder, Internist, passionierter Mountainbiker, Inhaber eines Segelscheins, J. S. Bach-Liebhaber und Kettenraucher, betrat das Krankenzimmer und kam schnellen Schrittes auf Reinhard Waldemar zu. Er blätterte in einer Mappe, begrüßte ihn, setzte sich an die Bettkante und sagte: »Ihre Werte sind beneidenswert. Sie sind kerngesund. Sie haben nichts.«

Stille.

Reinhard Waldemar bekam einen Schweißausbruch.

Seit der letzten Untersuchung, einer Gehirntomografie, hatte er sich wiederholt den Moment vorgestellt, in dem ihm mitgeteilt wird, dass er an einem schweren Tumor leidet und nur noch zwei Jahre zu leben hat. Er hatte vor Augen, wie er auf die Nachricht seines nahen Todes reagieren und wie er sein Leben vollkommen ändern würde. Er dachte an eine Weltreise, an einen Garten, in dem er Blumen züchteten würde, an eine einsame Insel und an einen ausgedehnten Bordellbesuch. Ihm war nicht klar, überwog die Angst oder bargen diese Phantasien nicht auch eine gewisse Erleichterung? Warum geriet er nicht in Panik beim Gedanken an den Gehirntumor? Ihm schien fast, als stellte sich eine Art Beruhigung ein. Hatte er sich schon aufgegeben? Hatte er schon vor der Diagnose mit seinem Leben abgeschlossen oder war das bloß eine kokette Aussteigerphantasie, die sich bei ihm auf keinem anderen Weg zeigen konnte? Am einfachsten und somit schlüssigsten schien ihm wieder einmal die Hormontheorie – wobei er die Drüse, die beim Gedanken an einen Gehirntumor Wohlfühlhormone produziert, doch gerne etwas näher kennengelernt hätte.

»Ihr Herz ist gesund, Ihr Gehirn funktioniert einwandfrei, Ihre Lunge ist in einem sehr guten Zustand.«

Diese Nachricht versetzte ihn in Panik. Er sah die Hüpfburg wieder vor sich, mit der Leiter, auf der er schon sein ganzes Leben lang balancierte.

»Aber irgendwas muss ich ja haben«, war er fast ungehalten.

»Sie sind sehr erschöpft. Sie sollten sich erholen.«

Ihm war alles ein Rätsel.

»Ich bin am Wochenende in Tirol mountainbiken«, sagte er zum Arzt.

»Sehr schön. Wo denn?«

»Imst.«

»Welche Route?«

»Almweg Niederthai. Mittelschwere Route. Ich bin noch Anfänger.«

»Vielleicht verschieben Sie das und erholen sich übers Wochenende«, meinte der Arzt und dachte an den letzten Mountainbike-Ausflug mit seinen Freunden, ebenfalls in Tirol.

»Mountainbiken ist sehr stressig für den Körper. Gehen Sie ein bisschen spazieren und legen Sie sich dann zu einem Nachmittagsschläfchen auf die Couch.«

»Und ich bin wirklich ganz gesund?«

»Ja. Somatisch haben wir nichts gefunden. Sie hatten einen Kreislaufzusammenbruch. Ich denke, das Ganze ist psychisch.«

»Aha.«

Eine Schwester betrat das Zimmer und wandte sich flüsternd an Dr. Baumgartner. Er müsse in wenigen Minuten im OP4 anwesend sein und solle nicht vergessen, dass er vorher noch seine Frau zurückrufen wollte. Sie verließ das Zimmer, ohne Reinhard Waldemar auch nur eines Blickes gewürdigt zu haben. Der hatte die Zeit genutzt, um auf seinem Handy herumzuhacken: »bin eh xund. hab nichts somatisches. nur was psychisches. melde mich gleich. LIEBE DICH! dein zukünftiger mann.«

»Ich hasse dieses Modewort, aber es sieht ganz so aus, als hätten Sie ein Burnout-Syndrom. Also eine Erschöpfungsdepression.«

»Aha. Na gut. Das heißt, ich kann nach Hause gehen?«

»Ja. Aber erholen Sie sich. Arbeiten Sie weniger. Versuchen Sie, ein Hobby zu finden.«

»Mountainbiker! Ich bin Mountainbiker.«

»Vielleicht ein bisserl was Ruhigeres. Ich weiß wovon ich rede, ich bin auch Mountainbiker.«

»Echt?«

»Ja. Ich bin ziemlich gut«, sagte Dr. Baumgartner mit einem stolzen Lächeln. »Wir sind eine Gruppe von Ärzten, alle über vierzig und in der Lebenskrise.«

Er zwinkerte Reinhard Waldemar zu, um seinen Witz zu unterstreichen:

»Tirol ist großartig zum Radeln.«

»Waren Sie auch in Tirol?«

»Ja, vor zwei Wochen. War ziemlich stressig, weil ich direkt aus Paris von einem Kongress gekommen bin und am selben Tag noch Nachtdienst hatte. Aber supercool, hat sich ausgezahlt.«

»Wo?«

»Reutte.«

»Welche Route?«

»Dürrebergalpe. Höchster Schwierigkeitsgrad. Ich bin Profi.«

»Wow. Gratuliere.«

»Danke. Aber das ist jetzt nichts für Sie. Sie müssen sich ein bisserl Ruhe gönnen, gell!«

Dr. Baumgartner wünschte ihm alles Gute und rauschte ab in den OP.

Reinhard Waldemar rief seinen Chef an.

»Hallo.«

»Und?«

»Nichts. Ich bin kerngesund!«

»Gott sei Dank! Ich hab schon deine Grabrede geübt.«

Beide lachten, einer gequält.

»Sie sagen, ich hab ein Burnout. Ich soll mich erholen.«

»Aha.«

»Ich fahr jetzt nach Hause, erhole mich zwanzig oder fünfundzwanzig Minuten und bin dann wieder im Büro.«

»Ja. Super. Glaubst, reicht das?«

»Fürs Erste sicher, es ist ja nicht somatisch, nur psychisch.«

Er setzte sich in ein Taxi. Die Infusionen hatten ihre Wirkung getan. Er fühlte sich stark. Stark ist vielleicht übertrieben, sagen wir: stärker. Sagen wir: Er fühlte sich stärker als vor dem Zusammenbruch. Nicht um vieles, aber doch. Trotz allem war er erleichtert, dem Tod von der Schaufel gesprungen und ohne Gehirntumor davongekommen zu sein. Ruhe, Erholung, das war es, was er jetzt brauchte. Es war mittlerweile halb vier. Er würde sich zu Hause ein wenig hinlegen und dann noch einen Sprung ins Büro schauen, wie ausgemacht. Das wird schon werden. Er dachte an das Pferd. War es vielleicht doch davongekommen? Er verspürte den Wunsch, sich um dieses Pferd zu kümmern. Es auf seiner Koppel zu besuchen. Täglich mit ihm über Wiesen zu gehen. Irgendwie wollte er mit dem Tier reden. Er wollte es fragen, ob es ein glückliches Leben geführt hat. Er wollte mit diesem Pferd befreundet sein. Da fing er an zu weinen.

»Das sind nur die Hormone«, sagte er seiner Verlobten. »Was mach ich mit einem Pferd? Weißt du, das ist nur der Stress – die Hochzeit, die Präsentation. Ich brauch ein bisschen Ruhe und das wird schon wieder.«

Sie standen in der Küche und bereiteten alles für das gemeinsame Kocherlebnis mit dem Hochzeitsplaner vor.

*

Er war am späten Nachmittag dann doch nicht zuerst nach Hause gefahren, sondern gleich ins Büro, wo er mit seinem Chef einen doppelten Espresso getrunken und man sich kurz über das Leben im Allgemeinen ergangen hatte. Der Chef meinte, alle in der Firma hätten vollstes Verständnis für seine Situation und wenn es für ihn wichtig wäre, könne er sich eine Woche freinehmen. Er lehnte das Angebot dankend ab, nicht ohne darauf hinzuweisen, dass er in sechs Wochen ohnehin für zwei Wochen auf Hochzeitsreise nach Australien fliegen würde. Das kurze Zusammenzucken seines Chefs war ehrlich. Konnte ihm sein Mitarbeiter das wirklich antun?

*

Am Sonntagabend stand Reinhard Waldemar vor seinem Laptop, den er am Küchentisch aufgestellt hatte und googelte nach dem Rezept für den exquisiten Büffelmozzarella-Salat mit Granatapfelkernen und Himbeeressig, das seine Verlobte vor einigen Tagen – »ich weiß nicht mehr, wo« – entdeckt hatte.

»Ich hab den Himbeeressig gestern noch extra besorgt«,

sagte sie, während der Büffelmozzarella nass aus seiner Verpackung in eine kleine Schüssel fiel.

»Weißt du nicht mehr, in welcher Zeitung das war?«

»Mit so einem blauen Cover. Meer und Fische und ein Boot, ein rotes, glaub ich.«

»Das kann man nicht in Google eingeben. Meer und Fisch und rotes Boot. Etwas mehr Mitarbeit!«, forderte er gereizt.

»Dann gib halt ›Mozzarella und Granatapfelkerne‹ ein.«

»Was glaubst du, mach ich gerade?«

Man kam langsam in Stimmung.

»Da auf ›www.frag-mutti.de‹ gibt's eines. ›Granatapfelkerne auf Feldsalat mit Mozzarellastückchen und Dillvinaigrette‹.«

»Nein. Ich brauche das mit Himbeeressig. Wir haben keine Dillvinaigrette!«

»Wozu braucht man eigentlich ein Rezept für einen Salat?«

»Ich möchte gern wissen, wie man den macht.«

»Ja! Aber einen Salat?«

»Da ist noch irgendwas dabei, das ich vergessen hab.«

»Wir haben Salat, Mozzarella, Granatapfelkerne, Himbeeressig. Wir schütten einfach alles zusammen, rühren um und fertig ist der Salat.«

»Ich möchte aber gern wissen, was man in den Essig noch hineintut – irgendwas kommt noch in den Essig. Kannst du das jetzt, bitte, herausfinden!?«

Während er sich das anhörte, klickte er schnell das spiegel.de-Lesezeichen an und überflog die Nachrichten: Den AKW-Mitarbeitern in Fukushima fehlten Messgeräte.

Das Meer war atomverseucht. In Afghanistan köpften Demonstranten UN-Mitarbeiter.

Er klickte den Internetbrowser weg und rief seine E-Mails ab.

»Ich suche glei-eich!«

»Musst du dauernd E-Mails abrufen?« Seine Verlobte blickte ihm über die Schulter. Ihr war aufgefallen, dass er seit längerem alle drei bis vier Minuten klickte. Als Erstes nach dem Aufwachen, als Letztes vor dem Einschlafen.

»Reicht das nicht, wenn du die im Büro abrufst?«

»Lass mich, bitte!«, schrie er sie an. Seine Stimme überschlug sich.

»Ich frag ja nur. Beruhige dich doch!«

Reinhard Waldemar beruhigte sich nicht. Er schrie weiter: »Ich weiß nicht einmal wonach ich googeln soll, weil du dir nicht merken kannst, wie diese Arschlochzeitschrift heißt. Ein Salat! Du brauchst ein Rezept für einen Salat? Wie deppert muss man eigentlich sein, wenn man für einen Salat ein Rezept braucht? Bist du behindert? Geistig? Schwach in der Birne, zu blöd, um einen Salat zu machen, ha?«

Seine Verlobte sah ihm still zu. Zuerst nahm er den Salat aus dem Sieb der Abwasch und warf ihn aus dem Fenster, dann zerschlug er die Flasche Himbeeressig am Küchenboden und trommelte mit seiner Faust so lange auf den Granatapfel ein, bis er zur Gänze Matsch war. Die Kerne und der dunkelrote, schwer zu reinigende Saft spritzten in alle Richtungen, unter anderem auf die Bluse und den Rock seiner Verlobten. Dann nahm er die Salatschüssel und warf sie gegen den Kühlschrank. Sie zersplitterte und verletzte seine Verlobte zwei Zentimeter oberhalb ihrer linken Augenbraue, obwohl sie sich bereits zur Seite gebeugt und ihren rechten Ellenbogen schützend vor ihr Gesicht gehalten hatte.

»Da!« Er war immer noch sehr laut. »So macht man den

Scheißdreck – den Schickimicki-Jamie-Oliver-Ficksalat!« Er stürmte aus der Küche in seinen kleinen Arbeitsraum neben dem Schlafzimmer, setzte sich an den Schreibtisch und schaltete, schwer atmend, zitternd und mit weichen Knien, seinen Computer ein. Seine Verlobte stand reglos in der Küche, immer noch in Schutzhaltung und sagte leise: »Genau. Das Rezept ist von Jamie Oliver.«

Dann hörte sie ihn aus seinem Arbeitszimmer schreien: »Ich scheiß doch auf deinen Bruder! Was soll ich da jetzt deppert kochen? Der soll sich Gedanken machen, wie er unsere Hochzeit organisiert. Muss er was essen dazu? Kann er nicht nachdenken, wenn er keinen Granatapfelsalat bekommt? Wenn er Hunger hat, soll er sich eine Pizza mitnehmen, der Vollidiot! Ich habe keine Zeit zum Kochen. Ich habe erstens morgen meine Präsentation und zweitens bin ich müde, weil ich noch vor fünf Stunden in Tirol auf dem Mountainbike gesessen bin! Ja, auch ich habe ein Recht auf Privatleben. Leckt mich alle am Arsch!«

*

Eine Stunde später stand die Hochzeit auf dem Spiel. Sie waren im AKH in der Notaufnahme. Reinhard Waldemar hing im Rollstuhl sitzend an einer Infusion. Seine Verlobte saß auf einer Bank neben ihm. Es war der zweite Zusammenbruch innerhalb weniger Tage. Sie hatte einen vierwöchigen Aufenthalt in einer Burnout-Klinik zur Bedingung für das zukünftige gemeinsame Leben gemacht.

»Es sind nur die Nerven«, sagte er leise. Er wirkte wie verkatert, als hätte er einen gehörigen Rausch gehabt.

»Bist du mir böse?« Es fiel ihm schwer, ihr in die Augen

zu sehen. Im Augenwinkel konnte er das Pflaster über ihrem Auge erkennen.

»Nein. Aber ich werde das nicht unterstützen. Du richtest dich zugrunde. Entweder gehst du in diese Klinik, oder wir lassen das mit der Hochzeit.«

Die Angst kam wieder. Nach zwei Tagen, in denen er sich stark gefühlt hatte, kam sie wieder. In Tirol hatte es den Anschein gehabt, es wäre nie etwas gewesen. Keine Angst, keine Erschöpfung. Der Berg, das Rad, der Schweiß, die Luft. Einmal in der Nacht hatte er das Gefühl gehabt, nicht atmen zu können. War doch etwas mit seiner Lunge? Nein, sie haben ja alles durchgecheckt. Auf der Fahrt zurück nach Wien konnte er schlafen, da sein Freund den Wagen lenkte. Zuhause hatte er sich darauf gefreut, mit seiner Verlobten gemeinsam zu kochen und die eigene Hochzeit zu planen. Er hatte sich fit gefühlt. Ein wenig müde vom Sport, aber fit. Dann der Salat! Der Salat mit dem Salat.

»Ich weiß auch nicht, warum mich der Salat so aufgeregt hat.« Er suchte nach Erklärungen.

»Der Salat war höchstens der Auslöser. Das Problem sitzt tiefer.«

»Tiefer? … Wo ist denn mein iPhone?!«

»Wozu brauchst du jetzt dein iPhone?«

»Ich möchte so eine Klinik googeln.«

»Das machen wir nachher. Gemeinsam.«

2 Die Burnout-Klinik war keine Burnout-Klinik, sondern ein Fünf-Sterne-Wellness-Hotel am Rande des kleinen Örtchens Oed in der Steiermark, in dem neben verschiedenen fernöstlichen Entspannungstechniken auch psycho-

logische Beratung für Burnout-Patienten angeboten wurde. Der Diplompsychologe und Lebensberater Peter Astl, fünfundvierzig, verheiratet, kinderlos, sexuell umtriebig und finanziell ruiniert, begrüßte Reinhard Waldemar in seinem modern, nach den Prinzipien von Feng Shui eingerichteten Behandlungszimmer. Ein leichter Chlorgeruch durchzog das gesamte Hotel, ausgehend vom alles dominierenden Thermenbereich. Er hatte sein Zimmer bereits bezogen und nun stand ihm das Erstgespräch mit seinem Therapeuten bevor. Drei Wochen sollte die Therapie dauern. Drei Wochen Entspannung und professionelle Hilfe. Er saß dem Therapeuten gegenüber, sah auf den offenen Kamin, in dem kein Feuer brannte, und bemerkte seine schweißnassen Hände. Nervös. Unsicher. Angespannt. In seinen Eingeweiden rumorte es. Er war, kurz bevor er sein Zimmer verlassen hatte, auf der Toilette gewesen und jetzt ging es schon wieder los. Der Therapeut sah ihm in die Augen.

»Wie geht es Ihnen?«

Reinhard Waldemar wusste nicht, was er darauf antworten sollte. Gar nichts. Er verspürte gar nichts, sein innerer Zustand war am besten mit dem Wort »leer« zu beschreiben. Falls dort je etwas gewesen sein sollte, drängelte es jetzt am Ende des Verdauungstraktes herum.

»Keine Ahnung. Sie sind der Fachmann, das müssen eigentlich Sie wissen.«

Der Therapeut lächelte und richtete sich betont langsam in seinem Sessel auf. Reinhard Waldemar lümmelte. Er war willenlos. Er hatte seiner künftigen Frau zuliebe eingewilligt, diese Therapie zu machen. Nicht dass er viel dagegen gehabt hätte oder gar sich weigern wollte. Er war weich. Streichfähig. Und war es nicht irgendwie auch Urlaub?

»Wir fangen mit einer schweren Übung an«, sagte der

Therapeut, »aber einer sehr wichtigen. Einer Übung, die am Anfang der Therapie steht, die sozusagen das Tor zur Heilung ist.«

Er rechnete mit der Höchststrafe: hundertmal »Mir geht's gut! Alle meine Zellen fühlen sich wohl! Ich bin glücklich!« singen zu müssen.

Es kam schlimmer.

»Haben Sie Ihr Handy und Ihren Laptop mitgebracht?«

»Ja.«

»Ich hätte gerne, dass Sie beides bei mir abgeben.«

Im ersten Moment wusste er nicht, wie er auf diese Provokation reagieren sollte, dann erwachte der Kampfgeist in ihm.

»Schauen Sie, ich weiß natürlich, dass es landläufig die Meinung gibt, die modernen Kommunikationsmittel würden den Menschen überfordern.« Jetzt richtete auch er sich in seinem Sessel auf. »Aber ich muss Ihnen sagen, dass ich diese Meinung nicht ganz teile. Ein mündiger, erwachsener Mensch kann vernünftig damit umgehen. Ich bin jederzeit dazu in der Lage, sowohl auf das Handy als auch auf meinen Internetanschluss zu verzichten, wenn ich es will. Auf die Dosis kommt es an. Hab ich recht?«

Der Therapeut lehnte sich jetzt bequem zurück und überschlug seine Beine.

»Erzählen Sie weiter.«

Reinhard Waldemar hatte nichts zu erzählen. Er wollte dem Therapeuten lediglich versichern, dass es in seinem Fall nicht notwendig wäre, Handy und Laptop einzukassieren. Er hatte bei der Anreise schon die Befürchtung gehabt, dass es zu so etwas kommen könnte. Er hatte am Beifahrersitz seine Mails gecheckt und auf seinen

Lieblingsseiten gesurft. Seine Verlobte hatte ihn hergebracht.

»Ob das ein gutes Zeichen ist, dass der Ort Oed heißt?«, hatte er gescherzt. Sie ließ diesen Scherz unkommentiert. Er hatte sieben Bücher und einige Zeitschriften mitgebracht.

»Du wirst keine Zeit zum Lesen haben. Du wirst schlafen und deine Therapien machen.«

Er konnte sich beim besten Willen nicht vorstellen, wie er auf diese Weise auch nur eine Woche überstehen sollte.

»Ich kann ja nicht nichts machen!«

»Behandlungen, schwimmen, essen, schlafen – und die Therapiestunden.«

»Das klingt ja nach Stress. Ob es nicht besser wäre, wenn ich nach Tirol fahre und ein bisserl mit dem Rad ...?«

Da war auch schon das Ortsschild von Oed in Sicht gewesen.

»Wenn es Ihnen so leicht fällt, jederzeit darauf zu verzichten, was spricht dann dagegen, beides bei mir abzugeben?«, fragte Peter Astl, nachdem Reinhard Waldemar längere Zeit nichts gesagt hatte.

»Nein, nein. Gar nichts!«

»Gut. Dann gehen Sie auf Ihr Zimmer, nehmen den Laptop und das Handy und kommen wieder hierher!«

»Ach so. Heute gleich, oder was?«

»Ja, ich warte solange.«

»Ja. Nein. Kein Problem.«

Ärgerlich, dass er nicht ein zweites Handy und einen zweiten Laptop mitgebracht hatte, wo er es doch geahnt hatte. Er stieg in der Lobby, in der ein Kaminfeuer brannte, in den

Lift. Wenigstens sagte ihm der Stil des Hotels zu. Modern. Dunkelbraunes Teakholz. Irgendwie asiatisch. Nicht zu esoterisch. Als sich im vierten Stock die Lifttür öffnete, stand ein Mann vor ihm, den er zu kennen glaubte. Das Gesicht hatte er schon einmal gesehen. Der Mann sah entsetzlich erschöpft und abgekämpft aus, hatte dunkle Ringe unter den Augen, murmelte »Guten Tag«, sah zu Boden, seufzte, drückte auf einen der Knöpfe, hob dann seinen schweren Kopf und erkannte Reinhard Waldemar. Während sich die Lifttür schloss, rief er durch den immer enger werdenden Spalt: »Hallo! Erinnern Sie sich?« Reinhard Waldemar hob seine rechte Hand zu einem fragenden »Hallo?«.

»Ich bin der Arzt, der Sie vorige Woche in der Notaufnahme ...« Da war die Tür bereits geschlossen.

Dr. Andreas Baumgartner hatte unmittelbar nach seinem Zusammentreffen mit Reinhard Waldemar im OP seinerseits einen Zusammenbruch erlitten. Man hatte ihn sofort untersucht. Herz gesund. Hirn gesund. Lunge in Ordnung. Sein Oberarzt hatte nicht lange gezögert und ihm einen Aufenthalt in Oed nahegelegt. Ob es dort denn hoffentlich nicht zu öd sein werde, hatte er noch gescherzt, bevor das Beruhigungsmittel, das ihm sein Assistenzarzt gespritzt hatte, zu wirken begann und er eingeschlafen war.

Reinhard Waldemar ging in sein Zimmer, schaltete seinen Laptop ein und googelte die Begriffe »Graz« und »Apple Händler«. Schnell war er auf der richtigen Homepage. Das iPad 2 war da. Er ärgerte sich, dass er sein iPad 1 zu Hause gelassen hatte. Er brachte diesem Gerät keine sonderliche Liebe entgegen, da er es für eine relativ sinnlose Erfindung hielt. Aber das 2er! Das war besser und hatte eine Kamera, vielleicht könnte er ja heimlich nach Graz fahren … Er sah auf »Google maps« nach, wie lange man von Oed nach Graz fährt. 43,6 Kilometer, neununddreißig Minuten, wusste er Sekunden später. Eventuell könnte er ja morgen … heimlich … zu dumm! Er war von seiner Verlobten hergebracht worden und hatte für die nächsten Wochen kein Auto. Auch so eine Schnapsidee!

Er klappte den Laptop zu, strich mit seinen Händen sanft über die silberne Oberfläche. Er liebte sein MacBook Pro. Es enthielt sein Leben. Seine Fotos, seine Arbeitsunterlagen, seine Musik! Seine gesamte CD-Sammlung war auf dem Rechner. Drei Wochen ohne Musik? Das kann nicht im Sinne der Therapie sein.

»Sie haben ein Radio im Zimmer«, sagte der Therapeut.

»Aber ich möchte doch gerne meine Musik hören. Sonst bin ich ziemlich unentspannt«, gab Reinhard Waldemar zu bedenken.

»Das ist Teil der Therapie.«

»Was? Dass ich unentspannt bin?«

»Nein. Wir haben für unsere Burnout-Patienten einen eigenen Radiosender im Haus.« Peter Astl nahm Reinhard Waldemars MacBook Pro und legte es mitsamt dem iPhone 4 in einen hässlichen, braunen Kasten, während er weiter ausführte: »Sender ist ein wenig übertrieben, aber wir haben Musik zusammengestellt, von der wir überzeugt sind, dass sie eine positive Wirkung auf unsere Patienten hat.«

»Aha.«

»Sie werden eine Zeitlang komplett von der Außenwelt abgeschirmt. Oder sagen wir besser: von den digitalen Bildern der Außenwelt. Sie können das Hotel natürlich jederzeit verlassen und in unserem Park oder im Wald spazieren gehen und die unmittelbare Umgebung erkunden, die wirkliche Wirklichkeit sozusagen.«

»Kann ich auch nach Graz fahren?«

»Wenn Sie wollen, natürlich – aber es ist nicht besonders sinnvoll.«

»Und Nachrichten? Zeitungen?«

»Nachrichten gibt es in unserem hauseigenen Radioprogramm.«

»Und Zeitungen?«

»Darf ich Ihnen etwas zeigen?«

Der Therapeut ging zu dem Couchtischchen, das zwischen den beiden Sesseln stand und nahm eine Zeitung, eine Sonntagsausgabe der »Presse«, zur Hand und gab sie Reinhard Waldemar. Er las die Schlagzeile und blickte den Therapeuten fragend an.

»Haben Sie diese Sonntagszeitung abonniert?«, begann Peter Astl seine Befragung.

»Ja. Finde ich großartig!«

»Haben Sie sonst noch irgendeine Sonntagszeitung abonniert?«

»Nein. Nur die ›Presse‹.«

»Haben Sie am Sonntag frei?«

»Ja, ich habe einen ganz normalen Job. Samstag, Sonntag sind frei.«

»Also ist der Sonntag der Tag in der Woche, der Ihnen gehört?«

»Nicht immer. Manchmal sind meine Kinder bei uns. Manchmal gehen wir brunchen oder ich gehe mountainbiken. Ich habe jetzt angefangen mountain … zu biken.«

»Und lesen Sie die Sonntagszeitung?«

»Ja, natürlich! Drum hab ich sie ja.«

»Wissen Sie, was in dieser Zeitung drinnen ist?«

»Artikel?«

»Information. Information, die Ihr Gehirn verarbeiten muss.«

»Ja, klar!«

»Wissen Sie, wie viel Information das ist?«

»Naja – ein paar Artikel.«

»In einer einzigen Sonntagszeitung ist genauso viel Information wie ein Mensch vor zweihundert Jahren in einem ganzen Jahr bekommen hat …«

Er machte eine kleine Pause.

»… und die sollen Sie an dem Tag, an dem Sie frei haben, verarbeiten.«

Wieder eine kleine Pause.

»Wenn Sie den Fernseher einschalten und eine Stunde lang durch alle Kanäle zappen, bekommen Sie so viel Information wie ein Mensch vor zweihundert Jahren in seinem ganzen Leben bekommen hat.«

Eine kleine Pause.

»Und wenn Sie den Internetbrowser öffnen, dann öffnen Sie das Tor zu so viel Information, wie alle Menschen, die von der Entstehung des Menschen bis zur Erfindung des Computers gelebt haben, jemals bekommen haben. Sie bekommen in einer Woche so viele E-Mails, wie ein Mensch vor zweihundert Jahren in seinem ganzen Leben Briefe bekommen hat. Sie wären zweihundertsiebzig Jahre beschäftigt, um alle Internetseiten, die Ihnen zur Verfügung stehen, ein einziges Mal aufzurufen, immer vorausgesetzt, Sie sitzen vierundzwanzig Stunden am Tag vor dem Bildschirm und verschwenden pro Seite nicht mehr als zwei Sekunden.«

Der Therapeut nahm ihm die Sonntagszeitung wieder ab.

»Darum denke ich, ist es ganz gut, wenn Sie eine Zeitlang auf Zeitungen, E-Mails und das Internet verzichten. Aber es ist kein Zwang. Ich gebe Ihnen Ihre Geräte jederzeit wieder, Sie brauchen nur danach zu verlangen.«

Am selben Abend saß Reinhard Waldemar ohne Laptop und Handy mit Dr. Andreas Baumgartner an einem Tisch im ebenfalls modern-asiatisch eingerichteten Speisesaal. Es gab ein fünfgängiges Menü und Salat vom Buffet. Dr. Baumgartner wirkte noch müder und abgekämpfter als bei ihrer ersten Begegnung. Auch er war ohne Laptop und Handy, hatte beides jedoch um einiges bereitwilliger abgegeben. Sie empfanden es als äußerst angenehm, dass dieses Hotel nicht ausschließlich von Burnout-Patienten frequentiert wurde. Man sah ältere Herrschaften, verliebte Pärchen und es schien, als wären die Herren am Tisch hinter ihnen Geschäftsleute. Das Menü war durch und sie saßen bei koffeinfreiem Kaffee und Rotwein. Zuerst ging das Gespräch nur stockend voran, dann hatte man ein Thema gefunden.

»Der Mensch hat keine Seele, aber er ist beseelt«, sagte Dr. Baumgartner.

»Wie können Sie als Internist so etwas behaupten?« Reinhard Waldemar kratzte sich rechts hinter dem Ohr. »Gerade Sie müssten doch wissen, dass der Mensch eine biologische Maschine ist. Hormone, Vitamine, Strom …«

»Alles Leben ist ein Rätsel, glauben Sie mir.«

»Sie klingen eher wie ein Alternativmediziner.«

»Natürlich ist eine Emotion ein chemischer Vorgang. Aber die Frage ist: Fühlen wir, weil eine biochemische Reaktion passiert, oder passiert eine biochemische Reaktion, weil wir fühlen?«

»Das ist eindeutig zu beantworten: Wir fühlen, weil eine chemische Reaktion stattfindet, weil ein Reiz ausgelöst wird.«

Reinhard Waldemar fühlte in seiner linken Hosentasche das iPhone vibrieren. Er griff danach, nur um festzustellen, dass es gar nicht da war.

»Was ist?«, fragte Dr. Baumgartner.

»Lustig. Jetzt hab ich geglaubt, mein Handy läutet. Das passiert mir in letzter Zeit öfter. Ich spüre es auf meinem Oberschenkel vibrieren, dabei liegt es am Tisch ... oder im Kastl bei unserem Therapeuten.«

»Phantom-Vibrieren!« Dr. Baumgartner lächelte und nahm einen letzten Schluck Rotwein.

»Ja. Arg.«

»Sehen Sie. Da löst Ihr Gehirn einen eindeutig mechanischen Reiz aus und Sie glauben, der Mensch hat keine Seele.«

»Der Astl hat gesagt, das ist auch ein Zeichen für das Burnout-Syndrom, dass man dauernd glaubt, es läutet das Handy.«

Dr. Baumgartner fühlte sich in Reinhard Waldemars Gegenwart sehr wohl. Er war ihm sympathisch, obwohl er ihn für etwas naiv hielt. Er überlegte, ob er Reinhard Waldemar sein Geheimnis anvertrauen könnte. Zwar hatte er den Entschluss gefasst, es niemals preiszugeben, aber irgendwie schien es ihm angebracht, Reinhard Waldemar einzuweihen. Nicht, um ihn zu beeindrucken, nein, beeindruckt hatte er ihn ja schon mit der Mountainbike-Strecke. Er wollte ihm helfen. Er war der festen Überzeugung, dass sein Geheimnis etwas zu Reinhard Waldemars Genesung beitragen könnte. Andererseits könnte die Enthüllung für Dr. Baumgartner sehr gefährlich werden. Drei Menschen waren bereits eingeweiht. Sie waren sozusagen seine Komplizen und deren Verschwiegenheit hatte ihn bereits einiges gekostet. Siebentausend Euro pro Mitwisser. Eigentlich eine Art Beteiligung an seinem »Projekt«, obwohl er selbst keinen Profit aus der Sache schlagen konnte. Zumindest keinen pekuniären. Es war, genau genommen, Betrug und deshalb entschloss er sich, mit der Enthüllung noch zu warten.

»Und was halten Sie von dem Therapeuten, dem Astl?«, fragte Reinhard Waldemar.

»Naja – der wird schon wissen, was er macht.«

»Keine Musik? Kein Radio? Keine Nachrichten? Ob das sinnvoll ist?«

»Ich muss Ihnen ehrlich sagen: Ich freu mich darauf. Wie ich im Internet gelesen habe, was die hier für eine Therapie anbieten … von dem Moment an hab ich mich darauf gefreut.«

»Wirklich?«

Dies kam Reinhard Waldemar seltsam vor. Wie kann man sich auf Medienentzug freuen?

»Die behandeln uns hier wie Süchtige«, sagte er vorwurfsvoll. »Was soll das eigentlich? Es muss doch irgendwelche Tabletten gegen das Burnout geben? Jetzt ehrlich? Das ist wieder typisch!« Er geriet ein wenig in Rage. »Wieso schieben die uns nicht einfach hinten drei Zapferl rein und weg ist das Burnout? Oder eine Spritze? Oder meinetwegen ein kleiner operativer Eingriff? Nichts Großes – eher so wie beim Zahnarzt.« Plötzlich war wieder ein wenig Angst da. Ganz klein lauerte sie in den Tiefen seiner Gedärme. »Und meinen Durchfall kriegt auch kein Arzt weg! Seit Monaten!«

»Sie müssen zu sich kommen«, sagte Dr. Baumgartner.

»Zu mir?«

»Ja.«

»Was mach ich bei mir? Da ist niemand zuhause.« Er

leerte sein Weinglas und erhob sich unvermittelt: »Sie entschuldigen mich« – und verschwand auf die Toilette.

Dr. Baumgartner sah sich im Speisesaal um, bewunderte die modern-asiatischen Lampen und fragte sich, ob seine Existenz auf dieser Welt irgendeinen Sinn hätte. Er fragte sich, was ihn von diesen Lampen unterschied. War es wirklich nichts anderes als Fortpflanzung und Stoffwechsel? War es bloß sein Bewusstsein? Die Lampe weiß nicht, dass sie eine Lampe ist. Er hingegen wusste, dass er ein Mensch ist. Mehr noch, er wusste, dass er eines Tages kein Mensch mehr sein würde. Sein Körper würde in einem Grab verfaulen und dieser Gedanke machte ihn unglücklich. Die Lampe hingegen konnte glücklich sein, nicht, weil sie gar nicht wusste, dass sie eine Lampe war, sondern weil sie keine Ahnung davon hatte, dass sie eines Tages keine Lampe mehr sein würde. Glücklich sein, so schien es ihm, könne man nur, wenn man keine Ahnung hat. Wenn man weder um seine Existenz noch um seinen Tod wüsste. Er verscheuchte diese Gedanken und versuchte an den Sex mit seiner Frau zu denken. Der einzige Weg zur Erlösung war der Sex. Auch diesen Gedanken verscheuchte er. Der Sex hatte in den letzten Jahren seine Heilkraft verloren. Wahrscheinlich blieb nur noch Gott. Der letzte Ausweg.

»Woran denken Sie? Sie schauen so zufrieden drein!« Reinhard Waldemar war zurückgekommen.

»Ans Sterben, wieso?«

Sie plauderten noch ein wenig und gingen dann auf ihre Zimmer. Bevor sie einander eine gute Nacht wünschten, sagte Reinhard Waldemar noch schnell: »Wir könnten morgen ganz früh nach Graz fahren. Das sind nur dreißig Minuten. Merkt kein Mensch. Zur Therapie um elf sind wir wieder zurück. Wir kaufen uns dort einen Computer mit externem Modem und Prepaid-SIM-Card. Den könnten wir uns teilen. Ha?« Er blickte erwartungsvoll in die traurigen und müden Augen von Dr. Baumgartner.

»Wozu?«

Reinhard Waldemar verstand nicht.

»Naja …«

Er musste einsehen, dass dieser Gedanke in Dr. Baumgartner nicht dieselbe Erregung auslöste wie in ihm. Wahrscheinlich fehlte ihm da ein Hormon.

»Nur so … war nur so eine Idee …«

»Gute Nacht!«

»Gute Nacht!«

Am nächsten Morgen erwachte Reinhard Waldemar wie gewohnt um sechs Uhr dreißig. Sein erster Impuls ließ ihn nach seinem iPhone greifen. Dann wollte er auf seinem Laptop die Nachrichten und E-Mails checken, was ebenfalls nicht möglich war. Dann wollte er wenigstens Musik hören. Dann ärgerte er sich über die ganze Therapie, über das Burnout, über sich selbst und hielt die ganze Sache für eine enorme Verschwendung von Zeit, die zu nichts weiter als einem enormen Verdienstausfall führen würde. Er war so weit, die Therapie noch vor der ersten Sitzung und den ersten ayurvedischen Behandlungen abzubrechen. Er duschte, packte seine Kleidung, die er am Vorabend fein säuberlich in den Kleiderkasten geräumt hatte, wieder in seinen Koffer und stand um Viertel nach sieben vor der Tür zu Peter Astls Behandlungszimmer. Es war niemand da. Er klopfte. Keine Antwort. Dann lief er zur Rezeption. Er verlangte nach Peter Astl. Dieser werde erst um zehn Uhr im Haus sein, teilte ihm Doreen, die zweiundzwanzigjährige Brünette, an der Rezeption mit.

»Hören Sie, der hat meinen Laptop und mein Handy. Ich muss da jetzt rein. Und ich muss leider auschecken. Dringender Notfall in der Familie. Meine Frau … Könnten Sie mir dann ein Taxi rufen?«

»Wie ist Ihr Name?«

»Reinhard Waldemar, Zimmer 434.«

Sie tippte in ihren Computer. Reinhard Waldemar verspürte den Drang, über die Theke zu springen, sie vom Computer wegzustoßen und seine E-Mails abzurufen.

»Herr Waldemar …«, sie kramte einen Briefumschlag aus einem Ablagefach hervor. »Hier ist ein Brief für Sie.«

Er war erstaunt. Wer hatte ihm einen Brief geschrieben? Ein Brief? Wer schreibt heute noch Briefe? Wieso hatte der Mensch ihm kein Mail geschickt? Wusste jemand, dass man ihn von der Außenwelt abschirmte? Er öffnete das Kuvert und nahm eine Grußkarte heraus.

Sehr geehrter Herr Waldemar!

Mir war klar, dass Sie noch vor der ersten Sitzung die Geduld verlieren würden. Deshalb diese kleine Notiz. Wenn Sie abbrechen wollen: Der Schlüssel zu meinem Büro ist an der Rezeption, man wird ihn Ihnen gerne aushändigen. Das braune Kastl ist immer offen.

Alles Liebe,

Peter Astl

Während er auf Zimmer 434 seine Kleidung wieder in den Kasten räumte, dachte er an seine Verlobte. Was hätte er ihr sagen sollen? Er wäre über Nacht geheilt worden? Eine Wunderheilung! Oed in der Steiermark, das Lourdes der Burnout-Geschädigten? Er verspürte eine Art von Dankbarkeit. Die kurze Notiz hatte seine Hochzeit gerettet.

Aus dem Radio erklang esoterisch-indische Meditationsmusik. Er sah auf die Uhr, es war sieben Uhr neunundfünfzig – vielleicht bringen sie ja jetzt die hausinternen Nachrichten, dachte er. Die wollte er noch abwarten, bevor er zum Frühstück ging. Er setzte sich auf die Bettkante und starrte das Radio an, das keines war, sondern ein als Radio getarnter Lautsprecher, wie man an den kleinen schwarzen Knöpfen erkennen konnte, die, wenn man auf ihnen herumdrückte, nichts auslösten.

Einen wunderschönen guten Morgen! Eine Frauenstimme. *Es ist acht Uhr. Hier sind die Nachrichten. Wien. In einem Hinterhof im siebenten Wiener Gemeindebezirk hat heute ein alter Kirschbaum zu blühen begonnen. Frau Ilse Klinger, eine Mieterin aus dem dritten Stock, teilte uns mit, wie schön es sei, wenn man beim Frühstück durchs Küchenfenster direkt auf die Blüten sehen kann. Graz. Die drei Monate alte Tochter einer zweiunddreißigjährigen Grazerin hat heute Nacht zum ersten Mal durchgeschlafen. Vater und Mutter sind voll Freude, endlich auch selbst wieder einmal ausgeschlafen zu sein. Tirol. Es kam zu keinen Lawinenabgängen. Steiermark. Es gab keinerlei Unfälle. Alle Menschen, die in ihren Autos zur Arbeit unterwegs waren, sind gesund an ihrem Arbeitsplatz angekommen. Salzburg. In der Innenstadt hat gestern Nacht ein dreiundzwanzigjähriger Mann seiner Lebensgefährtin bei einem romantischen Dinner einen Heiratsantrag gemacht, den diese mit Freudentränen in den Augen angenommen hat. Wir kommen ins Ausland. Eine englische Bank hat ihren Mitarbeitern heute zwei Stunden freigegeben, damit diese die ersten Sonnenstrahlen im Hyde Park genießen können. »Es ist wichtig, die Mitarbeiter zu motivieren, und jeder Mensch hat das Recht, die erste Sonne zu genießen«, so ein Sprecher der Personalabteilung. Irak. Ein kleiner Junge hat heute Morgen in Bagdad seiner Großmutter*

Blumen geschenkt. Nachdem sein Großvater bei einem Anschlag ums Leben gekommen war, meinte der Fünfjährige, es wäre jetzt seine Aufgabe, der Großmutter, die er für die schönste Frau des Orients halte, Komplimente zu machen. Und nun zum Wetter. Gegen Mittag wird eine wunderschöne, tiefdunkle Wolke über die Steiermark ziehen. Mit großer Wahrscheinlichkeit wird sie den Feldern, Wiesen und Wäldern lebensnotwendiges Wasser spenden.

Das waren die Nachrichten aus aller Welt. Wir melden uns wieder um neun Uhr dreißig mit einer Sondersendung zu den positiven Aspekten des Reaktorunfalls in Japan mit dem Titel »Eine atomfreie Zukunft«.

Dr. Baumgartner bekam von den Nachrichten nichts mit, weil er auf seinem Balkon, in eine Decke gehüllt, den dritten Satz des Cembalokonzerts in d-Moll, BWV 1052 von Johann Sebastian Bach hörte. Er hatte seinen iPod dabei und die weißen Stöpsel im Ohr. So wusste er nicht, wovon Reinhard Waldemar beim Frühstück sprach.

»So eine Scheiße! Wir sind doch nicht im Kindergarten.« Er schmierte etwas Butter auf die obere Hälfte seiner Semmel.

»Und die haben genau was gesagt?«, fragte Dr. Baumgartner nach.

»Weiß ich nicht. Nur belanglose Scheiße! Dass irgendwer einen Baum im Hof hat, dass keine Lawinen abgegangen sind, dass ein Kind seiner Oma Blumen bringt. Die verarschen uns da – nach Strich und Faden. Ich nehme an, Sie wissen, was drei Wochen hier kosten!«

»Oh ja!« Dr. Baumgartner schnitt eine Banane in sein Müsli.

»Und da sind die ganzen indischen Behandlungen noch nicht dabei. Ich zahl doch nicht tausende Euro, dass ich mir dann irgendeinen Blödsinn anhören muss. Wieso kann ich nicht einfach die Nachrichten hören – oder zumindest in der Zeitung blättern.« Er sah, dass andere Gäste sehr wohl in der Zeitung blätterten.

»Die haben kein Burnout, die dürfen das!« Er biss zornig in seine Buttersemmel.

»Mir ist das egal. Ich brauch keine Nachrichten. Ich hab Bach gehört.«

»Wo haben Sie Bach gehört?«

»Am iPod, wieso?«

»Ach ja. Mit dem kann man nicht ins Internet – den muss man nicht abgeben. Wie großzügig.«

Dr. Baumgartner goss grünen Tee in seine Tasse. Heute sah er schon etwas frischer aus, aber immer noch sehr erschöpft. Sein Geheimnis gab er nach wie vor nicht preis. Er wollte abwarten, wie sich die Beziehung zu seinem »Kumpanen« entwickeln würde. Auch war er nicht sicher, wie eine so unglaubliche Neuigkeit bei Reinhard Waldemar ankäme.

»Die berieseln uns mit positiven Nachrichten. Verstehen Sie. Damit machen sie genau das Gegenteil von dem, was da draußen passiert. Tagtäglich«, versuchte er zu beschwichtigen.

»Ja, sehr klug! Und wir kriegen nicht mit, was in der Welt passiert.«

»Ich muss mir das unbedingt anhören.« Dr. Baumgartner freute sich auf seine erste Nachrichtensendung.

»Was, wenn irgendetwas Wichtiges passiert und wir da herinnen erfahren es nicht?« Reinhard Waldemar war besorgt.

»Was könnte das sein?« Dr. Baumgartner schlürfte genüsslich seinen grünen Tee.

Reinhard Waldemar wurde müde. Sehr müde. Die zwei kleinen Espressi hatten anscheinend keine Wirkung. Man muss ihm irrtümlicherweise koffeinfreien Kaffee gegeben haben, dachte er.

»Was weiß ich, etwas Wichtiges eben. Nehmen wir das Schlimmste an: eine globale Klimakatastrophe. Wenn die Welt untergeht. Dann sitzen wir hier, hören im Radio, dass irgendein Bergbauer, der Durchfall hatte, wieder vernünftig scheißen kann, und kriegen nichts mit.« Er selbst wünschte sich nichts sehnlicher als endlich wieder vernünftigen Stuhlgang.

»Wovor haben Sie Angst?«, fragte Dr. Baumgartner, »dass die Welt untergeht und Sie zu Hause die Fenster offen gelassen haben?«

»Jetzt tun Sie nicht so … Sie wissen doch, was ich meine!«

»Nein. Weiß ich nicht. Ehrlich. Was ist eigentlich von so großer Bedeutung, dass wir es unbedingt wissen müssen? Was ändert sich denn in unserem Leben, wenn wir wissen, wie viele Menschen bei einem Tsunami umgekommen sind, oder wie viele tote Araber in Bagdad und Tripolis herumliegen? Welche Bedeutung hat ein Serienkiller in Tennessee für unser alltägliches Leben?«

Reinhard Waldemar wusste keine Antwort.

»Was haben wir davon, in der Zeitung ein langes Interview von irgendeinem Promi zu lesen, in dem er über seine Depression und Tablettensucht spricht?«

»Ja, wenn Sie nur den Chronikteil lesen, sind Sie selber schuld.«

»Wir schütten uns mit Tratsch zu. Das ist es nämlich: Tratsch. Das sind keine Nachrichten, das ist Tratsch über die Politik, über die Prominenten, über die Wirtschaft, über das

Elend in der Welt. Smalltalk. Wertloses Gelaber. Mehr wird uns nicht berichtet. Wir machen auf Partys nicht mehr Smalltalk übers Wetter, sondern über das Sterben. Schon wieder ein Anschlag da: so viele Tote. Schon wieder ein Amokläufer dort: so viele Tote. Wieder ein Erdbeben da: so viele Tote. Tote. Tote. Tote. Das sind unsere Gespräche. Kein Wunder, dass alle depressiv sind und Panikattacken bekommen.«

Das Gespräch kam durch Dr. Baumgartners Gefühlsausbruch ins Stocken. Seine Hasstirade auf die Medien war begleitet von heftigem Schnaufen und der mehrfachen Wiederholung asyntaktischer Laute und Interjektionen, wie »äh, äh, äh« oder »ah, ah, ah«. Wobei er »äh, äh, äh« immer bedächtig mit kleinen Pausen dazwischen von sich gab, »ah, ah, ah« hingegen stakkatoartig herausschoss. Dr. Baumgartner sprach nicht mehr, er wurde von etwas gesprochen, von einer tiefen Emotion. Jedenfalls schien es Reinhard Waldemar so und das machte ihm Angst. Wie kann man sich über die Nachrichten so aufregen? Was ist mit Dr. Baumgartner los? Sicherlich ging es ihm noch schlechter, war sein Zusammenbruch noch unerfreulicher und tiefergehender als der seine.

Reinhard Waldemar kaute an seiner Buttersemmel und sagte zuerst einmal nichts. Die Stille war unangenehm, sie enthüllte, dass man sich noch nicht so gut kannte und dabei war, eine gewisse Grenze zu überschreiten.

»Tut mir leid«, räusperte sich Dr. Baumgartner, »ich bin wohl etwas impulsiv geworden. Wollte Sie nicht belästigen mit meinen Problemen.«

»Nein, nein. Kein Problem. Gar nicht. Wirklich. Keine Sache. Macht mir gar nichts.« Das vielfache Beteuern verriet, dass es Reinhard Waldemar ganz im Gegenteil sehr beunruhigte.

Man hatte sich einen schönen ersten Therapietag gewunschen und war seiner Wege gegangen. Reinhard Waldemar war, in einen weißen Bademantel gehüllt, unterwegs in den Wellness-Bereich, wo ihn eine ayurvedische Massage erwartete, die ihm laut Hotelprospekt Entspannung und Vitalität versprach. Er ging in der Lobby an der Rezeption vorbei und suchte nach Doreen. Kein bestimmter Grund. Einfach so. Er fragte sich, wie alt sie sei und wie ihre Diensteinteilung aussah und dass sie wahrscheinlich keinen Nachtdienst hätte. Er war dienstlich viel unterwegs und da hatte er herausgefunden: Die hübsche Rezeptionistin hat nie Nachtdienst. Meistens ein älterer Herr, manchmal ein junger, fescher Schwuler – aber nie die hübsche Rezeptionistin. Eine unumstößliche Erkenntnis von globaler Tragweite. Dennoch fragte er sich, ob Doreens Eltern englischsprachig seien, oder ob sie den Namen nur cool und modern fanden und ob er das jemals in Erfahrung bringen würde.

Im modern-asiatisch eingerichteten Massageraum, in dem es nach irgendeinem ätherischen Öl roch, zog er seinen Bademantel aus, der ihm von der Masseuse, einer vierunddreißigjährigen Blondine mit dem Namen Jasmin, abgenommen wurde, legte sich auf den Massagetisch und wartete auf Entspannung und Vitalität. Jasmin schaltete leise indische Meditationsmusik ein und begann mit der Massage. Er schloss die Augen und dachte an seinen Kontostand und den kleinen Kredit, den er für die Hochzeitsreise aufgenommen hatte. Er wollte seiner Frau unbedingt einen First-Class-Flug nach Australien zur Hochzeit schenken und 9455 Euro lagen nicht einfach so im Wohnzimmer herum. Vielmehr: Sie standen im Wohnzimmer herum. In Form einer Designer-Couch, die er übers Internet in Italien bestellt hatte. »Sieben Leute finden auf ihr bequem Platz –

wenn Gäste kommen«, hatte er damals die Anschaffung gerechtfertigt, außerdem durfte er sich wohl für seine harte Arbeit belohnen, »oder etwa nicht?« Überhaupt waren teure Dinge das Einzige, was ihm noch Freude bereitete. Der 3D-Fernseher, der flachste und beste. Die Designer-Couch. Der First-Class-Flug. Er besaß auch eine Uhr um 1400 Euro. Er lebte gerne gut und dazu gehörte sein Reichtum, wenn er zum Teil auch nur geborgt war. Von der Bank und von seinem Vater, der ihm zur Verlobung einen Teil des Erbes auszahlte. Nicht viel, aber doch immerhin 47000 Euro. Ein ganzes Jahresgehalt. Netto, versteht sich.

»Wenn ich schon so viel arbeite, dann will ich auch was davon haben«, sagte er zu seiner Verlobten, als sie zum ersten Mal auf der Designer-Couch lümmelten.

»Ich finde das alles zu teuer. Viel zu teuer.«

»Gefällt dir die Couch nicht?«

»Nein. Eine Couch für neuntausend Euro! So schön kann die gar nicht sein!«

Er hatte sich einen schönen Abend mit wildem Sex auf der neuen Couch erhofft, stattdessen führten sie ein stundenlanges Gespräch über den Wert der gemeinsam verbrachten Zeit, der nicht mit Geld aufzuwiegen sei und darüber, dass er seine Abwesenheit in der Beziehung nicht mit Geschenken aufwiegen könne. Ein Gespräch, das wenige Wochen später zum Heiratsantrag führte. Sex hatten sie in dieser Nacht keinen. Er schlich sich gegen zwei Uhr morgens ins Badezimmer und legte selber Hand an. Das Vorspiel zur Abwechslung mit der Linken. Die fühlte sich in ihrer Unbeholfenheit wenigstens ein bisschen fremd an. Wenn man bedenkt, dass man sich selber unmöglich kitzeln kann, ist das hier doch ein sehr erfolgversprechendes Unternehmen, versuchte er sich aufzumuntern. Zunächst dachte er dabei an seine Verlobte. Er stellte sich die Dinge vor, die er gerne mit ihr machen würde, wenn er dazu den Mut hätte. Es waren keine abartigen oder perversen Dinge – keineswegs. Aber es waren Dinge, die man nicht einfach so machen konnte, vor allem, wenn man nicht wusste, wie die Partnerin darauf reagieren würde. Nicht dass der Sex langweilig wäre. Er war herkömmlich. Eben nicht besonders – einfach nicht auf dem Niveau, auf dem er sein könnte, wenn man sich ganz gehen ließe. Während er sich diese Dinge also vorstellte, dachte er gleichzeitig darüber nach, wie es möglich wäre, sie seiner Verlobten schmackhaft zu machen, was dazu führte, dass er plötzlich den Blutstau in den Oberarmen spürte und nirgends sonst. Ergebnislos ging er zurück ins Schlafzimmer und überlegte kurz, ob er seine Verlobte aufwecken sollte. Früher wäre es durchaus so gewesen. Am Anfang ihrer Beziehung war sie nicht abgeneigt gewesen, mitten in der Nacht, wie sie selbst sagte, »genommen« zu werden. Mittlerweile hatte sie ihn drei, vier Mal liebevoll, aber doch abgewiesen. Er nahm sein iPhone vom Nachttisch und schlüpfte heimlich wieder ins Bad. Er klickte sich durch ein paar Pages, bis er ein Filmchen gefunden hatte, das die Arbeit um vieles erleichterte und auf einen baldigen Abschluss hoffen ließ.

Während er seine 300.000.000 Spermien mit der Brause in den Wannenabfluss spülte, fragte er sich, ob es normal wäre, mit siebenundvierzig, verschämt wie zu Mutters Zeiten, heimlich im Bad zu onanieren?

Jasmin, die ayurvedische Masseuse, arbeitete sich an seinem Körper ab und er dachte an Doreen. An seinen Kredit für den First-Class-Flug. An Australien. Das Fünf-Sterne-Hotel in Melbourne. An seine Verlobte. An seinen Kontostand.

An die Fonds. An seine Kinder. Er schien sich zu entspannen. Die Gedanken flossen. Frei. Von einem Thema zum anderen. Er ließ locker, er ließ alles zu … Auch die Angst! Die hatte er ebenfalls zugelassen und Panik überfiel ihn. Angst! Da war sie wieder, an unvermuteter Stelle! Wie auf der Toilette beim Juwelier. Angst. Sein Herz klopfte wie wild. Anstelle von Vitalität und Entspannung hatte ihm seine erste Ayurveda-Massage Angst und Panik beschert.

Peter Astl lehnte, wie bei der ersten Sitzung, gemütlich in seinem Sessel. Reinhard Waldemar saß ihm, immer noch in seinen Bademantel gehüllt, gegenüber. Er hatte die Stunde vorverlegen lassen. Er wollte mit dem Therapeuten reden.

»Das Entspannen bringt nichts. Ich … ich werde nur nervös, wenn ich da liege. Ich muss Ihnen ganz ehrlich sagen, dass ich mich im Büro besser fühle als hier. Ich weiß nicht, warum, aber irgendwie hilft bei mir gar nichts mehr.«

Peter Astl stand auf und ging auf ihn zu.

»Ich werde Sie jetzt in Hypnose versetzen. Das ist eine ganz leichte Aufgabe. Sie konzentrieren sich auf Ihre Reise ins Ich. Horchen Sie in sich hinein! Gehen Sie in sich hinein! Bevor Sie das tun, schließen Sie die Augen …«

Er schloss seine Augen.

»… und los. Bevor Sie in sich gehen können, müssen Sie sich finden. Suchen Sie sich. Stellen Sie sich einen Ort vor, an dem Sie sein könnten. Wo beginnen Sie mit der Suche?«

Reinhard Waldemar steht auf einem Platz in einer Stadt, die er nicht kennt. Die Gebäude sind alt und verfallen. Es muss am Rand der Stadt sein. Kein Verkehr, keine Autos.

Ein Fabriksgelände vielleicht? Ja. Eine Lagerhalle. Das ist er. Er ist eine Lagerhalle. Soll er hineingehen? Er weiß nicht, ob er hineingehen soll. Die Lagerhalle sieht so vertraut aus. Er kennt sie aus seiner Kindheit. Sie sieht ihm ähnlich, sie fühlt sich nach ihm an. Er ist angekommen. Er hat sich gefunden. Er soll hineingehen. Irgendwer sagt ihm, er solle hineingehen. Er findet den Eingang. Er öffnet die Tür. Er betritt die Halle. Leer. Kein Licht, ganz wenig nur. Von oben. Schräg fällt ein Sonnenstrahl in die leere Lagerhalle. Die Tür fällt hinter ihm zu. Es ist dunkel. Nur der kleine Strahl. Die Halle ist leer. Komplett leer. Er ist leer. Komplett leer. Er geht vorsichtig ein paar Schritte. Versucht sich umzusehen. Er kann nichts erkennen. Alles liegt in einem grauen Dunkel. Der Sonnenstrahl wird schwächer. Offensichtlich haben sich Wolken vor die Sonne geschoben. Er kann es nicht glauben. Er ist in sich und da ist nichts. Nichts. Gar nichts. Er hört den Hall seiner Schritte. Das Knirschen des Steinbodens unter seinen Schuhen. Die Halle ist leer, da ist nichts. Er beginnt schneller zu gehen. Er läuft. Er sucht nach etwas. Irgendetwas. Stolpert. Fällt fast zu Boden. Er ist über etwas gestolpert. Er dreht sich um und sieht zu Boden, an die Stelle, wo er etwas vermutet. Da liegt nichts. Nichts. Er bückt sich. Was ist das? Er fährt mit seiner Hand über den Boden. Der Boden ist nass und kalt. Schmutzig. Seine Hand greift etwas. Er nimmt es in die Hand und betrachtet es. Es ist etwas. Er kann nicht erkennen, was es ist. Es hat eine bestimmte Form, die er nicht beschreiben kann. Es hat eine bestimmte Konsistenz, für die es kein Wort gibt. Es ist etwas. Es ist nichts Konkretes, aber trotzdem ist es etwas. Er ärgert sich. Wut steigt in ihm hoch. Wie kann er über etwas stolpern, das er nicht beschreiben kann! Er hat keinen Bezug zu diesem Ding. Es ließ ihn stolpern und er hat keinen

Bezug dazu? Was ist es, was? Er behält es in seiner Hand und beginnt zu laufen. Durch die Halle. Es scheint, als wäre die Halle größer, als sie auf den ersten Blick wirkte. Sie ist größer. Viel größer. Länger. Sie wird immer länger. Er läuft weiter. Ändert mehrere Male die Richtung. Die Tage vergehen und er läuft. Er läuft drei Tage. Nichts. Nichts, gar nichts. Das Ding ist immer noch in seiner Hand. Er sieht es wieder an. Drei Tage läuft er schon mit diesem Etwas durch die Halle und kann noch immer nicht erkennen, was es ist. Obwohl er es deutlich vor sich sieht. Er kennt die Farbe nicht. Es hat eine Farbe, die er nicht erkennt. Er riecht daran. Es duftet. Angenehm. Aber es gibt keine Beschreibung für diesen Duft. Er beginnt es zu hassen. Er sieht es und weiß nicht, was es ist. Er läuft in eine Ecke der Halle und kauert sich auf den Boden. Er fühlt nichts, außer dieses Etwas in seiner Hand. Er steht wieder auf und geht zu einem Fernseher. Ein Flachbildschirm, 3D, so wie seiner zu Hause. Er schaltet ihn ein. Er zappt durch alle Programme. Er wartet, ob das Ding in irgendeinem Film oder einer Sendung vorkommt. Er sieht sich zwei Wochen lang jede Sendung an. Ununterbrochen. Er wird dabei nicht müde, er muss nicht schlafen. Er hat keinen Hunger. Keinerlei körperliche Bedürfnisse. Er zappt und starrt auf den Bildschirm. Er hat alle Zeit der Welt. Er sieht alle Nachrichten. Kinofilme. Service-Sendungen. Jede Werbung. Vielleicht kann man dieses Ding kaufen? Nichts. Nirgendwo kommt so ein Ding vor. Niemand anderer außer ihm scheint so ein Ding zu besitzen. Er blättert alle Zeitungen durch, monatelang. Er fotografiert es mit seinem Handy und stellt es ins Netz. Wartet auf Reaktionen. Nichts. Er hat fünf Jahre mit der Suche nach einer Antwort verbracht. Nichts. Das Ding ist immer noch in seiner Hand. Er weiß nicht, was es ist.

Peter Astl holte Reinhard Waldemar wieder aus der Hypnose zurück. Es wäre genug für die erste Sitzung. Wie er sich fühle?

»Gut. Ganz gut«, sagte er.

»Versuchen Sie, die nächsten Stunden nicht an dieses Ding zu denken. Vergessen Sie die ganze Sache für eine Weile und lassen Sie sie auf sich wirken.«

»Okay. Gut.«

Peter Astl stand auf und begleitete Reinhard Waldemar zur Tür: »Sehen wir uns heute Nachmittag?«

»Was ist da?«

»Um sechzehn Uhr gehen wir in den Wald und werden einen Baum umarmen.«

»Ja, gerne. Ich komm mit.«

»Sehr gut! Bis dann.«

»Bis dann!«

Reinhard Waldemar ging gemächlich Richtung Aufzug. Irgendwie war er ruhiger geworden. Er hatte bereits den Lift gerufen, da drehte er noch einmal um und klopfte an Astls Tür. Peter Astl reagierte nicht. Er klopfte noch einmal. Wieder keine Reaktion. Eigenartig. Der Lift befand sich keine vier Meter von der Tür entfernt. Es war unmöglich, unbemerkt vorbeizukommen. Astl musste also noch in seinem Zimmer sein. Außer es gab eine geheime Tapetentür. Dafür war das Gebäude allerdings zu jung. Geheime Tapetentüren, die sich in einen Gang öffnen, der dann zum Schlafgemach der Königin führt, sind aus der Mode, dachte Reinhard Waldemar, als er die Tür öffnete und sah, wie Peter Astl in seinem Behandlungszimmer, das sich im vierten Stock befand, bei geöffnetem Fenster auf dem Fensterbrett stand. Mit geschlossenen Augen. Es sah ganz so aus, als wäre er in eine Meditation vertieft, die Arme seitlich ausgestreckt, sodass sie ihm Halt gegeben hätten, wäre er aus dem Gleichgewicht geraten und nach draußen gekippt.

»Entschuldigen Sie … Ich wollte Sie nicht …«

»Nein, nein. Passt schon … ich … äh …«, Peter Astl schien verlegen.

»Ich habe nur eine kleine Frage.«

»Ja.« Astl stieg vom Fenster und zog sich die Schuhe wieder an.

»Was glauben Sie, könnte dieses Ding sein, das ich da in der Lagerhalle gefunden habe?«

Ohne es wirklich zu registrieren, sah er, dass Peter Astl ein kleines, silbernes Kreuz in der linken Hand hielt.

»Es ist Ihre Aufgabe, draufzukommen was das ist.«

»Hat es mit meiner Kindheit zu tun?«

»Ich weiß es nicht. Das können nur Sie wissen. Wir werden das nächste Mal dort weitermachen … Wenn Sie mich jetzt vielleicht entschuldigen …«

»Ja klar. Wir sehen uns um vier.«

»Ja, sieht ganz so aus.«

Peter Astl stürmte aus dem Zimmer und ließ Reinhard Waldemar verwundert zurück. Doch nicht Peter Astls seltsames Verhalten beanspruchte seine ganze Aufmerksamkeit, sondern das rätselhafte Etwas, das er in sich gefunden hatte.

3

Seit einem Monat versuchte er, im Wochenrhythmus aus der Welt zu scheiden. Der erste Versuch war misslungen, weil er dummerweise vor der Einnahme des Tablettencocktails mit seiner vierzehnjährigen Nichte beim Italiener war. Die Göre wollte Pizza, er hatte Miesmuscheln in Weißweinsoße genommen. Die zwanzig Schlaftabletten konnten ihre Wirkung nicht entfalten, mangels Zeit. Anstatt tot in der Pathologie zu liegen, lag er mit einer Fischvergiftung in seinem Haus in der Südsteiermark. Der zweite Versuch hatte zu einem Loch in der Decke und zum Tod eines Ventilators geführt.

Er fühlte sich betrogen und gedemütigt, sah keinen Ausweg aus seiner Finanzmisere. Auf Anraten des Finanzberaters seiner Bank hatte er die beachtliche Summe von hundertzwanzigtausend Euro, seine gesamten Ersparnisse, in hochspekulative Aktienfonds investiert. Er wollte nicht der Einzige auf der ganzen Welt sein, der vom Finanzboom nicht profitiert. Spekulation war der Normalfall geworden. Jemand ohne Aktien galt jetzt als tatsächlicher Spekulant und war entsprechend suspekt. No risk, no fun! Sein Diplom in Psychologie bot keinerlei Schutz vor dieser geilen Botschaft.

Die Wirtschaftskrise war dann überraschend gekommen, darin waren sich alle Experten einig. Die Aktien rasselten in den Keller, Astl verkaufte panisch und vergrub den Rest, ganze zweitausend Euro, in einer Holzkiste in seinem Obstgarten. Die Banken hatten rasch ihre verspielten Milliarden zurück, indem sie glanzlosen Politikern diverser Regierungen eine Bühne boten, den strahlenden Helden zu geben: »Durch rasches und entschlossenes Handeln im nationalen und internationalen Interesse …« waren jedenfalls die Banken wieder liquide und geizten nicht länger mit Boni für sich selbst.

Einzig Peter Astl war pleite und hatte keine Lust mehr, seinen Obstgarten zu betreten. Er nahm einen Kredit auf, um die Raten für das Haus mit Obstgarten zu bezahlen, strich einen lange geplanten Urlaub und wurde depressiv. Er hörte auf, Bücher zu lesen, begann seine Frau zu verachten, interessierte sich nicht mehr für seine Obstbäume. Die Ringlotten, Marillen und Kirschen faulten vor sich hin. Eines Tages grub er die Kiste mit den zweitausend Euro aus, investierte in einen Bordellbesuch und Schlaftabletten.

Seine Seele war dunkel und stumpf geworden. Doch nach dem dritten erfolglosen Versuch kamen ihm Zweifel, ob Selbstmord die Lösung sei, und als ihn Reinhard Waldemar fragte, was denn dieses Ding, das er in sich gefunden hatte, sein könnte, verspürte er zum ersten Mal wieder so etwas wie Interesse. Auch er wollte wissen, was dieses Etwas aus dem Lagerhaus war.

Zunächst stand aber die Therapiestunde mit seinem Klienten Dr. Baumgartner auf dem Programm. Er dachte daran, wie sehr er gezögert hatte, den Termin einzutragen – bis dahin sollte er ja längst abgetreten sein.

»Herr Dr. Baumgartner, wie geht es Ihnen?«

»Danke, ganz gut. Ich bin sehr froh, dass ich hier bin. Die Ayurveda-Massage war wunderbar. Ich bin fast eingeschlafen.«

»Sie sind während einer Operation zusammengebrochen?«, fragte Peter Astl.

»Ja. Also kurz davor, bevor ich das Skalpell ansetzen konnte. Gott sei Dank!«

»Und ein Kollege hat Ihnen unsere Therapie empfohlen?«

»Ja.«

»Gut. Wie geht es Ihnen ohne Laptop und Handy?«

»Wunderbar! Ich liebe es. Wissen Sie, ich bin mir gar nicht mehr sicher, ob ich sie auch zurückhaben will!«

Erheiterung auf beiden Seiten.

Dann die abrupte Frage: »Warum sind Sie dann vor zwei Stunden nach Graz gefahren?«

Dr. Baumgartner war sehr erstaunt, dass man seinen kleinen Ausflug mitbekommen hatte. Er hatte das Hotel verlassen, war eine Runde durch den angrenzenden Wald spaziert und dann unbemerkt, wie er dachte, in sein Auto gestiegen, das er drei Kilometer vom Hotel entfernt im Ortsgebiet von Oed abgestellt hatte.

»Doreen, eine unserer Rezeptionistinnen, hat Sie in Graz im Kaffeehaus gesehen. Sie wissen, Sie dürfen jederzeit das Hotel verlassen. Wir sind ein Fünf-Sterne-Hotel und keine Kuranstalt von der Krankenkasse. Es ist mir also völlig egal, dass Sie weggefahren sind. Das ist schon okay. Ich möchte nur wissen, ob Sie sich einen Laptop und ein Handy besorgt haben. Ist nämlich schon einmal vorgekommen.«

Dr. Baumgartner war überrascht. Wieso sollte er sich einen Laptop und ein Handy besorgen, wenn er doch so froh war, beides los zu sein?

»Ich hab mir Bücher besorgt. Ich kann sie Ihnen zeigen, wenn Sie wollen.«

»Sind Sie ganz ehrlich?«

»Ja.«

»Nicht mit mir. Mit sich selbst?«

Dr. Baumgartner war in den letzten Tagen ehrlicher denn je mit sich selbst gewesen. Es war an der Zeit, das Geheimnis zu lüften. Die Therapie ist sonst eine vollkommen verlorene Veranstaltung, dachte er.

»Ich muss Ihnen etwas gestehen, Herr Astl«, sagte er.

»Genug der Worte! Gehen Sie jetzt auf Ihr Zimmer und kommen Sie wieder mit dem ganzen Elektronikschrott!«

»Nein, nein. Mein Geständnis ist ganz anderer Art. Ich … äh … ich bin mir jetzt nicht sicher, ob ich mich strafbar gemacht habe … Sie unterstehen doch der ärztlichen Schweigepflicht?«

»Alles, was Sie in der Therapie sagen, bleibt hier in diesen vier Wänden. Außer, Sie haben einen Mord begangen … dann müsste ich Sie anzeigen. Oder besser gesagt, ich würde Sie dazu bringen, sich selbst zu stellen.«

»Mord war es keiner.«

Peter Astl glaubte fest an ein Ablenkungsmanöver. Mit großer Sicherheit hatte er es auch hier mit einem dieser informationssüchtigen Menschen zu tun, die »offline« für eine Krankheit hielten.

»Lassen Sie mich ein wenig ausholen.« Dr. Baumgartner atmete tief ein, seufzte merklich und sah wieder sehr erschöpft und müde aus. »Ich bin Internist«, fuhr er fort, »und wissen Sie warum?« Er machte eine kleine Pause, in der sie draußen einen Hund bellen hörten. »Weil mein Vater, mein Großvater und mein Onkel Internisten waren.« Jetzt hörte man den Hundebesitzer den Namen des Hundes rufen. »Und weil ich der einzige Sohn meines Vaters bin. Und weil seine Enttäuschung zu groß gewesen wäre, wenn ich Musiker geworden wäre.« Der Hund bellte wieder. »Und weil ich von meinem Vater keine Liebe bekommen habe und dachte, wenn ich seinem Wunsch entspräche, würde sich das vielleicht ändern. Also habe ich Medizin studiert, obwohl es mich nicht interessiert hat. Bin Internist geworden und hab es nicht zum Oberarzt geschafft. Und warum? Weil ich ein schlechter Arzt bin. Was mein Vater bei keiner Gelegenheit zu erwähnen vergisst. Ich habe das gemacht, was er wollte, um seine Liebe zu bekommen, und er hasst und verachtet mich mehr denn je.«

»Wieso sind Sie ein schlechter Arzt?«

»Weil ich den Patienten als Menschen sehe. Als ganzen

Menschen. Weil ich versuche, eine Beziehung zu ihm aufzubauen. Und weil mein Vater ein Mechaniker ist, hasst er mich.«

»Für einen Internisten scheint es mir nicht gerade verkehrt zu sein, den Menschen als Ganzes zu sehen.«

»Wenn Ihnen an den Menschen mehr liegt als an Ihrer Karriere, dann werden Sie es nie zu etwas bringen.«

»Was hätten Sie gerne studiert? Oder sagen wir so, was wären Sie gerne geworden?«

»Ich weiß nicht. Musiker. Orchestermusiker. Ich liebe Bach.«

Er überlegte, ob es eigentlich notwendig sei, das Geheimnis zu lüften. Die Geschichte mit seinem Vater und dass er nie Arzt werden wollte, würde vielleicht reichen, um die Therapie zu legitimieren.

»Es ist kein Wunder, dass Sie eine Erschöpfungsdepression haben, wenn Sie ein Leben führen, das nicht das Ihre ist.«

»Ich hasse Mediziner.«

»Sie hassen Ihren Vater.«

Dr. Baumgartner nickte stumm mit dem Kopf, als dächte er an etwas Bestimmtes, als sähe er seinen Vater vor sich.

»Nach einer Anatomieprüfung hat mir einmal ein Studienkollege einen Witz erzählt: ›Was ist der Unterschied zwischen einem Medizin- und einem Philosophiestudenten?‹« Er sah Peter Astl erwartungsvoll an, ohne wirklich eine Antwort zu erwarten: »Wenn der Professor ein Telefonbuch hinknallt und sagt: *Das lernen Sie auswendig!*, dann fragt der Philosophiestudent: *Warum?*, der Medizinstudent hingegen: *Bis wann?*‹«

Beide lachten.

»Sehr schön«, sagte Peter Astl, »aber ich denke, das war es nicht, was Sie mir gestehen wollten, oder?«

Es war also an der Zeit, das Geheimnis zu lüften.

»Nein, Sie haben recht. Die Wahrheit ist, ich habe kein Burnout und keine Erschöpfungsdepression.«

»Aha.«

»Es ist mir sehr peinlich, aber …«, er fasste Mut: »Ich habe meinen Zusammenbruch vorgetäuscht, um mich ein paar Wochen hier erholen zu können und ein neues Leben zu beginnen. In aller Ruhe: Ich bin kerngesund. Also nicht nur körperlich, auch psychisch. Ich hab nur simuliert, um aus dem Ganzen auszubrechen. Ich sah keine andere Möglichkeit.«

Peter Astl hingegen hatte noch nie an diese Möglichkeit gedacht. Dass einer seiner Klienten – er vermied das Wort Patienten, schließlich war er kein Arzt – seine Erschöpfung, seinen Zusammenbruch vortäuschen könnte. Das hatte er bis dato nicht auf seiner Rechnung. Das war kein Routinefall, das war eine Herausforderung.

»Was sagt uns das?«, fragte er in Richtung Dr. Baumgartner, aber in Wirklichkeit sich selber.

»Dass ich ein Betrüger bin!«, sagte Dr. Baumgartner rasch. »Ich zahle den Aufenthalt aus eigener Tasche, niemand kommt zu Schaden.«

»Nein, nein. Das meine ich nicht«, improvisierte Peter Astl. »Was sagt uns das über Ihren Zustand?«

Dr. Baumgartner glaubte zu ahnen, worauf Peter Astl, der eigentlich nur etwas Zeit gewinnen wollte, hinauswollte: »Dass ich doch einen Zusammenbruch hatte, nur dass er sich bei mir nicht in Form eines Zusammenbruches gezeigt hat, sondern in Form dieser Lüge, dieses Tricks. Schließlich ist es nicht normal, dass ein erfolgreicher Arzt seine Karriere aufs Spiel setzt, indem er ein Burnout vortäuscht.«

»Sehr interessant. Sie meinen, das Vortäuschen des Burnouts wäre das eigentliche Burnout.«

»Ich weiß nicht. Was denken Sie?«

Während der verhinderte Selbstmörder und der Burnout-Simulant darüber philosophierten, ob Dr. Baumgartner aus freien Stücken ein Burnout vorgetäuscht, oder ob ein tatsächliches Burnout ihn zu dieser Finte gezwungen hatte, ob er also Täter oder Opfer, gesund oder krank war, beschäftigte sich Reinhard Waldemar mit der Auswahl eines passenden T-Shirts für den bevorstehenden Waldbesuch. »Waldbesuch mit Baumumarmung« war der vollständige Titel der Veranstaltung. Das Ganze schien ihm reichlich kindisch. Wozu sollte man einen Baum umarmen? Einen Baum! Zeitverschwendung. Aber für seine geliebte Verlobte war er entschlossen, alles zu tun. Er liebte sie abgöttisch. Sie war es, die sein Leben bestimmte, abgesehen von seinem Beruf natürlich. In den ersten zwei Jahren ihrer Beziehung verbrachte er kaum Zeit ohne sie, bis ihm einer seiner Freunde riet, sich ein Hobby zu suchen. Ein Mann braucht etwas nur für sich alleine, meinte der.

»Ich habe meine Verlobte«, pflegte er darauf zu antworten, »die hab ich ganz für mich alleine.«

Ein Jahr später suchte er sich dann tatsächlich ein Hobby – das Mountainbiken.

Was zieht man an, wenn man ein Date mit einem Baum hat? Er konnte sich nicht entscheiden. Das hellgrüne Longsleeve-Shirt, das seine Verlobte als »grässlich«, oder das schwarze Shortsleeve-Shirt mit der goldenen Aufschrift »Young Boy«, das seine Verlobte als »kindisch und hässlich« bezeichnet hatte? Angst stieg wieder in ihm hoch. Seine Hände waren schweißnass. Er konnte sich nicht entscheiden.

Es war wie damals im Supermarkt. Er war vor den Milchprodukten gestanden und musste entscheiden, welchen Käse und welches Joghurt er kaufen sollte. Panik. Er wusste es nicht. Die Regale quollen vor Wahlmöglichkeiten über. Er hatte Angst, wieder diese Angst. Welcher Käse war besser, welche Milch gesünder? Laktosefreie Milch? Er starrte auf die laktosefreie Milch und die Angst wurde größer. Gedanken über mögliche Gefahren durch ungesunde Lebensmittel schossen ihm durch den Kopf. Die Welt ist gefährlich. Die Laktose macht uns krank, das Koffein führt zu einem Herzinfarkt. Brot ist ungesund. Er hatte einen Artikel gelesen, in dem darauf hingewiesen wurde, dass Brot ganz schlecht für die Verdauung sei – es blähte den Körper auf und man fühlte sich unwohl. Er fühlte sich immer unwohl. Ständig. Nach dem Aufstehen, vor dem Schlafengehen. Im Badezimmer, im Kaffeehaus, auf der Straße – überall. Er war sich sicher, schwer krank zu sein. Er ahnte auch, was ihn krank machte. Die Qual der Wahl. Die Folter der Vielfalt. Jede Sekunde des Tages musste er sich entscheiden. Welcher war der bessere Handytarif? Was die beste Urlaubsdestination? Welche Schuhe waren besser für die Wirbelsäule? Welches Auto war am sichersten? Welche Couch am bequemsten? Entscheidungen, die er nicht treffen konnte. Entscheidungen, die ihn nur müde machten. Und jetzt musste er auch noch entscheiden, welches T-Shirt er anziehen soll. So viel Phantasie konnte man doch von Leuten nicht verlangen, die im Beruf jeden Tag ihres Lebens im weißen Hemd zubringen. Ein T-Shirt, um in den Wald zu gehen und einen Baum zu umarmen, ohne zu wissen, ob dies wirklich die beste Art war, geheilt zu werden. Wovon geheilt zu werden? Verdammt noch einmal! Er hatte nichts! Nichts! Er war kerngesund. Die Ärzte hatten keine Krankheit, kein Versagen diagnostiziert und doch, er wusste, er war krank und er hatte versagt. Plötzlich verspürte er eine große Sehnsucht nach dem Kommunismus. Was für ein herrliches Leben. Eine Sorte Käse, eine Sorte Wurst, eine Automarke. Man musste um Ausreise ansuchen und war froh, dass man überhaupt in die Welt hinaus durfte, egal wohin. Herrlich schien ihm das. Er war überzeugt davon, dass man im Kommunismus frei war, frei von jeder quälenden Entscheidung. Er, der eingefleischte Kapitalist, der aus tiefster Seele an Gewinnmaximierung und den freien Markt glaubte, als wäre es eine Religion, ein Glaubensbekenntnis. Er erschrak vor seinen Gedanken. Wie konnte er eine totalitäre Ideologie wie den Kommunismus als befreiend empfinden? Er schob diesen absurden Gedanken wieder beiseite. Dazu war doch alles bereits gesagt: »Kommunismus ist, wenn jeder von allem genug hat.«

Die Selbstverständlichkeit, mit der wir als Kinder durchs Leben gehen – das war es, wonach er sich sehnte. Und der erste Schritt war jetzt sofort zu tun: Hastig zog er das schwarze Shortsleeve-Shirt mit der goldenen »Young Boy«-Aufschrift über. Eine Stunde war noch Zeit, bis er sich mit Peter Astl und Dr. Baumgartner in den Wald aufmachen würde, um einen Baum zu umarmen. Bis dahin wollte er Doreen an der Rezeption beobachten.

Dr. Baumgartner, dessen Therapiestunde zu Ende gegangen war, ohne dass man eine eindeutige Interpretation seiner Verhaltensweise gefunden hatte, erblickte Reinhard Waldemar, winkte ihm zu und überlegte kurz, sich zu ihm zu setzen. Die Angst, kein Gesprächsthema zu finden, hielt ihn davon ab. Worüber sollte man reden? Sein Geheimnis? Die bevorstehende Umarmung eines Baumes? Peinlich, alles peinlich. Am peinlichsten war, dass er sich darauf freute, einen Baum zu umarmen. Es schien ihm eine willkommene Abwechslung zu den vielen kranken und verletzten Körpern, mit denen er es in den letzten Jahren zu tun gehabt hatte. Also ging er weiter und ließ den siebenundvierzigjährigen »Young Boy« alleine sitzen.

Reinhard Waldemar nickte mit dem Kopf und winkte zurück. Er hatte gehofft, Dr. Baumgartner würde sich zu ihm setzen. Die heimliche Beobachtung von Doreen reichte nicht aus, um über seine Einsamkeit hinwegzutäuschen. Doreen hatte Reinhard Waldemar einmal zugelächelt und ihn dann keines weiteren Blickes gewürdigt. Er musste feststellen, dass zwischen ihnen nichts passieren würde. Doreen war an ihm nicht interessiert. Sie fragte sich nicht, wer dieser Mann sei, was ihn hierher gebracht hatte, warum er heute Morgen abreisen wollte und wie er im Bett sei. Er fragte sich natürlich, wie sie im Bett sei. Aber was war los mit ihm? Die Vorstellung von Sex mit Doreen ermüdete ihn, ja, sie erschöpfte ihn fast. Allein die Vorstellung kostete ihm Kraft. Er sah auf die Uhr: Es war Zeit, einen Baum zu umarmen.

Dr. Baumgartner, der eigentlich gehofft hatte, keinen Dritten dabeizuhaben, Peter Astl, der die letzte Dreiviertelstunde damit zugebracht hatte, im Internet nach Pornografie zu suchen, und Reinhard Waldemar, der sich fragte, was das alles sollte, waren unterwegs in den Wald.

Astl erklärte kurz worum es ging: »Wir gehen eine Zeitlang in gemächlichem Tempo im Wald spazieren und versuchen, die Kraft des Waldes auf uns wirken zu lassen. Dann bleiben wir stehen, schließen die Augen und konzentrieren uns auf unsere Atmung. Jeder wird von einem Baum aus nächster Nähe zu sich gerufen. Wir gehen langsam auf ihn zu, bleiben stehen, begrüßen ihn und fragen ihn, ob wir ihn umarmen dürfen. Sie werden spüren, ob er es will oder nicht. Wenn es der Baum ist, der Sie gerufen hat, dann will er es auch. Und dann umarmen Sie ihn. In aller Stille. Warten Sie einfach ab, was passiert. Alles klar?«

Der Wald war kein besonders großer Wald, eher ein kleines Wäldchen zwischen Oed und Zartlberg. Am nördlichen Ende des Wäldchens lag ein kleiner Teich, den sie passierten, um dann im Dickicht zu verschwinden. Während seine beiden Klienten mit geschlossenen Augen dastanden und darauf warteten, von einem der Bäume gerufen zu werden, entfernte sich Peter Astl ein paar Meter, zückte sein iPhone und googelte den Abflugplan des Flughafens Schwechat. Aus dem Augenwinkel nahm er wahr, wie Dr. Baumgartner zu einem der Bäume ging und ihn umarmte. Reinhard Waldemar wartete noch darauf, gerufen zu werden. Es war zwei Minuten nach halb fünf, wenn er gegen fünf Uhr Oed verlassen würde, könnte er in eineinhalb Stunden am Flughafen sein. Das heißt, der nächste für ihn erreichbare Flug wäre um dreiviertel sieben nach Seoul oder mit exakt gleicher Abflugzeit nach Bukarest.

Endlich folgte auch Reinhard Waldemar dem Ruf eines Baumes und umarmte ihn. Peter Astl überzeugte sich von der Anwesenheit seines Reisepasses in der Hosentasche. Er hatte ihn immer dabei. Jeden Tag, ohne Ausnahme. Seit seinem achtzehnten Lebensjahr träumte er davon, einfach auf den Flughafen zu fahren, wahllos in den nächsten Flieger zu steigen, egal mit welchem Ziel, um dort ein neues Leben zu beginnen oder zumindest sechs Monate zu bleiben. Ihm war inzwischen klar, dass er sich selbst und seine Probleme überallhin mitnehmen würde, wohin auch immer es gehen würde. Aber der Gedanke gab ihm ein Gefühl von Freiheit, der Pass in der Hosentasche hielt jederzeit alle

Möglichkeiten offen. Der Plan begleitete ihn als eine Art Lebenselixier. Wartete er tatsächlich darauf, verwirklicht zu werden? Vielleicht war es vernünftiger sich umzubringen, der eigenen Existenz ein Ende zu bereiten. Andererseits war der Gedanke, in einem anderen Land ein neues Leben zu beginnen nach wie vor verlockend und ein weiterer Grund, den Selbstmord zumindest zu verschieben.

Dr. Baumgartner war noch immer in inniger Umarmung mit einer Ulme, Reinhard Waldemar stand vor einer Fichte und machte ein dummes Gesicht. Er sah sich zaghaft um und vernahm ein leises Wimmern. Reinhard Waldemar hoffte, dass es kein Weinen war. Dies würde ein weiteres gemeinsames Abendessen mit Dr. Baumgartner unmöglich machen. Nie hatte er einen Mann weinen sehen. Er selbst hatte das letzte Mal vor der Pubertät geweint. Seit Testosteron in seinem Körper war, gab es keine Träne mehr. Abgesehen von dem Zwischenfall mit dem Pferd, der ihn gehörig irritierte

Dagegen war Dr. Baumgartner eine Heulsuse. Er war beispielsweise völlig wehrlos gegen melodramatische Filmszenen, und waren sie noch so schlecht. Der Hauptdarsteller erweist sich plötzlich als der Gute oder verlorengeglaubte Zwillingsbrüder treffen sich wieder; andere raschelten mit Popcorn, er fingerte in einer Packung Taschentücher. Natürlich weinte er auch jetzt, mit einer Ulme im Arm.

Nach dieser rührenden Waldszene marschierten sie schweigend Richtung Hotel. Durch das Wäldchen, am Teich vorbei, den Forstweg und die Bundesstraße entlang. Kurz vor dem Hotel wünschte Peter Astl seinen Klienten einen schönen Abend und versicherte, er freue sich schon sehr auf die Nachbesprechung in der jeweiligen Einzelstunde morgen Vormittag.

Zum Abendessen behielt Reinhard Waldemar sein »Young Boy«-T-Shirt an. Von fünf bis dreiviertel acht langweilte er sich, lediglich von zwei kleineren Panikattacken unterbrochen, auf seinem Zimmer. Nachrichten wollte er nicht hören – dieses positive Gelabere ging ihm auf die Nerven –, also blieb er auf dem Bett liegen und starrte in die Luft.

Dr. Baumgartner hingegen hörte sich die Nachrichten an und weinte schon wieder. Vor Rührung über so viel Gutes, das heute in der Welt passiert war. Darauf hörte er zum hundertsten Mal den dritten Satz des Cembalokonzerts in d-Moll, BWV 1052, von Johann Sebastian Bach auf seinem iPod und duschte ausgiebig.

Das Abendessen hatte man hinter sich gebracht, wenig geredet, Reinhard Waldemar beschloss, Dr. Baumgartner nicht weinen gesehen zu haben und war erleichtert, dass auch Dr. Baumgartner selbst diesen Vorfall nicht ansprach. Man verlor auch kein Wort über den nachmittäglichen Waldbesuch. Es wurde über Wein, über das Essen, über die schöne Gegend lamentiert, als ob der Nachmittag gar nicht stattgefunden hätte. Eine unausgesprochene Übereinkunft zwischen erwachsenen Männern: Peinliches wird ausgeklammert. Das brachte sie einander näher, absurderweise. Das Nichtaussprechen ihrer Gefühle verband sie auf eine maskuline, geheimnisvolle Art.

Mountainbike. Ein Thema war gefunden, das sie beide begeisterte und das bis zur Nachspeise und zum dritten Achterl Rotwein reichte.

Sie beschlossen, an der Hotelbar, gleich neben der Rezeption, noch etwas zu trinken. Man bestellte einen Whiskey und ein Achterl Rotwein. Da ein Ortswechsel nur in den seltensten Fällen der Konversation zuträglich ist, schwieg man. Außer ein paar bedeutungsvollen »Naja!«, »Ach

Gott!« sowie einmal »Sehr nett hier!« und »Das asiatische Design ist sehr angenehm!«.

Jeder wusste, woran der andere dachte, als ob sie einander denken hören könnten. Wie eine Seifenblase, die jeden Moment zu zerplatzen drohte, schwebte das Thema »Wir haben einen Baum umarmt und einer von uns hat dabei geweint« im Raum, nur herrschte eine Stimmung zwischen den beiden, als ob sich der Wald, den sie vor wenigen Stunden besucht hatten, in ein Bordell verwandelt hätte und die Bäume zwei Prostituierte gewesen wären, wie nach einer durchsoffenen Nacht, in der man etwas getan hat, an das man im nüchternen Zustand nicht einmal zu denken wagt.

Langes Schweigen hat in einem Gespräch, das man eigentlich nicht führen will, denselben Effekt wie das direkte Ansprechen des unangenehmen Themas, außer es bietet sich rechtzeitig ein Übersprungsthema. Reinhard Waldemar erwischte exakt den Zeitpunkt und gab Dr. Baumgartner die Möglichkeit, auszuweichen: »Wie geht's Ihnen eigentlich?«

Im Idealfall greift hier eine weitere maskuline unausgesprochene Übereinkunft: Die »Danke, besser!«- oder »Danke, gut!«-Ausweichantwort.

»Ich habe heute einen großen Fehler gemacht«, sagte Dr. Baumgartner, der von dieser Übereinkunft offenbar nichts wusste.

»Ich weiß«, hakte Reinhard Waldemar sofort ein, um ja nicht weiter mit Dr. Baumgartners Gefühlen konfrontiert zu werden, »wir hätten uns einen Computer in Graz besorgen sollen, dann würden wir hier nicht die kostbare Zeit vergeuden. Was soll das Ganze eigentlich? Wissen Sie, dass es ein Burnout gar nicht gibt? Jeder von uns leidet an etwas anderem und trotzdem sitzen wir beim selben Therapeuten.

Ich glaube, dass die ganze Sache hier nicht effektiv ist. Klar, wir müssen uns erholen, aber auch Erholung muss effektiv sein – verstehen Sie? Hier fehlt das Controlling, wenn Sie mich fragen. Was nutzt die ganze Erholung, wenn sie nicht erfolgsmaximiert ist? *Ich habe heute einen Baum umarmt!* «

Jetzt war es passiert. Gleich würde sein Gegenüber wieder in Tränen ausbrechen.

»Ich auch …«, sagte Dr. Baumgartner im normalsten Tonfall der Welt und deutete auf Waldemars T-Shirt mit dem goldigen »Young Boy«.

»Abercrombie & Fitch aus New York!«

»Vielleicht hilft das was, Bäume zu umarmen!«

»Ich bin kein esoterischer Typ. Ein Baum besteht aus Zellen, die Zellen aus Molekülen und die Moleküle aus Atomen. So wie wir auch. Was soll das helfen? Zwei Zellhaufen!«

»Gibt Ihnen die Natur keine Kraft?«

»Die Natur kostet mich Kraft. Wenn ich in unserem Wochenendhaus den Rasen mähen oder das Balkongemüse auf unserer Terrasse gießen muss.«

»Balkongemüse gießen ist aber nicht sehr anstrengend.«

»Ja, aber meine Verlobte hat sich eingebildet, dass es gesünder ist, auf der Terrasse eigenes Gemüse zu ziehen – jetzt ist die ganze Terrasse voll mit Blumenkästen in denen Biogemüse wächst. Aber uns ist das ganze Gemüse eingegangen und das ist meine Schuld, weil ich mich nicht rechtzeitig informiert habe, wie man dieses Gemüse behandeln muss. Ich hab zwar so einen Kurs belegt, aber gleich die ersten drei Stunden verpasst, weil ich so viel Arbeit habe … Mich stresst die Natur!«

»Gemüse im Blumenkasten auf der Terrasse ist keine Natur!«

»Was denn?«

»Ein blödes Hobby.«

Innerlich musste er Dr. Baumgartner recht geben, sagte aber ganz was anderes: »Was für einen Fehler haben Sie gemacht?«

»Bitte?«

»Sie meinten vorhin, Sie haben einen Fehler gemacht. Was für einen?«

»Ich habe ein Geheimnis preisgegeben und komme mir jetzt wie ein Verbrecher vor.«

»Was für ein Geheimnis?«

»Ich habe unserem Therapeuten Peter Astl die Wahrheit gesagt!«

Dr. Baumgartner zögerte, sein Geheimnis ein zweites Mal preiszugeben, dachte aber, dass Gedanken und Geheimnisse, wenn sie einmal aus dem Kopf sind, sich ohnehin bereits in der Wirklichkeit befinden und es daher nur noch eine Frage der Zeit ist, bis andere von ihnen erfahren, nicht zuletzt auch sein Vater.

Und so begann er die ausführliche Schilderung seines Zusammenbruchs, die mit den Worten »Schweigegeld habe ich bezahlt und dafür gesorgt, dass ein anderer Arzt zufällig anwesend ist, der die Operation durchführt, während ich ›untersucht‹ wurde« endete. Er machte bei dem Wort »untersucht« Anführungszeichen in die Luft. »Und es ist niemand zu Schaden gekommen.«

Reinhard Waldemar wusste nicht recht, was er mit dieser Information anfangen sollte, spürte allerdings, wie sich seine Sympathie für Dr. Baumgartner in eine Aversion gegen diesen Schwindler verwandelte. Irgendwie war ihm dieser Typ von Anfang an suspekt gewesen, mit seinen komischen Ansichten über die menschliche Seele.

»Was sagen Sie dazu?«, fragte Dr. Baumgartner.
»Naja, was soll man dazu sagen?«
»Sie müssen auch nichts sagen.«
»Da kann man schwer was sagen.«
»Sagen Sie einfach nichts.«
»Was sagt unser Therapeut dazu?«
»Er kann auch nicht wirklich sagen, was das zu bedeuten hat.«
»Was Sie nicht sagen!«
Sie mussten lachen.
»Wie oft man hintereinander ›sagen‹ sagen kann!«
»Sagenhaft!«
Gelächter.
»Können Sie mir einen Satz sagen, in dem folgende vier tschechische Namen vorkommen?« Dr. Baumgartner liebte dieses Wortspiel und ließ keine Gelegenheit aus, es anzubringen.
»Welche?«
»Also: Wokurka, Wotischka, Woproschalek und Swoboda!«
Reinhard Waldemar musste wieder lachen.
»Die sind aber erfunden?«
»Nein, überhaupt nicht. Schauen Sie ins Telefonbuch – alles fleißige, brave Österreicher!«
Gelächter.
»Ein Satz, in dem alle vier Namen vorkommen?«
»Ja.«
»Aber nicht als Namen, sondern als Wörter?«
»Ja!«
»Keine Ahnung!«
»Bemühen Sie sich, denken Sie nach!«
»Ich bin in solchen Sachen ganz schlecht, wirklich.«

»Zuerst einen Satz mit Wokurka!«

»Ich kann das nicht.«

»Nach Baden, *wo Kurka*pelle spielt, fahr ich nicht gern hin!«

Gelächter.

»Jetzt Sie! Wotischka!«

»Dazu brauch ich noch einen Whiskey.«

»Es wird schwieriger, wenn man betrunken ist!«

»Ich glaub, bei mir ist es egal! Ich bin völlig untalentiert, was solche Wortspiele betrifft!«

Reinhard Waldemar winkte dem Kellner und bestellte noch einen Whiskey.

»Wollen Sie auch noch was?«

»Zwei Whiskey!«, sagte Dr. Baumgartner. »Also: Wotischka!«

»Jetzt sagen Sie es schon …«

»Es ist ganz leicht, es ist ja derselbe Satz: Nach Baden, *wo Kurka*pelle spielt, *wo Tisch ka* Tischtuch hat, fahr ich nicht gern hin!«

Sie hatten großen Spaß an der Sache.

»Weiter! Machen Sie weiter! Wie war der dritte Name?«

»Woproschalek!«

»Ich hab keine Ahnung.«

»Der ist ein bisschen schwieriger!«

»Ich bitte darum.«

»Nach Baden, *wo Kurka*pelle spielt, *wo Tisch ka* Tischtuch hat, *wo pro Schale* Kaffee vier Euro kostet, fahr ich nicht gern hin!«

»Was für ein Schwachsinn!«

»Und jetzt: Achtung, das Beste: Swoboda!«

Der Kellner brachte zwei Whiskeys. Sie prosteten einander zu.

»Darf ich Ihnen das Du anbieten?«, fragte Reinhard Waldemar überschwänglich.

»Nicht vor der Pointe!« Die Whiskeygläser bremsten in der Luft und warteten.

»Also: Nach Baden, *wo Kurka*pelle spielt, *wo Tisch ka* Tischtuch hat, *wo pro Schale K*affee vier Euro kostet, fährt *Swoboda* nicht gern hin!«

Sie lachten, prosteten einander zu, vollführten die übliche Verbrüderungszeremonie und leerten die Gläser in einem Zug.

»Hat dir das mit dem Baum gar nichts gebracht?«, fragte Dr. Baumgartner.

»Nein. Ich hab nichts gespürt. Gar nichts. Mein Baum war taubstumm, der hat nicht gerufen!«

»Ich hab mich an eine Ulme herangemacht – ich glaub, es war eine Ulme – und hab mich vorgestellt.«

»Was hast du gesagt? ›Hallo, ich bin der Andreas.‹«

»Hallo, du süße Ulme! Bist du öfters hier?«

Gelächter.

»Deine war viel hübscher als meine! Meine war eine hässliche alte Fichte.«

»Ich möchte ja heute Nacht wieder in den Wald gehen. Heimlich.«

»Hast du dich in deine Ulme verliebt?«

»Nein. Ich steh auf die zwei schlanken Birken hinter ihr …«

»Wow!«

»Aber wenn die Ulme das sieht, dann gnade mir Gott!«

»Die Ulme ist ja von Natur aus sehr eifersüchtig.«

»Besitzergreifend und kontrollierend …«

»Ich glaub, die steht auf dich, der hat das gefallen …«

»Ja, aber sie ruft nicht an, sie schreibt nicht …«

»Vielleicht ist sie auf Facebook …!«

»Die Ulme nicht, aber die zwei geilen Birken … sensationelle Fotos!«

»Die waren wirklich sehr scharf! Ich muss dir leider mitteilen, dass ich bei denen großen Eindruck gemacht habe …«

»Wann?«

»Ich hatte einen flotten Birkendreier, während du bei deiner Ulme geweint hast …«

Die Stimmung kippte. Es war keine Absicht von Reinhard Waldemar gewesen, sich über den Gefühlsausbruch seines neuen Freundes lustig zu machen. Es war ihm passiert.

»Ich habe nicht geweint! Wie kommst du auf so was?«

»Das war nur ein blöder Scherz, ich hab das gar nicht gesehen, dass du geweint hast.«

»Ich hab nicht geweint.«

Unsicherheit auf beiden Seiten. Beide räusperten sich. Es war klar, dass Reinhard Waldemar Dr. Baumgartners Weinen mitbekommen hatte.

»Ich hab nicht geweint …«

»Sorry. Das tut mir leid …«

»Das Schluchzen kam von der Ulme. Sie war es, die geweint hat.«

Reinhard Waldemar lächelte.

»Ich hab ihr gesagt, dass es aus ist zwischen uns und dass ich mich in die zwei Birken verliebt habe.«

Der Scherz war gut, konnte aber das Geschehene nicht ungeschehen machen.

»Ich hab geweint, weil ich mit fast fünfzig Jahren draufgekommen bin, dass mein bisheriges Leben keinen Sinn ergibt.«

»Das Leben an sich ergibt keinen Sinn.«

»Das sagt der, der die zwei geilen Birken abgeschleppt hat! Du bist auf die Sonnenseite des Lebens gefallen. Young Boy, der Birkenstecher!«

Reinhard Waldemar wusste mit Dr. Baumgartners Traurigkeit nichts anzufangen. Traurig war er selber. Er fing an, die Welt zu analysieren, wie immer, wenn er nicht weiter wusste: »Wir leben in einer absurden Zeit. Was für eine Gesellschaft ist das, in der wir leben? Was soll das alles? Wir sind beide erfolgreiche, wohlhabende, moderne Menschen, stehen am Höhepunkt unserer Karrieren und brechen zusammen? Was für ein beschissenes Timing. Wir haben alles, um glücklich zu sein. Alles. Familie. Frau. Karriere. Geld. Wunderschöne Urlaube in tollen Hotels. Ein herrliches Hobby. Alles. Und dann brechen wir zusammen? Warum? Was soll das? Wir leben – und das ist das Problem – in einer Welt, in der kein Platz mehr ist für Traurigkeit. Ich finde es toll, dass du geweint hast. Wieso darf ein Mensch nicht weinen?«

Er fand es nicht toll, dass Dr. Baumgartner geweint hatte, er war lediglich froh, dass es ihn nicht selbst erwischt hatte und er wollte etwas Nettes sagen.

»Weißt du, warum wir nicht weinen dürfen? Ich weiß es nicht. Ganz ehrlich, ich weiß es nicht!« Er sagte diesen Satz mit gespielter Empörung.

»Ich hatte ja gar keinen Zusammenbruch. Ich habe ihn nur vorgetäuscht.«

»Eben. Das meine ich ja.«

»Was?«

Er ärgerte sich wieder über Dr. Baumgartner und seinen Betrug. Er machte gerade die schlimmste Zeit in seinem Leben durch und dieser Trickbetrüger lachte über ihn.

»Du bist – das ist jetzt nicht böse gemeint – ein Tachinierer.«

»Wieso ein Tachinierer?«

»Naja. Tachinierer ist vielleicht übertrieben ... das ist nur eine Metapher.«

»Das ist keine Metapher, das ist eine Beleidigung.«

»Naja, wenn jemand drei Wochen blau macht, dann kann man das schon als tachinieren bezeichnen, bei aller Liebe, mein Freund ...«

»Ich mache nicht blau, ich habe eine Lebenskrise!«

»Ja, na und? Ich habe auch eine Lebenskrise und habe gearbeitet, bis zum Umfallen – buchstäblich bis zum Umfallen!«

»Und ich habe, bevor es so weit war, die Bremse gezogen. Entschuldige! Das ist ein bisschen was anderes als blaumachen!«

»Naja, die Notbremse gezogen. Woher willst du wissen, dass du tatsächlich zusammengebrochen wärst, wenn du weitergemacht hättest. Bitte, woher willst du das wissen? Ja? Also, ich bin zusammengebrochen und habe geglaubt, ich krieg einen Herzinfarkt oder sonst was. Ich war am Ende. Komplett am Ende.«

»Ich war genauso am Ende. Ich bin halt Arzt und habe die Zeichen rechtzeitig erkannt.«

»Mein Burnout ist eine Erschöpfungsdepression! Wovon bist denn du erschöpft, hä? Vom ›Nichtoperieren‹ oder vom Burnout-Simulieren?«

»Mein Burnout hat zu einer völligen Desillusionierung meines Lebens geführt, die dabei ist, in eine Art von gefährlicher Apathie überzugehen. Ich bin wie gelähmt. Ich bin am Ende.«

»Wer sagt das? Unser Bäume-Zuhälter?«

»Bäume-Zuhälter! Daran ist nichts lustig! In so einer Situation …«

»Vielleicht ist er wirklich der Zuhälter. Er schickt die Bäume auf den Strich und sie müssen sich von so Idioten, wie wir es sind, umarmen lassen.«

»Wahrscheinlich geht er grad abkassieren.«

Ihre Verzweiflung wich wieder übertriebener Fröhlichkeit.

»Mein Burnout ist nämlich depressionsoptimiert und erschöpfungsmaximiert! Meines ist schlimmer als deines!«

»Und meines ist dafür schwerer als deines, gefährlicher, größer und überhaupt besser als deines!«

»Und deine Mama ist dick und schirch …«

»Und dein Schwanz ist kleiner als meiner …«

»Woher weißt du das? Hat dir das die Ulme verraten? Ich hab sie nämlich alle gehabt – alle, die Buchen, die Eichen, die Birken und die Tannen …!«

Sie schüttelten sich vor Lachen und verspürten das erste Mal wirklich Sympathie füreinander. Sie bestellten noch weitere sieben Whiskeys bis man sie aus der Hotelbar schmiss. Unter gegenseitigen Ermahnungen, die Nachtruhe nicht zu stören, fuhren sie unter lauten »Pst's« und »Pschschssssst's« in den vierten Stock und umarmten sich zum Abschied.

4 Vier Stunden später saß Peter Astl am Steuer seines Wagens in Richtung Schwechat. Was soll's? Er hatte beschlossen, alles hinter sich zu lassen. Warum immer nur davon träumen, warum nicht endlich der tiefen Sehnsucht nachgeben? Abhauen! In einem Brief an seine Frau versuchte er, die Situation zu erklären. Er versicherte ihr, dass

sie keine Schuld treffe, dass er nicht vor ihr, sondern vor seinem Leben davonlaufe. Er werde in sechs Monaten wieder zurück sein, als neuer Mensch. Geläutert und zuversichtlich, was seine Zukunft angehe. Hier, mitten in seinem alltäglichen Leben, wäre es unmöglich, sich zu erneuern, teilte er ihr mit. Eine Reparatur auf offener See sei gewissermaßen ein aussichtsloses Unterfangen, wie er sich ausdrückte. Er müsse den nächstbesten Hafen ansteuern.

Wo würde der sein, fragte er sich in dem Moment. Europa? Balkan? Amerika? Südsee? Immer wieder musste er der Versuchung widerstehen, im Internet den Flugplan des Flughafens zu checken. Zwar fühlte er sich nicht in der Lage, eine Entscheidung zu treffen – einige eher uninteressante Ziele ausschließen zu können wäre aber keine schlechte Sache gewesen. Bagdad, Kandahar oder Nordkorea? Es gehörte jedoch zu seinem Plan, sich dem Schicksal zu ergeben. Wohin auch immer der erste Flug gehen würde, dort würde er die nächsten sechs Monate verbringen müssen. Das war die Aufgabe! Es erinnerte ihn an seine Kindheit. Er war mit dreizehn Jahren von zu hause ausgerissen und hatte zwei Tage auf einem Bauernhof in der Nähe seines Elternhauses verbracht. Den Bauern, Freunden der Familie, hatte er erzählt, seine Eltern wären in Wien und er alleine zu hause. Damals gab es keine Handys und nachdem seine Eltern tagsüber arbeiteten, hatte der Bauer sie erst am Abend des zweiten Tages erreichen können. Diese zwei Tage waren ihm wie eine Ewigkeit vorgekommen. Wie ein anderes Leben. Ein Gefühl, nach dem er sich seither immer wieder sehnte. Und jetzt war es so weit. Er konnte es schon erahnen, dieses unbeschreiblich aufregende Gefühl, ein anderes Leben zu führen. Gewiss, er hatte bestimmte Vorlieben den zufälligen Ort seiner neuen, sechsmonatigen Heimat betreffend. New York oder Sydney, die Südseeinsel Tuvalu oder die Cook Islands in Neuseeland spielten eine prominente Rolle in seiner Phantasie.

Von Minute zu Minute stiegen seine Erwartungen an die bevorstehenden sechs Monate. Er wollte mit sich selbst ins Reine kommen. Vielleicht würde dabei auch eine neue Frau herausspringen. Das gestand er sich zwar noch nicht ein, schwang aber im Hintergrund deutlich mit.

Eine Frau, die in Frage gekommen wäre, um ein gemeinsames, neues Leben zu beginnen, stand im Hotel an der Rezeption. Sie arbeitete erst seit zwei Monaten hier, aber es verband ihn bereits eine tiefgehende Freundschaft mit der zweiundzwanzigjährigen Doreen. Sie hatten eine Art Seelenverwandtschaft festgestellt. Ein stilles gegenseitiges Verständnis. Sie schienen oft zu wissen, was der andere gerade dachte. Sie hatten sich alles erzählt. Er hatte von seiner Frau, von seiner finanziellen Katastrophe, von seinem Bordellbesuch, von seiner Traurigkeit gesprochen. Nur seine Selbstmordversuche hatte er ihr verschwiegen. Sie hatte ihm in den vielen Gesprächen, die sie nächtelang in einem Café in Graz geführt hatten, gesagt, dass sie sich nicht mehr vorstellen könne, ein Leben ohne ihn zu führen. Nicht als Geliebten oder gar Ehemann begehre sie ihn, sondern schlicht als Freund. Herzensfreunde. Ja, das waren sie. Das, so empfand es auch Peter Astl, beschrieb ihre Beziehung zueinander perfekt. Doreen erzählte Peter alles aus ihrem Leben. Von ihren Eltern, die sie vor Jahren bei einem Autounfall verloren hatte, von ihrem Bruder, der in Paris lebte, von ihrem abgebrochenen Germanistikstudium und ihrer großen, unbändigen Lust am Leben. Sie sprachen auch ohne Weiteres über sexuelle Praktiken und Vorlieben. Sie erzählten einander Geschichten, die man normalerweise lieber für sich behält. Sie kannten keine Schamgrenze, sie konnten einander alles sagen, sie waren Freunde des Herzens.

Peter Astls Selbstmordversuche passten nicht in dieses Bild. Sie schienen ihm, wenn er mit Doreen zusammen war, wie aus einer anderen Welt. Einmal startete er den Versuch, ein Geständnis abzulegen. Doch er brachte nichts heraus, denn jeder Gedanke, den er zu formulieren versuchte, verwandelte sich in den Gedanken eines anderen, eines fremden Menschen, als wäre es eine Geschichte über den Selbstmordversuch eines Klienten. Also ließ er es bleiben und beschloss, dieses Geheimnis nicht preiszugeben. Auch um Doreen nicht traurig zu machen. Der Gedanke, ihn zu überleben, sei ihr unerträglich, sagte sie des Öfteren. Sie wolle auf jeden Fall vor ihm sterben, überhaupt vor jedem Menschen, den sie liebe. Wenn ihr dies schon nicht bei ihren Eltern gelungen sei, so doch bei anderen, die ihr etwas bedeuten.

Sie wusste von seinem Traum, der in wenigen Minuten in Erfüllung gehen würde. Er war in Schwechat angekommen. Bevor er aus dem Auto stieg, schrieb er ihr eine SMS: »Es ist so weit. Wundere dich nicht. Melde mich, wenn ich angekommen bin. Liebe dich. Peter.«

Sie fanden es ganz selbstverständlich, einander zu sagen, dass sie einander liebten. Auf platonischer Ebene, gewiss, aber sie liebten einander und es wäre lächerlich, wenn Freunde des Herzens das nicht ausdrücken dürften. Sie scherzten auch darüber, wie es sich anfühlen würde, wenn sie doch heiraten würden, wenn sie doch ein Paar wären, waren dann aber zu dem Schluss gekommen, dass die einzige Möglichkeit, ein Leben lang zusammenzubleiben, darin bestünde, keine sanktionierte Beziehung miteinander zu haben. Freunde des Herzens brauchen keine äußere Form ihrer Liebe und das Ziel einer Ehe scheint ja ohnehin in sechzig Prozent der Fälle die Scheidung zu sein.

Doreen las Peter Astls SMS und lächelte. Zwar würde es ihr unerträglich werden, ihn länger nicht zu sehen, doch in erster Linie freute sie sich für ihn und rechnete mit seiner Rückkehr in wenigen Wochen. Sie hielt nicht viel vom Davonlaufen, wie sie seinen Traum nannte, und war überzeugt, dass er bald draufkommen würde, dass ein neues Leben mit denselben Problemen anfängt, wie das alte aufgehört hat.

Peter Astl war also entschlossen, den ersten Flug, den er erreichen konnte, zu nehmen, um ein neues Leben irgendwo da draußen in der Welt zu beginnen. Sein Herz klopfte heftig als er sich dem Informationsschalter am Flughafen näherte. Er fühlte sich zwanzig Jahre jünger. Er war dreizehn und stand vor dem Tor zum Innenhof des Bauernhauses. Er warf einen Blick auf die große Tafel, die die Abflüge anzeigte: New York boarding, Shanghai boarding, Teheran boarding, Bukarest boarding.

Dann erstarrte er: Graz, Abflug zehn Uhr zehn. Das war sein Flug! Es war der nächstmögliche Flug. Sein Hafen. Sein neues Leben in Graz.

»Das ist kein Zufall«, sagte Doreen am späten Nachmittag.

»So etwas Idiotisches!«, meinte Peter Astl, der es immer noch nicht fassen konnte.

Sie lagen in seinem Praxisraum auf dem Boden und tranken Tee.

»Nimm es als Zeichen.«

»Als Zeichen, dass ich ein Idiot bin.«

»Nein. Du bist kein Idiot.«

»Doch. Das Ticket hat 249 Euro gekostet.«

»Was?«

»Business Class flexibel.«

»Warum?«

»Ich hab mir gedacht, man gönnt sich ja sonst nichts im Leben.«

»Und warum flexibel?«

»Da kann man sich das Rückflugdatum später aussuchen. Ich hab mir gedacht, wer weiß, wie lange ich es in Graz aushalte, vielleicht will ich doch früher zurück.«

Doreen lachte. Sie warf ihren Kopf zurück und lachte. Peter Astl versuchte, irgendeinen Sinn in der Sache zu erkennen, fand aber keinen.

»Es war kein Zeichen, es war einfach ein dummer Zufall«, sagte er.

»Aber dass du den Flug genommen hast, war ein Zeichen. Deine Entscheidung, wieder zurückzukommen.«

»Naja, alles andere wäre feig gewesen. Ich hab das so mit mir ausgemacht: Egal wohin, den ersten Flug nehme ich.«

»Ich bin froh, dass du da bist«, sagte Doreen.

»Ich hätte dich sehr vermisst«, sagte Peter Astl.

»Ich dich auch.«

Er stand auf, holte seinen Kalender, sah, dass er in ein paar Minuten eine Sitzung mit Reinhard Waldemar hatte, und verabredete sich mit Doreen für den Abend. Er kündigte Doreen an, einen Plan erstellen zu wollen, wie sie gemeinsam Doreens Traum verwirklichen könnten, wenn schon seiner in die Binsen gegangen war.

»Dein Traum ist nicht gescheitert. Du lebst ihn gerade.«

»Nein. Ich wollte irgendwo auf dieser Welt ein neues Leben beginnen!«

»Wir sind in der Steiermark, in Oed. Das ist irgendwo auf der Welt.«

Sie umarmte Peter Astl, drückte ihn fest an sich und streichelte seinen Rücken. Dann sahen sie einander lange und tief in die Augen und widerstanden zum hundertsten Mal dem Drang, sich zu küssen, waren sie doch Freunde des Herzens.

»Mein Traum ist nicht so wichtig.«

»Doch.«

»Außerdem habe ich vor Jahren aufgehört, zu singen. Ich kann das sicher nicht mehr.«

»Du musst auf die Bühne. Du singst großartig.« Peter Astl hatte Doreen singen hören. Es war spätnachts und sie hatten beschlossen, in eine Karaoke-Bar zu gehen. Peter Astl versagte kläglich an »Strangers in the Night«. Doreen sang ein französisches Pop-Chanson mit dem Titel »Je veux«. Ein neuer Song aus Frankreich.

»Ich liebe das Lied eigentlich wegen des Textes.«

»Ich kann kein Wort Französisch.«

Als sie ihm später im Auto das Lied nochmal vorspielte, übersetzte sie den Text:

»Gebt mir ein Zimmer im Hotel Ritz, ich will es nicht!
Schmuck von Chanel, ich will ihn nicht!
Eine Limousine, was soll ich damit?
Bietet mir Personal an, was soll ich damit?
Ein Haus in Neuchâtel, das ist nichts für mich!
Bietet mir den Eiffelturm an, was soll ich damit?«

»Die Dame ist aber sehr bescheiden, was will sie eigentlich?«, witzelte Peter Astl während des Zwischenspiels zum Refrain.

»Ich will Liebe, Freude, guten Humor.
Es ist nicht euer Geld, das mich glücklich macht.
Ich will mit der Hand auf dem Herz sterben.
Lasst uns gemeinsam gehen, meine Freiheit entdecken.
Vergesst doch all eure Klischees.
Willkommen in meiner Realität.«

Lang noch saßen sie im Auto und Peter Astl versuchte aus Doreen herauszubekommen, warum sie denn ihre Karriere als Sängerin an den Nagel gehängt hatte. Sie flüchtete sich aber in Ausreden über ihre zu kleine Stimme, ihr mangelndes Talent, die unsichere Marktlage in der Kunst allgemein und über den Tod ihrer Eltern, der sie so sehr aus dem Leben gerissen hatte, dass sie eine Zeitlang gar nichts machen konnte. Der wahre Grund blieb im Dunkeln, blieb unausgesprochen. Weil er Peter Astl, wie allen anderen Menschen, die sie liebten, das Herz gebrochen hätte.

»Wir werden das Lied aufnehmen«, sagte Peter Astl bestimmt, als Doreen fast schon zur Tür hinaus war. Davor hatte bereits Reinhard Waldemar gewartet.

Er lächelte Doreen an. Sie lächelte zurück. Er fragte sich, ob er jemals ein Gespräch mit ihr führen würde, vor allem aber, warum sie ihn sexuell in keiner Weise erregte, obwohl sie ausnehmend gut gebaut war.

»Schlafen Sie mit dem Personal, oder behandeln Sie die junge Rezeptionistin?«

»Weder noch. Wir sind gut befreundet.«

»Von der letzten Dame, mit der ich gut befreundet war, habe ich mir eine Geschlechtskrankheit geholt.«

»Sie fragen sich vielleicht, wann Ihr sexuelles Interesse wieder aufflammen wird.«

Reinhard Waldemar nahm erstaunt zur Kenntnis, dass

der Therapeut seine schon seit längerem schon verschwundene Libido ansprach.

»Naja. So schlimm ist es nicht.«

»Machen Sie sich keine Sorgen. Das kommt mit zunehmender Erholung wieder.«

»Ich mach mir keine Sorgen«, log Reinhard Waldemar und versuchte sich daran zu erinnern, wann er das letzte Mal so etwas wie sexuelle Erregung verspürt hatte. Es musste Monate her sein. Er vergötterte seine Verlobte. Er wäre bereit gewesen, alles für sie zu tun. Er liebte sie. Aber er konnte sich nicht erinnern, wann er das letzte Mal geil auf sie gewesen war.

»Wollen wir zurückgehen in die Lagerhalle? In Ihr Ich?«

»Wenn es denn sein muss ...«

»Wir können auch Ihre Erfahrungen und Empfindungen im Wald besprechen, wenn Ihnen das lieber ist.«

»Das mit den Bäumen?«

»Ja.«

»Da gibt es nichts zu besprechen, das war ziemlich sinnlos.«

»Was haben Sie gespürt?«

»Ehrlich?«

»Klar.«

»Nichts. Ich hatte keinerlei Gefühle.«

»Woran haben Sie gedacht?«

»Dass mich hoffentlich niemand sieht, den ich kenne.«

»Sehen Sie, das ist ja schon ein Gefühl. Wofür schämen Sie sich?«

Reinhard Waldemar schämte sich für nichts. Ihm war im Grunde selten etwas peinlich. Im Gegenteil, er liebte es, unter Freunden oder Bekannten pikante Themen anzusprechen.

»Für nichts. Ich hab nichts zu verbergen.«

»Schämen Sie sich für ihren Zusammenbruch?«

Eine kleine Schockwelle ging durch Reinhard Waldemar. »Zusammenbruch?« Was für ein schreckliches Wort. »Burnout« war die um vieles bessere Bezeichnung. Modern und sozial akzeptiert, bescheinigte sie dem Betroffenen, ein fleißiger und disziplinierter Mensch zu sein. Da steckt »brennen« drin. Man hat für etwas gebrannt. Ist halt mal kurz der Brennstoff ausgegangen, na gut! Zusammenbruch dagegen deutet auf eine labile Psyche, auf ein eindeutiges Versagen hin. Er hatte versagt. Er hatte den Wettlauf verloren. Disqualifiziert. Während die anderen weiter die Profite vermehren und ihre Firmen ins Ziel bringen, muss er jetzt Bäume umarmen! Weil er ein Versager ist. Diese Gedanken schossen ihm durch den Kopf. Da war auch die Panik wieder.

»Dass es aber auch gar keine Tabletten gibt, die man nehmen kann – und weg ist es, das Burnout!«

»Was ist der Sinn Ihres Lebens?«

»Wie bitte?«

»Was der Sinn Ihres Lebens ist?«

»Ist das jetzt das Seminar ›Philosophie für Dummies‹?«

»Haben Sie für sich einen Sinn gefunden?«

»Es gibt keinen Sinn. Der Mensch ist eine Maschine, die durch Hormone gesteuert wird.«

»Und wozu gibt es diese Maschine? Also diese spezielle Maschine, die Sie sind?«

»Wozu?«

»Ja. Was wollen Sie mit dieser Maschine machen?«

»Die Maschine ist jetzt grad beim Service und ich hoffe, sie funktioniert bald wieder!«

»Was macht Ihnen Spaß?«

Er musste lange überlegen. Nichts. Bei genauer Betrachtung machte Reinhard Waldemar nichts in seinem Leben Spaß. Weder sein Job noch sein Mountainbike. Er las kaum und wenn, dann Fachliteratur zum Thema Wirtschaft, Marketing und Werbedesign. Er hasste Romane. Er hasste erfundene Geschichten. Er war, wenn überhaupt, an der Wirklichkeit interessiert. Er hatte ein paar Biografien gelesen.

»Spaß!«, sagte er, »was ist schon Spaß? Es gibt Wichtigeres im Leben als Spaß.«

»Was oder wen lieben Sie?«, insistierte Peter Astl und musste feststellen, dass er selbst diese Frage mit »meine Freundschaft zu Doreen« beantworten müsste.

Reinhard Waldemar fiel nichts ein, deshalb sagte er: »Meine Verlobte.« Und merkte, dass er nichts dabei empfand, außer Angst, sie zu verlieren. Angst, ihr nicht das Leben zu bieten, das sie sich wünscht. Eigentlich empfand er in Bezug auf seine Verlobte in erster Linie Angst.

5 Nach der Therapiesitzung, die keine neuen Erkenntnisse gebracht hatte, schlenderte er durch die Empfangshalle des Hotels. Er überlegte, ob es ein Fehler gewesen war, die Hypnose abzulehnen, wollte er doch unbedingt wissen, was dieses Ding war, das er in der Lagerhalle gefunden hatte. Aber eigentlich fühlte er sich nicht danach. Er fühlte wieder einmal gar nichts. Bis zu dem Moment, in dem er Dr. Baumgartner mit Doreen auf der Terrasse sitzen sah. Sie lachten, tranken Kaffee, schwatzten und rauchten. So etwas wie Eifersucht stieg in ihm hoch. Er wurde unsicher. Sollte er sich zu ihnen setzen? Sollte er so tun, als hätte er sie nicht gesehen? Lief da was zwischen der Rezeptionistin

und dem Simulanten? Sollte er ihren Geliebten Peter Astl verständigen?

»Waren wir nicht für die Sauna verabredet?«, fragte Reinhard Waldemar Dr. Baumgartner.

»Nein. Aber du kannst dich gerne zu uns setzen. Darf ich vorstellen, das ist Doreen.«

Er wusste, dass dies Doreen war, ärgerte sich über Dr. Baumgartner und fragte sich, warum er sich zu ihnen setzte.

»Freut mich. Reinhard!«

Doreen lächelte ihn an, sie gaben einander förmlich die Hand.

»Was gibt es so Lustiges, dass ihr dauernd lachen müsst?«

»Wir reden vom Tod«, sagte Doreen, »und fragen uns gerade, ob er, der Tod, wenn alles Leben ausgelöscht ist und nichts mehr sterben kann, dann selbst Angst vor seinem eigenen Tod hat.«

Doreen und Dr. Baumgartner lachten.

»Ob er dann mitten in der Nacht schweißgebadet aufwacht und zwei Päckchen Zigaretten raucht …«

»… während seine Frau …«

»… die Frau Tod …«

»Sehr schön! Die Frau Tod«, Doreen lachte wieder auf.

»Die hat keine Sense, die hat eine Nagelfeile«, sagte Dr. Baumgartner.

»Die schläft noch friedlich, während er, der Tod …«

»Der Herr Tod«, ergänzte Dr. Baumgartner.

»… im Wohnzimmer sitzt und … was macht er dort eigentlich …?«

Doreen überlegte kurz, ob sie den nächsten Scherz anbringen sollte, schließlich kannte sie Dr. Baumgartner erst eineinhalb Stunden und Reinhard Waldemar gerademal zwei Minuten, in denen er nichts gesagt und auch nicht mitgelacht, dafür aber einen eher gequälten Eindruck gemacht hatte, weil er zweifelsohne Angst vor dem Sterben hatte. Sie überlegte und entschied dann zugunsten des Scherzes.

»Er sitzt im Wohnzimmer und wixt!«

Der Ausdruck »wixt« aus dem Mund einer zweiundzwanzigjährigen, attraktiven Frau hatte nicht nur etwas Komisches. Reinhard Waldemar verspürte eine leichte sexuelle Erregung, aber wirklich nur einen Hauch. Eine mentale sexuelle Erregung, die keinerlei physische Auswirkungen zeigte.

»Ich stell mir gerade vor, wie der Tod in seiner schwarzen Kutte im Wohnzimmer sitzt und mit seiner Sense spielt«, sagte Dr. Baumgartner, »und dabei klappert sein Gerippe ganz furchtbar!«

»Dass Männer auch ununterbrochen an sich herumspielen müssen«, empörte sich Doreen zum Schein.

»Das ist nur die Angst vor dem Sterben!«, lachte Dr. Baumgartner.

»Das ist mir vollkommen klar«, sagte Doreen. »Weil ihr nämlich glaubt, dass der Tod, der euch mitten in der Nacht holen kommt und im Wohnzimmer jemanden wixen sieht, sich denkt ›*Hoppla, das ist er nicht, das ist sein pubertierender Sohn, den darf ich noch nicht mitnehmen*‹ und wieder verschwindet.«

Lautes Gelächter. Reinhard Waldemar lachte, wenn auch künstlich und dadurch übertrieben. Doreen liebte es auf den Tod, über den Tod zu scherzen. Zwei Wochen nach dem Begräbnis ihrer Eltern war sie bei entfernten Verwandten in Salzburg zu Gast gewesen, die sich dort ein kleines Ferienhaus gekauft hatten. Es lag neben einem Friedhof, der direkt an den Garten grenzte. Gleich nach der Begrüßung hatte sie den Gastgebern auf die Frage, wie ihr denn das Haus gefalle, geantwortet: »Sehr schön, wenn ich gewusst hätte, dass es mitten in einem Friedhof steht, hätte ich meine Eltern auch mitbringen können.«

Es erübrigt sich zu sagen, dass ihre Verwandten den Scherz nicht gut aufgenommen hatten und sie für einen gefühlskalten Menschen hielten.

Das Gegenteil war der Fall. Doreen strahlte eine Unmenge an menschlicher Wärme und Fröhlichkeit aus. Erstaunlich für jemanden, dessen Leben im Zeichen des Todes stand.

»Man macht solche Scherze nicht«, sagte Reinhard Waldemar.

»Man sollte nur solche Scherze machen – alles andere ist bedeutungslos.«

»Der Tod, der Angst vor seinem eigenen Tod hat, das ist doch mörder!«, meinte Doreen.

Sie scherzten noch weitere zwanzig Minuten über den Tod und nachdem bei Reinhard Waldemar keine richtige Stimmung aufkommen wollte, versuchte er endlich einen Themenwechsel.

»Müssen wir dauernd über den Tod reden? Es gibt doch genug andere Themen. Wieso heißen Sie eigentlich Doreen? Sind Ihre Eltern englischsprachig?«, fragte er.

»Nein, der Name war der einzige, auf den sich beide einigen konnten. Mein Vater wollte Anastasia und meine Mutter Chantal.«

»Da sind Sie ja noch einmal davongekommen!«

»Was machen Ihre Eltern?«, erkundigte sich Dr. Baumgartner.

»Nichts. Die sind seit zehn Jahren ziemlich faul. Liegen eigentlich nur sinnlos am Friedhof herum.«

»Junges Fräulein, das geht jetzt zu weit«, tadelte Reinhard Waldemar Doreen, »nur für einen Scherz die eigenen Eltern sterben zu lassen!«

»Die sind vor zehn Jahren bei einem Autounfall ums Leben gekommen!«, sagte Doreen ernst.

Nach einer unangenehmen Gesprächspause sprach man ehrlich gemeintes Beileid aus, Reinhard Waldemar entschuldigte sich für seine Bemerkung und wenig später lachte man wieder, was Doreen zu verdanken war. Sie erzählte von ihrer aufgegebenen Karriere als Sängerin, von ihrem Single-Dasein und dass sie vor kurzer Zeit ein wunderbares Lied gehört hätte, das sie ihnen demnächst unbedingt vorspielen möchte. Dr. Baumgartner erzählte von seinem Job als Arzt, den er hasste wie die Pest, seinem Wunsch, Musiker zu werden und seinem übermächtigen Vater. Reinhard Waldemar erzählte von seiner Verlobten, was für eine wunderbare Frau sie sei, wie sie sich kennengelernt hatten, wie er sich auf die Hochzeit freue und dass er hoffte, sein Burnout in den Griff zu bekommen. Je attraktiver und anziehender er Doreen fand, desto deutlicher pries er die Vorzüge seiner Verlobten. Sie sprachen über ihre Zusammenbrüche, scherzten über das Erlebnis im Wald und Reinhard Waldemar stellte nach zwei Gläsern Rotwein und dem allgemein vereinbarten Du-Wort die entscheidende Frage: »Hast du was mit unserem Therapeuten?«

»Nein. Um Gottes willen. Er ist ein Freund. Ein wirklich großartiger Freund.«

Der großartige Freund – es war mittlerweile früher Abend – stand unerwartet neben der gemütlichen Runde und setzte sich dazu. Sie plauderten, scherzten und flirteten. Die Atmosphäre war locker und Reinhard Waldemar ließ sich wieder einmal über die Szene im Wald aus.

»Ich glaube ja wirklich, dass es völlig sinnlos ist, einen Baum zu umarmen.«

»Ich bitte dich, müssen wir wirklich über den Job reden!«, sagte Peter Astl.

»Das muss ja für einen Psychologen schrecklich sein. Egal, was man dir erzählt, es hat immer mit deinem Job zu tun.«

»Wenn man ihn nur fragt, wie es ihm geht, hat das schon mit seinem Job zu tun!«

»Nein, nein. Wie es mir selbst geht, hat gar nichts mit meinem Job zu tun, ich bin mir selbst der schlechteste Therapeut«, sagte er und dachte an seine Selbstmordversuche und seine schwere Depression, die sich in Gegenwart von Doreen immer in Nichts aufzulösen schien.

Und er dachte an die Absurdität seiner Gefühlswelt. In manchen Augenblicken der Verzweiflung und Todessehnsucht, in den Momenten, da ihm der Tod die einzige Heilung all seiner Schmerzen schien, wünschte er sich eine unheilbare Krankheit herbei. Krebs. Weil ihm diese tödliche Bedrohung als einziger Weg zu ungebrochenem Lebenswillen schien. Wenn das Sterben real wäre und nicht durch einen absichtlich ungeschickt inszenierten Selbstmord am Ende doch verhindert werden würde, erst dann würde sein Wille zum Leben, seine Freude am Leben wieder an Kraft gewinnen, dachte er.

»Und warum habt ihr zwei interessanten, intelligenten und gar nicht so unattraktiven, in euren Jobs erfolgreichen Männer ein Burnout!?«

Dieser ausgesprochene Gedanke, der Doreen schon seit Minuten beschäftigt hatte, amüsierte Peter Astl, verwirrte

Reinhard Waldemar und entzückte Dr. Baumgartner. Dieser rief fröhlich aus: »Ich habe kein Burnout. Ich bin nur ein Simulant. Ich verweigere mich!«

»Du bist gar nicht zusammengebrochen?«, fragte Doreen.

»Nein! Ich habe es nur gespielt.«

»Wie? Wirklich gespielt, oder im Spital angerufen und gesagt, du wärst zusammengebrochen?«

»Gespielt.«

Er stand auf, brachte sich in Position und brach zusammen. Zuerst begann er mit dem Kopf zu wackeln, dann schwankte er als Ganzes, ließ seine Knie einknicken, verdrehte die Augen und lag am Boden. Einige Hotelgäste erschraken.

»Keine Angst, der Herr simuliert nur!«, rief ihnen Doreen zu.

Reinhard Waldemar spürte leichte Panik aufsteigen. Es wurde ihm schwindelig. Dr. Baumgartner erhob sich wieder.

»Bravo!« Doreen klatschte in die Hände, Peter Astl fiel mit ein. Reinhard Waldemar machte ein betroffenes Gesicht.

»Darüber kann ich nicht lachen«, sagte er.

»Wir lachen nicht, wir klatschen Beifall«, erwiderte Doreen.

Dr. Baumgartner setzte sich wieder.

»Was soll denn das? Ich lass mich doch hier nicht verarschen«, sagte Reinhard Waldemar: »Anscheinend bin ich der Einzige hier, der wirklich ein Problem hat.«

»Es tut mir leid, ich wollte dich nicht verletzen.«

Die nächsten zehn Minuten war die Stimmung etwas angespannt, bis man sich verabschiedete, denn es war Zeit für das Abendessen. Sie standen verloren in der Lobby herum, hätten sich noch so viel zu sagen gehabt und verstanden nicht ganz, warum dieser wunderbare Moment jetzt zu Ende sein sollte. Doreen, Peter Astl, Dr. Baumgartner und selbst Reinhard Waldemar wünschten sich nichts sehnlicher als ein Wiedersehen. Alle gingen sie nach wenigen unangenehmen Sekunden der Stille ihrer Wege. Doreen vermisste die drei Männer. Peter Astl vermisste Doreen. Dr. Baumgartner vermisste Peter Astl und Doreen. Reinhard Waldemar wusste nicht genau, was er vermisste, vermisste dies aber so sehr, dass er sich umdrehte und rief: »Warum treffen wir uns nicht morgen wieder alle hier in der Bar?«

6 Wie immer in solchen Fällen entwickelte sich zwischen den Beteiligten eine spezielle Gruppendynamik, deren Grundstein schon im ersten Treffen gelegt worden war und die sich beim vierten Treffen bereits voll entfaltet hatte. Astl und Doreen hatten den Status eines Liebespaares, Dr. Baumgartner entwickelte sich zum Dandy und Lebemann der Gruppe, der, davon waren Astl und Waldemar überzeugt, bereits unsterblich in Doreen verliebt war. Waldemar blieb, was er von Anfang an gewesen war, der reizbare, zutiefst einsame Manager, der sich, davon waren Astl und Dr. Baumgartner zutiefst überzeugt, in Doreen verliebt hatte, was sein väterliches Auftreten und seine gelegentlichen spitzen Bemerkungen ihr gegenüber zu verraten schienen. Doreen war Doreen: »ein bezaubernder Engel« (© Dr. Baumgartner), »unsere Muse und energiegeladene Seelenverwandte« (© Peter Astl), »unsere große Tochter, auf die wir aufpassen müssen« (© Reinhard Waldemar).

»Die Frau, mit der wir alt werden wollen«, sagte Dr. Baumgartner beim achten Treffen.

»Wie herrlich«, meinte Doreen, »wenn wir alt und gebrechlich sind, dann gründen wir eine Wohngemeinschaft, ziehen alle zusammen und machen Wettrennen in unseren Rollstühlen.«

»Das wird sich nicht ganz ausgehen«, wandte Peter Astl ein.

»Wenn wir alt und gebrechlich sind, dann bist du immer noch ziemlich frisch und jung.«

»Naja, so groß ist der Unterschied auch wieder nicht«, sagte Reinhard Waldemar.

»Ungefähr …«, Doreen dachte nach, »zwanzig Jahre.«

»Kommt drauf an, ab wann wir im Rollstuhl sitzen.«

Und nach kurzer Zeit waren sie wieder bei ihrem offensichtlichen Lieblingsthema, dem Tod. Sie kamen überein, dass es in Wahrheit die Angst vor dem Sterben sei, die sich in Form ihrer Lebenskrise zum Ausdruck brachte. Doreen versicherte den drei Herren, die im Laufe des Gesprächs immer älter zu werden und am Ende gar nach Verwesung zu riechen schienen, sie werde auf ihren Begräbnissen singen.

»Mein Lieblingslied: ›Je veux‹. Ich verspreche euch, ich bin bei euren Begräbnissen dabei.«

»Wer sagt, dass du uns überlebst?«

»Ja, das kann man nicht wissen«, lächelte Doreen.

Dennoch: Sie wusste es.

Die Obduktion nach dem Unfall ihrer Eltern hatte einen überraschenden Befund zutage gefördert. Ihr Vater war am Steuer an einer Gehirnblutung verstorben. Das Aneurysma ist eine mit Blut gefüllte, sackförmige Ausbuchtung an einer Arterie. Es wird eines Tages platzen. Wenn sich diese Aussackung an einer Gehirnarterie befindet, nennt man es zerebrales Aneurysma. Daran war ihr Vater verstorben.

»Sie sollten sich einer Untersuchung unterziehen«, hatte ein Arzt im Wiener AKH zu Doreen gesagt. Damals, Wochen nach dem Tod ihrer Eltern. »Lassen Sie sicherheitshalber ein CTA machen.«

»Warum? Ist das Aneurysma ansteckend? Bin ich zu oft am Schoß meines Vaters gesessen?«, scherzte Doreen.

»Aneurysmen haben eine gewisse familiäre Häufigkeit. Sie sollten das abklären.«

»Sie meinen, ich könnte das auch haben?«

»Ja. Es muss nicht sein, aber die Wahrscheinlichkeit besteht.«

Zwei Jahre später führte man im AKH einen Katheter von Doreens Leistenbeuge über die Beinarterie, die Baucharterie, das Herz, die Halsgefäße bis in ihre Arteria basilaris, um eine invasive Katheter-Angiographie durchzuführen. Die Untersuchung zeigte, dass sie im hinteren Kreislauf ihrer Gehirnstammgefäße, an der Arteria basilaris, eine Aussackung hatte, die jederzeit platzen, zu sofortigem Bewusstseinsverlust und Minuten später zum sicheren Tod führen konnte. Es konnte sprichwörtlich jeden Tag vorbei sein.

Die Untersuchung hatte auch ergeben, dass eine endovaskuläre Therapie unmöglich war.

»Welche Therapie?«, fragte Doreen.

»Man nennt das Coiling. Dabei würden wir Ihnen ein Knäuel aus Draht in die Aussackung stecken, das Blut würde gerinnen und die Gefahr einer Gehirnblutung geringer werden. Aber leider ist das bei Ihnen nicht möglich.«

»Was ist bei mir möglich?«, fragte sie.

»Eine High-Risk-Operation.«

»Was bedeutet High-Risk?«

»Genau das. Mit einem nicht unbeträchtlichen Risiko könnten Sie dabei auch versterben.«

»Was heißt nicht unbeträchtlich?«

»Wenn Sie eine Bandscheiben-Operation haben, dann ist das Risiko, dass Sie am Weg zur Operation bei einem Autounfall ums Leben kommen, signifikant höher, als dass Sie bei der Operation irgendeinen Schaden nehmen. Bei der Aneurysma-Operation ist es umgekehrt.«

So blieb Doreen die Wahl zwischen der hohen Wahrscheinlichkeit, demnächst bei einer Operation zu sterben, oder der Sicherheit, irgendwann innerhalb der nächsten zehn bis fünfzehn Jahre ganz plötzlich und unvermutet den Löffel abzugeben. Sie konnte keine Entscheidung treffen. Sie weinte. Sie schrie. Sie dachte an Selbstmord. Doch eines Tages hatte sie beschlossen, das Leben zu umarmen. Genau so unerwartet und plötzlich, wie sie es verlassen würde, beschloss sie, es zu lieben. Es zu leben. Kein leichtes Unterfangen, wenn man heute Nacht noch sterben könnte. Aber sie hatte keine Zeit, das Leben oder Gott für ihr Schicksal zu verfluchen. Sie wollte nicht abtreten mit Hass oder Traurigkeit in ihrem Herzen. Sie wollte lachend und voll Liebe sterben. Kein leichtes Unterfangen, wenn man weiß, dass man seine Enkelkinder niemals sehen wird. Ja, vielleicht sogar sein eigenes Kind.

Wir raten Ihnen von der Belastung einer Schwangerschaft ab.

Wir raten Ihnen von ihrem Beruf als Sängerin ab. Hoher Blutdruck kann das Aneurysma zum Platzen bringen.

Wir raten Ihnen, wenig Sex und den sehr dosiert zu haben. Der Blutdruck, Sie wissen ja.

Von all dem wusste niemand. Nicht die Verwandten. Nicht die Freunde. Peter Astl nicht und auch die anderen zwei ausgebrannten, erschöpften und depressiven Herren nicht. Einzig und allein ihre Therapeutin, die sie regelmäßig besuchte, wusste Bescheid.

Doreen, mit dem Tod ständig auf Tuchfühlung, lachte, als Reinhard Waldemar sagte: »Durch das Sterben verliert das Leben völlig an Sinn!«

»Was ist denn mit euch Männern los? Kaum über vierzig und schon zerfressen von Todesangst!«

»Weil das Leben dadurch sinnlos wird!«

»Was ist der Sinn eures Lebens? Jeder sagt jetzt, was der Sinn seines Lebens ist. Los geht's!« Doreen wartete gespannt auf die Antworten.

»Meines hat gar keinen Sinn. Null. Nix. Ich verdiene Geld, lebe gut, heirate in zwei Wochen und dann ist es irgendwann einmal zu Ende. Aber Sinn hat es keinen.«

Selbst wenn sie diesen Satz nur mit verzerrter Stimme gehört hätte, hätte sie gewusst, dass er von Reinhard Waldemar kam.

»Der Sinn meines Lebens ist es, nach einem Sinn zu suchen«, sagte Peter Astl.

»Mein Leben hat keinen Sinn an sich. Die Tatsache, dass ich lebe, ergibt für sich noch keinen Sinn, weil nichts, was nur für sich existiert, Sinn ergibt, weil Sinn nur aus Zusammenhang entstehen kann«, dozierte Dr. Baumgartner.

»Wie?«, fragte Reinhard Waldemar.

»A, B, C, D, E, F, G, H, I, J, K, L, M, N, O, P, Q, R, S, T, U, V, W, X, Y, Z. Was bedeutet das?«, fragte er.

»Das ist das Alphabet«, sagte Doreen.

»Ja. Aber es ergibt keinen Sinn«, beharrte Dr. Baumgartner.

»Aber natürlich ergibt das Alphabet Sinn. Es ist dazu da, damit wir etwas aufschreiben können«, fiel Reinhard Waldemar ein.

»Aber nur, wenn wir die Buchstaben in eine sinnvolle Reihenfolge bringen. Wenn die einzelnen Buchstaben miteinander in Beziehung stehen, dann ergeben sie einen Sinn. Jeder Buchstabe allein ist sinnlos.«

»Gfrzukierop zum Beispiel ist sinnlos, obwohl die Buchstaben in Beziehung zueinander stehen«, sagte Reinhard Waldemar.

»Ja.« Der Herr Philosoph dachte nach: »Selbstverständlich. Weil es nicht egal ist, zu wem man in Beziehung steht. Buchstaben ergeben nur dann Sinn, wenn sie zu den richtigen Buchstaben, die ein Wort bilden, in Beziehung stehen!«

»Wollen wir noch eine Flasche Rotwein bestellen? Das ergäbe zum Beispiel komplett einen Sinn!«

»Sehr richtig!«

Sie bestellten.

»Und so ist das mit unserem Leben auch. Alleine für uns ergeben wir keinen Sinn, aber sobald wir in Beziehung stehen ergibt unser Leben Sinn.«

»Dabei hab ich grad in meiner Beziehung das Gefühl, dass das Leben keinen Sinn hat. Doch sobald meine Frau einkaufen geht und ich am Computer etwas spiele, ergibt es wieder Sinn!«, sagte Peter Astl. Man lachte ausgiebig, bevor Dr. Baumgartner weiterdozierte.

»Das heißt, wir müssen uns zu den Menschen, Dingen, zu unserem Beruf und so weiter in Beziehung setzen, damit wir

Sinn ergeben. Und letztendlich müssen wir mit uns selbst in Beziehung treten, damit wir dann auch mitten in der Nacht, allein zuhause auf der Couch im Wohnzimmer sinnierend einen Sinn erkennen können.«

Dr. Baumgartner war sichtlich angetan von der Alliteration, die sich gegen Ende seiner Überlegungen wie von selbst eingestellt hatte und ließ es deshalb nachklingen:

»... sinnierend einen Sinn erkennen!«

»So ein Blödsinn!« Reinhard Waldemar ließ sich nicht einlullen. »Wie soll ich bitte zu mir selbst in Beziehung treten! Eine Beziehung mit mir selbst haben? Soll ich mich zum Essen einladen, soll ich mit mir ins Kino gehen?«

»Ja, warum nicht!«, meinte Peter Astl.

Dann überlegte Astl kurz. Er war sich nicht sicher, aber er hatte plötzlich eine Ahnung, was das Ding sein könnte, das Reinhard Waldemar in seinem Inneren, im Lagerhaus, gefunden hatte.

»Darf ich dich kurz allein sprechen«, wandte er sich an Reinhard Waldemar.

»Wieso?«

»Es geht um etwas aus der Therapiestunde. Setzen wir uns kurz da rüber?«

»Wenn es für euch okay ist?«, fragte Reinhard Waldemar in die Runde und erntete Nicken.

Die beiden ließen Doreen und Dr. Baumgartner alleine zurück und gingen eine Runde spazieren. Die Bar war überfüllt und nicht der geeignete Ort.

»Sie selbst!«, sagte Peter Astl triumphierend. »Sie selbst!«

»Mhm? Sind wir wieder per Sie? Wovon redest du eigentlich?«

»Entschuldige, aber meine Therapeutenrolle hat mich überwältigt! Also, dieses Ding, das du nicht beschreiben kannst, das du zwar angreifen, aber von dem du nicht sagen kannst, welche Konsistenz es hat, das du sehen, aber dessen Form du nicht erkennen kannst, das du riechen, aber dessen Geruch du nicht beschreiben kannst: Das bist du selbst!«

»Das verstehe ich nicht. Ich weiß doch wer ich bin. Wieso kann ich mich nicht beschreiben?«

»Dann versuch es. Beschreib dich! Los!«

»Naja ... ich ... ich fahre gerne Mountainbike, ich liebe meine Arbeit, ich werde in zwei Wochen heiraten ... ich bin sehr an den Nachrichten aus aller Welt interessiert, schaue mir gerne Dokumentationen im Fernsehen an ... ich liebe meinen Apple ...«

»Das hat alles nichts mit dir zu tun. Das sind Äußerlichkeiten. Das bleibt alles an der Oberfläche.« Peter Astl blieb stehen und sah Reinhard Waldemar in die Augen. Stille. Sie sahen einander an.

»Wer um alles in der Welt bin ich?«, sagte Reinhard Waldemar und begann zu lachen. »Ich kenne mich nicht! Stell dir vor, ich würde mir zufällig auf der Straße über den Weg laufen, ich hätte keine Ahnung, wer das ist. Wenn ich mich mit mir selbst verabreden würde, müsste ich eine rote Rose im Knopfloch haben, damit ich mich erkenne!« Sein Lachen wurde heftiger. Peter Astl hatte ein wenig Angst, es könnte in einen hysterischen Anfall münden.

»Hahahahaha! Ich kenne mich nicht. Reinhard Waldemar? Nie gehört! Ich muss mir Visitenkarten machen lassen. Für mich. Die geb ich mir dann, damit ich weiß, wer ich bin!«

Sein Lachanfall hatte etwas Befreiendes und glitt nicht ins Hysterische, endete aber mit einem tiefen Schluchzen, das allmählich zu einem leisen Weinen überging. Der Therapeut umarmte den Klienten, seinen Freund, und nach einer Weile beschlossen sie, wieder zu den anderen zu gehen.

»Du schaust ein bisschen ramponiert aus«, sagte Peter Astl.

»Am Ende glauben die, wir haben gerade miteinander geschlafen.«

Beide lachten.

Doreen durchzuckte gerade ein nie gekannter heftiger stechender Kopfschmerz, als Peter Astl und Reinhard Waldemar sich wieder einfanden.

»Wir sind auf etwas Sensationelles draufgekommen«, sagte Dr. Baumgartner.

Doreen fasste sich an ihren Hinterkopf.

»Alles in Ordnung?«, fragte Peter Astl.

»Ich weiß nicht … ich hab grad so irrsinnige Kopfschmerzen.«

Sie hatte eine Warning-Leak-Blutung. So nennt man eine kleine, an sich harmlose Blutung am Aneurysma, die zu heftigen Kopfschmerzen führt, eine kurze Schmerzattacke, die sehr rasch wieder verschwindet. Dabei tritt nur eine kleine Menge Blut durch die Aneurysmenwand in die sogenannten basalen Zisternen, flüssigkeitsgefüllte Hohlräume an der Basis unseres Gehirns, wo sich das Blut mit dem Hirnkammerwasser, dem sogenannten Liqua, vermischt, was die heftigen, vernichtenden Kopfschmerzen verursacht.

»Es geht schon wieder. Ist weg. Alles okay. Erzähl ihnen von unserer Erkenntnis.«

Erst jetzt bemerkte sie, dass ihre Augen während des Schmerzanfalls getränt hatten.

Doreen hatte kurz nach der Diagnose aufgehört, sich mit ihrem Aneurysmas zu beschäftigen. Sie hatte dem Arzt, der die Diagnose gestellt hatte, gesagt, sie möchte auf gar keinen Fall von irgendwelchen Symptomen hören, die ein Platzen des Aneurysmas ankündigen können. Sie wolle es in dem Augenblick nicht wissen, sie wolle einfach umfallen und tot sein.

Eine leise Ahnung brachte jedoch den Schmerz mit ihrem nahen Tod in Verbindung.

»Sag schon. Es ist eine großartige Erkenntnis!«, forderte sie Dr. Baumgartner auf.

»Also, Folgendes: Wie die Buchstaben des Alphabets ergibt der Mensch nur Sinn, wenn er in Beziehung zu einer Gruppe von anderen Menschen oder Dingen oder Interessen oder was auch immer steht. In unserem Fall ergeben wir Sinn, weil wir in Beziehung zueinander stehen und seit drei Wochen eigentlich mehr an unseren Treffen interessiert sind als an unserer Therapie. Also was mich und Reinhard betrifft. In Peters Fall verstehe ich das ja fast noch besser, denn wer sitzt nicht lieber mit Freunden in einer Runde als im Büro ... also in der Praxis. So! Damit wissen wir, dass diese Runde für uns drei Männer Sinn ergibt. Aber was für einen Sinn ergibt sie für Doreen?«

»Sie kann mit einem von uns ins Bett gehen, wenn sie will«, hörte sich Reinhard Waldemar sagen und meinte sich selbst.

»Sie kann mit jedem von uns ins Bett gehen«, präzisierte Dr. Baumgartner und meinte vor allem sich selbst.

»Sie kann auch mit keinem von uns ins Bett gehen«, sagte Peter Astl und meinte es so.

»Wir, Doreen und ich, sind draufgekommen, dass der Sinn unserer Gruppe für sie einzig und allein darin besteht, dass wir ihr ermöglichen … und jetzt aufgepasst … ihr Lieblingslied ›Je veux‹ mit Band in einem Studio aufzunehmen, damit sie ihre Karriere als Sängerin wieder aufnehmen kann.«

Allgemeine Begeisterung brach aus: Was für eine geniale Idee. Wie nett. Das wäre das Lustigste. Ich mach mich an.

»Wir drei alten Trottel, die wir genug Geld haben, ermöglichen dieser wunderbaren, intelligenten jungen Frau, dass sie ein Lied aufnimmt. Das macht Sinn.«

»Wie viel kostet so etwas? Ich müsste einen Kredit aufnehmen.«

»Wir zwei kümmern uns um das Finanzielle.« Reinhard Waldemar überraschte seine eigene Courage. Er begann sich langsam kennenzulernen. Zuerst hatte er gedacht, dies wäre ein komplett hirnrissiges Unterfangen. Jeder Investmentberater würde davon abraten, Geld in eine CD-Aufnahme zu investieren, wenn die Sängerin nicht Madonna heißt. Aber dann gefiel ihm die Idee. Und er schwor sich, die Hälfte der Kosten zu übernehmen, egal wie hoch sie waren.

Dr. Baumgartner dachte, er könne damit seine kleine Burnout-Schummelei wieder gutmachen. Außerdem, so stellte er fest, war ihm alles recht, was dazu führte, mit Doreen in Kontakt bleiben zu können.

Und Peter Astl liebte sie sowieso. Von Herz zu Herz.

7

In den nächsten Tagen traf man sich wieder in der Bar. Der Sonntag wurde ausgelassen. Am Montag saßen die drei Männer allein in der Bar. Doreen hatte Dienst an der Rezeption. Die Männer kamen überein, den Plan wirklich umzusetzen und es nicht bei der schönen Idee zu belassen.

»Wir verdienen doch ausreichend«, sagte Reinhard Waldemar.

»Keine Frage. Machen wir doch etwas Sinnvolles mit unserem Geld. Aristoteles sagt: ›Um glücklich zu werden, muss man ein gutes Leben führen.‹ Also Haus, Kinder, Freunde, gutes Essen. Aber auch gute Taten vollbringen. Selbstlos Menschen helfen. Wir haben in unseren Berufen alles erreicht, was wir erreichen können, also lasset uns Gutes tun!«

»Ich stehe vor dem Privatkonkurs!«, warf Peter Astl ein.

»Dann übernehmen wir zwei deinen Teil mit. Wir tun doppelt Gutes!«, amüsierte sich Reinhard Waldemar.

»Ihr seid die zwei witzigsten Klienten, die ich jemals hatte.«

»Und du der schlechteste Therapeut, den man sich vorstellen kann. Säuft mit seinen Patienten!«

Graz war nicht weit weg und die drei machten einen Ausflug in ein Tonstudio. Man erklärte, worum es ging, verhandelte und vereinbarte einen Aufnahmetermin. Doreens Exfreund, ein Musiker, ihr ehemaliger Bandleader, studierte mit seinen Kollegen »Je veux« ein und zwei Tage vor dem Ende von Reinhard Waldemars Aufenthalt war es so weit. Gemeinsam fuhren sie von Oed nach Graz. Im Auto hörte sich Doreen das Lied noch einige Male an und sie sangen alle mit.

»Aber wenn wir alten Trotteln sterben, dann musst du persönlich auf unseren Begräbnissen singen. Du darfst das Lied nicht einfach nur so von deiner CD abspielen!«, sagte Reinhard Waldemar.

»Bis wir sterben hat sie Weltkarriere gemacht. Die Gage werden sich unsere Nachfahren nicht leisten können.«

»Vor allem: Es sind ja drei Vorstellungen. Ich nehme nicht an, dass wir gleichzeitig sterben.«

»Außer wir begehen kollektiven Selbstmord.« Seit zwei Jahren war das Peter Astls erster Scherz über dieses Thema und sich selbst.

»Wenn wir zwanzig Prozent von ihren Einnahmen als Manager einbehalten, geht sich's grad aus.«

»Sehr gute Idee. Wir gründen eine Agentur und bringen dich ganz groß raus, Baby!«

»Ihr müsstet eigentlich im Chor mitsingen ...«, sagte Doreen.

»Wir wollen dich als Sängerin rausbringen und nicht aus dem Showgeschäft!«

»Da! Das barapabaraparei, das müsst ihr singen«, beharrte sie.

Die vierte Aufnahme war die beste. Nach fünf Stunden mit Pausen war Doreen eine sensationelle Aufnahme gelungen.

»Lass mich die letzten Refrains nochmal singen«, sagte sie zum Tontechniker.

Die drei Begleiter waren die meiste Zeit stumm dagesessen und hatten Doreen beobachtet. Wenn sie sang, wurde sie noch schöner, als sie ohnehin schon war. Sie verwandelt sich in ein lyrisches Wesen, dachte Dr. Baumgartner. Ihre Stimme schien zu verraten, dass es selbst in der dunkelsten Stunde Hoffnung gibt. Fast hätte man sagen können, wenn sie sang, dann war Gott anwesend. Aber das wäre natürlich zu kitschig gewesen. Deshalb kommentierten die drei jede Aufnahme mit »Göttlich!«, »Wow!«, »Yeah!« und »Unglaublich!«.

Gelegentlich traf sie den richtigen Ton nicht. Aus Nervosität. Sie war abgelenkt. Sie dachte einen kurzen Moment an ihren Blutdruck.

»Okay. Ich spiel es dir ab Ende der letzten Strophe noch einmal ein.«

»Ja. Passt!«

Doreen räusperte sich. Die Musik begann. Sie atmete tief ein und traf den ersten Ton mit großer Genauigkeit. Die Musik, der Text trugen sie weiter. Während des zweiten Refrains, kurz vor dem Schluss des Liedes, sah sie von den Noten auf, in die sie sicherheitshalber während des Singens immer wieder schaute. Sie ließ ihren Kopf in gerader Haltung und schielte nach links durch das Fenster. Sie sah den Techniker am Mischpult. Hinter ihm standen Peter Astl, Reinhard Waldemar und Dr. Baumgartner. Sie sang weiter. Ihre Stimme begann zu zittern. Sie wurde unsicher, denn sie sah doppelt. Zwei sich überlappende Fenster, hinter denen zweimal dasselbe geschah.

Wenn das Aneurysma sich, wie in Doreens Fall, in der Mitte der Aorta basilaris befindet und es eine bestimmte Größe erreicht hat, so drückt es auf den sechsten Gehirnnerv, den Nervus abducens, der gemeinsam mit dem dritten und vierten Hirnnerv die Augenmuskulatur kontrolliert. Durch den Druck ist der Nerv irritiert und die Augenmuskulatur beeinträchtigt, sodass Doreen, wenn sie ihre Augen nach links richtete, Doppelbilder sah, weil das linke Auge nicht weit genug bewegt werden kann.

»Ich will Liebe, Freude, guten Humor.
Es ist nicht euer Geld, das mich glücklich macht.
Ich will mit der Hand auf dem Herz sterben.
Lasst uns gemeinsam gehen, meine Freiheit entdecken.
Vergesst doch all eure Klischees.
Willkommen in meiner Realität.«

Sie sang das Lied zu Ende und führte das Doppelbild auf ihre Nervosität zurück.

Applaus. Umarmungen. Doreen hatte Tränen in den Augen. Die drei Herren fühlten sich jünger denn je. Doreen verspürte Glück. Wärme. Sie hatte das Gefühl von Freiheit. Sie war dort angekommen, wo sie hinwollte.

»Ich glaube, ihr drei seid meine Engel. Ich liebe euch!« Sie sah sich in Gedanken auf einer Bühne vor Publikum. In diesem Augenblick beschloss sie, ihrer Berufung statt ihrem Beruf weiter nachzugehen. Scheiß doch auf das Aneurysma, auf den Blutdruck!

»Wenn ich tot umkippe, dann kippe ich tot um«, dachte sie, während Reinhard Waldemar eine Flasche Champagner öffnete und Dr. Baumgartner einen Strauß Rosen aus dem Vorraum holte, »aber bis dahin werde ich singen!«

Und sie behielt Recht. Blut drang in ihr Gehirn und sie war auf der Stelle tot.

In Paris erwachte ein Mann aus der Narkose, geheilt von seinem Gehirntumor. In London umarmte eine Mutter heftig ihr Kind, das sie die letzten vier Stunden in einem Kaufhaus verloren geglaubt hatte. Im Garten einer alten Frau in Neu Delhi blühte erstmals eine Orchidee, die ihr ihr verstorbener Mann geschenkt hatte. Allerorts ging das Leben weiter.

8

»Ob sie uns von oben gesehen hat? So wie die Menschen, die wieder zurückkommen, immer berichten?«, fragte Peter Astl.

»Das hoff ich nicht«, meinte Dr. Baumgartner, »mir ist vor Schreck der Champagner runtergefallen und der Korken ist herausgeschossen.«

»Ich weiß, meine Hose war ganz nass«, sagte Reinhard Waldemar.

»Wir sind dagestanden wie drei Vollidioten!«, brachte es Peter Astl auf den Punkt.

»Sie hätte gelacht.«

»Ja, vor allem wie dann der Typ vom Bestattungsunternehmen über die Champagnerflasche gefallen ist.«

»Mit dem Gesicht in die Rosen.«

»Gott sei Dank war der Notarzt noch da.«

»Der hat schlimmer ausgesehen als die arme Doreen.«

»Sie war tot immer noch schön.«

»Sie hatte ein Lächeln auf den Lippen.«

»Ja, weil sie sich dein schreckliches Geheule nicht mehr anhören musste!«

»Ich habe am meisten geweint dort im Studio! Am meisten von euch allen!«, sagte Reinhard Waldemar.

»Yeah! Du hast gewonnen!«

»Also dann: Ihr könnt den Text, oder sollen wir die Noten mitnehmen?«

In dem Testament, das Doreen hinterlassen hatte, bat sie die drei Herren, auf ihrem Begräbnis »Je veux« zu singen. Sie wisse zwar, dass es schrecklich klingen werde, aber ihre Hinterbliebenen hätten nichts Besseres verdient.

Dem Testament war ein Brief beigelegt:

Wenn es kein Unfall war, bin ich an einem Ding in meinem Hirn gestorben, von dem ich seit zehn Jahren weiß, dass es mich eines Tages aus dem Leben reißen wird. Ihr fragt euch jetzt vielleicht, warum ich euch niemals davon erzählt habe. Also, wenn ich es überhaupt jemandem erzählt hätte, dann euch. Ich liebe euch nämlich. Alle drei. Ihr seid die witzigsten Typen, die mir je begegnet sind. Aber ich habe beschlossen, niemandem davon zu erzählen. Ich hasse es, wenn Leute etwas aus Mitleid tun. Ihr müsst euch keine Sorgen machen, ich konnte mit meiner Therapeutin über all die Jahre hinweg genug darüber sprechen. Das ist übrigens die hübsche Rothaarige, die euch Casanovas bei meiner Beerdigung bestimmt auffallen wird.

Ich schreibe diese Zeilen und weiß natürlich nicht, wann ich gestorben sein werde. Aber ich vermute mal, dass wir ein paar Konzerte hinter uns gebracht haben und dass ihr immer dabei wart. Sollte sich etwas Grobes ändern, werde ich einen neuen Brief schreiben. Vielleicht bin ich ja mit einem von euch verheiratet. Hehehehe!

Ich habe euch nichts von meiner Krankheit erzählt, weil ihr ohnehin schon depressiv genug seid. Man will ja die Leute nicht noch trauriger machen.

Ich hoffe, es macht euch nicht zu viele Umstände, auf meinem Begräbnis zu singen. Ihr dürft auch weinen. Aber nicht zu viel. Macht bitte dumme Scherze über den Tod und das Leben und ich hoffe, ihr habt euer Burnout überwunden.

Vergesst mich nicht!

Eure Doreen

Die zwei Menschen auf Doreens Begräbnis, die der französischen Sprache mächtig waren, verstanden wie die übrigen auch kein Wort, weil man nicht gleichzeitig weinen und singen kann. Nach dem Begräbnis kam die hübsche Rothaarige auf Reinhard Waldemar, Dr. Baumgartner und Peter Astl zu, um ihnen mitzuteilen, wie sehr sie Doreens Leben bereichert hätten. Sie hatte es gar nicht fassen können, wieder singen zu dürfen.

9 Peter Astl flog eine Woche später mit einem von Reinhard Waldemar und Dr. Baumgartner bezahlten Ticket First Class nach Shanghai.

Reinhard Waldemar heiratete seine Verlobte und machte seinem Chef klar, dass er in den Flitterwochen nicht nur nicht erreichbar sein würde, sondern auch keine Sekunde mit irgendeiner geschäftlichen Angelegenheit behelligt werden wollte.

Dr. Baumgartner sagte seinem Vater ins Gesicht, wie sehr er seinen Beruf als Arzt hasste, und inskribierte an der Uni Philosophie.

* * *

Wenn Sie es nicht schon längst getan haben, dann legen Sie jetzt das Buch weg und hören Sie sich »Je veux« von ZAZ an. Machen Sie dumme Scherze über den Tod und das Leben und denken Sie daran, wie glücklich Doreen war, als sie dieses Lied gesungen hat.

Sie müssen nicht weinen!

ABSCHLUSSPARTY

Alles Ganze, Vollendete ist eben vollendet, fertig
und daher abgetan, gewesen;
das Halbe ist entwicklungsfähig,
fortschreitend, immer auf der Suche
nach dem Komplement.
Vollkommenheit ist steril.

Egon Friedell

Es ist vier Uhr früh und ich kann es kaum glauben. Ich habe soeben den letzten Satz dieses Buches in den Laptop getippt. Fertig. Endlich fertig. Herrlich. Ich lehne mich zurück. Klicke iTunes an und starte aus »new mix« das Violinkonzert in a-Moll, BWV 1041, von Johann Sebastian Bach, den dritten Satz, gespielt von den Berliner Philharmonikern und dem Genie Nigel Kennedy, der die schwierigsten Passagen mit einer Leichtigkeit spielt, als ob er sich die Schuhe zubinden würde. Wie sehr beneide ich ihn um seine Leichtigkeit und wie sehr kämpfe ich mich immer ab: auf der Bühne, am Schreibtisch, generell im Leben.

Ich will mir gerade eine Zigarette anzünden – ja, ich rauche wieder! Während des Schreibens hat es angefangen. Übersprunghandlung, was soll ich machen! Ich zünde mir also gerade eine Zigarette an, da läutet es an der Wohnungstür. Ich blicke auf die Uhr rechts oben am Computerbildschirm in der Menüleiste: 04:08. Wer kommt jetzt noch? Ich bin innerlich aufgewühlt wie der dritte Satz des Violinkonzerts. Wir sind beide Allegro assai. Soll ich öffnen?

Es klingelt ein weiteres Mal, jetzt schon etwas ungeduldig. Interessante Sache, dass ein und dasselbe Klingeln beim zweiten Mal ungeduldig wirkt. Es nimmt offensichtlich den Zustand dessen an, der läutet. Leise schleiche ich zur Tür, mir die Option des Rückzugs offenhaltend, mache aber dann doch auf, aus reiner Neugierde natürlich. Da steht eine junge Frau in einer Art Dirndl, am Kopf ein rotes Käppchen und in der Hand einen Korb.

»Ich hab Wein und Kuchen mitgebracht«, sagt sie.

»Das werden wir nicht brauchen, ich fress dich gleich so«, versuche ich meinem Ruf gerecht zu werden.

»Für die Party!«

»Welche Party?«

»Es hat geheißen, wenn das Buch fertig ist, gibt es eine Party.«

»Ach ja? Das hab ich ganz vergessen.«

»Oh.«

»Ja. Sorry!«

»Macht ja nichts, kann passieren!«

»Äh ... Tja, dann ...«

»Party, Party!«, ruft das Rotkäppchen.

»Ich weiß nicht ... ich bin jetzt schon etwas müde. Ich hoffe, es macht Ihnen nichts, wenn Sie wieder gehen?«

»Das ist aber extrem unfair ...«

»Wieso?«

»Ich muss gehen und die anderen dürfen feiern?«

»Ja, aber außer uns beiden ist doch niemand da.«

Das Rotkäppchen macht ein fragendes Gesicht und wirft einen Blick über meine Schulter in mein Wohnzimmer.

»Und die Leute da hinten?«

Ich drehe mich um und da stehen sie alle. Alle Figuren aus diesem Buch. Sie unterhalten sich eifrig miteinander. Die meisten halten Gläser in der Hand. Manche rauchen. Über fünfzig Personen sind in meiner Wohnung und es ist schon sehr laut. Die Badezimmertür geht auf. Ein Mann mit schwarzer Kapuze und Sense in der Hand kommt heraus.

»Coole Party, Alter!«

»Danke.«

»Ich habe zu danken. Die dummen Scherze über mich, herrlich! Ich find das echt cool. Ich hab so ein schlechtes Image. Danke nochmal!«

»Gerne!«

Er geht beschwingt ins Wohnzimmer und organisiert sich noch einen Teller Avocado-Salat.

»Wixer!«, denke ich mir.

»Also muss ich jetzt gehen, oder darf ich bleiben?«

»Nein, nein! Natürlich, kommen Sie nur weiter.«

Das Rotkäppchen stürmt in die Wohnung, läuft auf den bösen Wolf zu, der gerade mit Reinhard Waldemar und meiner Lebensgefährtin, der Tirolerin, in ein Gespräch vertieft ist und wirft sich ihm an den Hals. Daneben steht die Inderin von der Rezeption auf den Malediven und lacht über etwas, das ihr Martin, der Mann aus der Patchwork-Geschichte, zugeflüstert hat. Sein Sohn Hannes, dem Martin in der Geschichte die Freundin ausgespannt hat, beugt sich gerade über meinen Laptop und klickt sich durch meine iTunes-Playlists. Offenbar gefällt ihm Bach nicht. Penelope, seine Exfreundin, die dann seinen Vater geheiratet hat, kommt auf mich zu. Sie ist vierundzwanzig und viel charmanter, als ich sie mir vorgestellt habe.

»Wo ist denn hier die Küche?«

»Da hinten. Also, da. Was brauchen Sie denn?«

»Oder darf man hier überall rauchen?«

»Darf man. Eigentlich darf man das.«

»Gut. Danke.«

»Gerne.«

Sie geht wieder ins Wohnzimmer. Ich bin verwirrt. Wissen die eigentlich, wer ich bin? Sie wirken so uninteressiert an mir, beachten mich kaum. Sie rauchen jetzt zwar meine Zigaretten, wie ich sehen muss, unterhalten sich aber nur untereinander. Wenn ich auf der Party meines Schöpfers wäre, ich würde mich ausschließlich mit dem Gastgeber beschäftigen. Ich würde ihm die alles entscheidende Frage stellen: »Warum? Warum gibt es etwas und nicht vielmehr nichts? Warum existiert das Universum? Warum liebe ich? Warum möchte ich geliebt werden? Warum will ich Gutes tun und tue gelegentlich Böses? Warum? Mein Schöpfer, warum?«

Und er würde antworten, was ich auch antworten würde: »Mein Sohn, warum nicht?«

Aber mich fragt ja keines meiner Geschöpfe.

Aus dem Wohnzimmer höre ich den Song »The Snake« von Al Wilson. Es kommt Stimmung auf, die an »Austin Powers« erinnert. Die sieben Zwerge, Schneewittchen, Andrea, Verena, Penelope und Hannes tanzen. Enttäuschung macht sich in mir breit. Keiner will etwas von mir, was soll das? Vielleicht ist ihnen wirklich nicht bewusst, dass es sie ohne mich nicht geben würde. Vielleicht haben sie sich ihren Schöpfer bloß anders vorgestellt – jung, dynamisch, in weißem Hemd und Krawatte oder gar als alten Vater mit weißem Bart – und erkennen mich jetzt nicht. Es sieht aber auch grad nicht so aus, als ob sie mich vermissen würden. Sie sind wie die Schlange in dem Lied von Al Wilson. Ich höre auf den Text und frage mich, wieso diese meine Figuren so undankbar sind:

On her way to work one morning
Down the path alongside the lake
A tender hearted woman saw a poor half frozen snake
His pretty colored skin had been all frosted with the dew
»Oh well«, she cried, »I'll take you in and I'll take care of you«

»Take me in oh tender woman
Take me in, for heaven's sake
Take me in oh tender woman«, sighed the snake.

She wrapped him up all cozy in a curvature of silk
And then laid him by the fireside with some honey and some milk
Now she hurried home from work that night as soon as she arrived
She found that pretty snake she'd taking in had been revived
»Take me in, oh tender woman
Take me in, for heaven's sake
Take me in oh tender woman«, sighed the snake.

Now she clutched him to her bosom, »You're so beautiful«, she cried
»But if I hadn't brought you in by now you might have died«
Now she stroked his pretty skin and then she kissed and held him tight
But instead of saying thanks, that snake gave her a vicious bite
»Take me in, oh tender woman
Take me in, for heaven's sake
Take me in oh tender woman«, sighed the snake.

»I saved you«, cried that woman,
»And you've bit me even, why?
You know your bite is poisonous and now I'm going to die«
»Oh shut up, silly woman«, said the reptile with a grin
»You knew damn well I was a snake before you took me in
Take me in, oh tender woman

Take me in, for heaven's sake
Take me in oh tender woman«, sighed the snake.

In meinem Arbeitszimmer sitzt eine Frau mit lockigen, schwarzen Haaren und starrt auf meinen kleinen Zweitfernseher. Ich kann sie zuerst nur von hinten sehen. Sie sitzt da und sieht sich den Film »Matrix« an. Wer ist das? Keine Ahnung. Ich setze mich neben sie und spreche sie an:

»Hi. Ich bin's, der Autor – ich hab Sie erfunden.«

Die schwarzhaarige Frau wendet sich mir zu. Sie trägt einen Schnauzbart und ein kleines Kinnbärtchen, hat eine hakige Nase und ist ein Mann.

»Sie haben mich nicht erfunden, ich bin Monsieur Descartes. Was ist mit meiner Geschichte?«

»Bitte?«

»Meine Geschichte? Sie ist nicht in Ihrem Buch!«

»Ich weiß jetzt nicht ... Ach du Scheiße, das Buch ist gar nicht fertig! Es tut mir furchtbar leid, Monsieur Descartes, ich habe Ihre Geschichte angefangen, aber dann ... vergessen ... aber jetzt ist es zu spät.«

Ich sitze neben einem der bedeutendsten Philosophen und Naturwissenschaftler und bin zerknirscht. Unbeholfen suche ich nach Worten, um ihn nicht noch mehr zu verärgern:

»Das wäre eine großartige Geschichte gewesen«, sage ich.

»Das *ist* eine großartige Geschichte«, donnert er und mit Spott in der Stimme fährt er fort, »und warum haben wir sie dann nicht geschrieben?«

»Ich bin nicht mehr dazu gekommen ... Es tut mir sehr leid, Monsieur.«

»Noch dazu eine wahre Geschichte!«

»Verdammt, es tut mir wirklich leid!«

»Eine Geschichte, die es wert gewesen wäre, erzählt zu werden: Wie sich der große Naturwissenschaftler Descartes in Schweden den Tod holt.«

»Ich weiß, unglaublich.«

»Weil mich diese kleine Schlampe fertiggemacht hat.«

»Wen meinen Sie?«

»Kristina, die Königin von Schweden.«

»Ja, genau! Das wäre überhaupt die wichtigste Geschichte im ganzen Buch gewesen. Die Titelgeschichte. Ich werde wahnsinnig! Wie konnte ich darauf vergessen?«

»Drei Wochen lang jeden Tag um halb vier Uhr früh aufstehen!«

»Weil die Königin mit Ihnen von fünf bis neun philosophieren wollte, nicht wahr?«

»Ja! Mitten in der Nacht, diese kleine, dumme Göre.«

»Wie alt war sie?«

»Vierundzwanzig. Und jagt einen dreiundfünfzigjährigen Mann, der zeit seines Lebens nicht vor elf Uhr aufgestanden ist, um halb vier aus dem Bett! Noch dazu hat sie nichts von Philosophie verstanden.«

»Warum haben Sie eigentlich immer so lang geschlafen?«

»Ich habe nicht geschlafen. Ich war meistens schon um neun wach und bin bis elf oder manchmal sogar bis nach zwölf im Bett gelegen und habe gelesen oder nachgedacht.«

»Und wann sind Sie immer schlafen gegangen?«

»Nie vor zwei, drei Uhr nachts.«

»Und daran sind Sie verstorben?«

»Ja. Ich habe mir wegen dieser Schnepfe den Tod geholt. Eine Lungenentzündung hab ich bekommen in diesem arschkalten Schweden!«

»Ihr Körper war geschwächt durch den Schlafentzug.«
»Ja, natürlich. Ach Gott, diese Weiber!«
»Wie ich immer sage: Der frühe Wurm hat einen Vogel!«
»Sagen Sie, dieser Film da, ›Matrix‹ ...«
»Ja.«
»War der erfolgreich?«
»Sehr. Es gibt drei Teile.«
»Sie wissen schon, dass das meine Idee war?«
»›Matrix‹?«
»Ich denke, also bin ich. Das wird Ihnen doch was sagen?«
»Ja, ja. Natürlich.«
»Es ist das Einzige, was wir mit Sicherheit sagen können. Es ist das Fundament, auf dem wir angesichts des Trugs unserer Sinne und der Verworrenheit unserer Gedanken aufbauen müssen. Nichts entgeht unserem Zweifel außer der Tatsache unseres Zweifels selbst. Also: *cogito ergo sum*. Für meine Argumention habe ich hypothetisch die Existenz einer bösen Intelligenz, *genius malignus*, angenommen, die uns die Welt nur vorgaukelt. Wenn wir uns auf unsere Sinneseindrücke allein verlassen würden, könnten wir nicht entscheiden, ob die Welt um uns herum real ist oder wir nur Figuren im Film dieses bösen Dämons sind.«
»Klar, das ist ja Ihre große Erkenntnis.«
»Kann ich die Nummer eines Anwalts haben, ich werde Hollywood verklagen, die haben meine Idee gestohlen.«
»Kein Problem, kann ich organisieren.«
»Übrigens, ein paar von uns haben beschlossen, einen Verein zu gründen.«
»Was für einen Verein?«
»Verein der von Niavarani in seinem zweiten Buch vergessenen Geschichten und deren Personal.«

Ein paar Vereinsmitglieder stellt mir Monsieur Descartes bei der Gelegenheit gleich vor.

Da ist der Mann, der in seinem Postkasten einen Brief mit beigelegtem Ultraschallbild eines Embryos vorfindet und zwar am Tag seiner Hochzeit. Natürlich ist der Brief nicht von seiner soeben Angetrauten.

Dann plaudere ich ein wenig mit der jungen Frau, die nach der Trennung von ihrem langjährigen Freund in eine WG mit drei Single-Männern zieht und ihnen das Leben schwer macht.

Die zwei Heiligen Drei Könige, Kaspar und James, beschweren sich, dass ich ihre Geschichte unter den Tisch habe fallen lassen und verlangen zur Entschädigung gleich einen ganzen Roman. Einen solchen hält auch der Mann, der durch eine Quantenwahrscheinlichkeitswelle dreitausend Jahre in die Zukunft geschleudert wird, durchaus für angebracht. Er faselt was von einer Trilogie.

Ich beginne mich unter all den ungeborenen Figuren wohlzufühlen. Wir haben Spaß, trinken, scherzen und schmieden Pläne für die Zukunft.

»Herr Niavarani!«, höre ich jemanden rufen.

»Herr Kowalski«, ich erkenne den Mann aus dem Paralleluniversum sofort.

»Wieso haben Sie denn die Sequenz mit unserem Gott ausgelassen?«

Nein! Bitte nicht! Was habe ich denn noch alles vergessen?

»Naja, wahrscheinlich dachte ich mir, das wäre dann zu viel Gerede über Gott in einem Buch.«

»Aber überhaupt nicht. Großartige Sache.«

»Außerdem habe ich vergessen, worum es da eigentlich geht.«

»Sie hätten mich zu passender Gelegenheit fragen müssen, woran wir in unserem Universum glauben.«

»Aha, und was hätten Sie gesagt?«

»An die 8. Wir beten die 8 an.«

»Aha und warum?«

»Warum? Weil die 8 die Ursache unserer Existenz ist.«

»Jetzt kommt sicher wieder was Physikalisches!«

»Ja klar. Die Physik ist die wahre Religion, weil nur sie die Ursache unserer Existenz klären kann.«

»Und was hat es mit der 8 auf sich? Von selbst erklärt sich das wieder einmal nicht!«, werde ich ungeduldig.

»Woraus bestehen wir?«

»Aus Organen und Knochen und Haut und so weiter.«

»Und woraus bestehen die wiederum?«

»Aus Zellen.«

»Und die?«

»Aus Zellwand, Zellkern, Zellplasma et cetera.«

»Und woraus bestehen die wiederum?«

»Aus allem Möglichen: Wasser, Aminosäuren, Spurenelementen, Metallen …«

»Und die?«

»Aus Molekülen.«

»Und woraus bestehen Moleküle?«

»Aus Atomen.«

»Und warum?«

»Weil sich Atome in chemischen Reaktionen miteinander verbinden.«

»Sehr schön. Genau so ist es. Und warum tun sie das?«

»Keine Ahnung, weil ihnen alleine fad ist?«

»Nein: Weil sie eine komplette letzte Elektronenhülle haben wollen. Sie wissen, die Elektronen kreisen in Elektronenschalen um den Atomkern.«

»Ja, ja.«

»Sie wollen dort in ihrer letzten Schale unbedingt acht Elektronen haben; nur dann sind sie glücklich, weil sie komplett sind. Und wenn zwei Atome aufeinandertreffen, deren letzte Elektronenschale weniger als acht Elektronen hat, dann verbinden sie sich mit anderen Atomen, damit sie sich die Elektronen teilen können, und bilden Moleküle, aus denen wir bestehen.«

»Und deshalb existieren wir? Weil die Atome 8 Elektronen haben wollen?«

»Deshalb verdanken wir unsere Existenz der 8.«

»Gott ist 8.«

»So kann man es auch sagen.«

»Erstaunlich.«

»Und wenn die 8 stirbt und umfällt, dann sieht sie so aus: ∞. Und was ist das?«

»Unendlich!«

»Sehen Sie! Unendlich, und wieder retour!«

Ich bin plötzlich erstaunt, warum ich das Unendlich-Zeichen so deutlich vor mir sehe. Da wird mir klar, dass ich noch immer nicht aufgehört habe, zu tippen. Dass ich noch immer an meinem Laptop sitze und schreibe. Dass außer mir niemand in meiner Wohnung ist. Und dass Bachs Violinkonzert gerade zu Ende gegangen ist.

Inzwischen ist es fünf Uhr früh. Ich rauche eine Zigarette und bin allein.

Doch halt, da sind ja noch Sie, meine liebe LeserIn.

Verdammt! Ich hab doch wirklich alles vergessen. Eigentlich wollte ich schreiben, dass Sie auch zur Party kommen und unbedingt Doreen kennenlernen müssen. Wir wären zunächst erschrocken, dass Doreen wirklich tot ist. Dann hätte ich sie aus dem Sarg springen lassen und sie hätte uns ausgelacht. Wie konnte ich Doreen vergessen? Ich bin verzweifelt, was soll ich jetzt machen? Soll ich es an der Tür läuten lassen und Doreen kommt herein? Soll ich nochmal von vorn beginnen?

DAS DARF NICHT WAHR SEIN! Ich schwöre Ihnen, es läutet an der Tür, während ich diese Zeilen schreibe. Ich habe keine Ahnung, wer das sein kann? Ich hab niemanden herbestellt. Was mach ich jetzt? Es läutet noch einmal …

Wie viel Seiten haben wir eigentlich schon? 350.

Das muss reichen, auch wenn das Buch nicht fertig ist, weil ich noch so viel unterbringen müsste. Ein letzter Standardsatz vielleicht: Ich hoffe, Sie hatten Spaß und haben geweint und gelacht! So und Schluss, Aus ….

Es läutet zum dritten Mal. Warum um alles in der Welt lässt man mich nicht ans Ende kommen? Merken Sie nicht, dass da nichts mehr kommt, liebe LeserIn?

»I kumm scho!«, sind die letzten Worte von Michael Niavarani. Die schreibt er aber nicht nieder, sondern richtet sie gegen die Tür und öffnet sie. Fortan schreibt er überhaupt nichts mehr in dieses Buch, denn der Verlag will es unbedingt noch vor Weihnachten herausbringen und gestern war Abgabetermin.

Um elf Uhr vormittags krieche ich schlaftrunken aus dem Schlafzimmer.

»Shit! Morgen muss das Buch aber wirklich fertig sein!«, ermahne ich mich selber, in Richtung Arbeitszimmer schlendernd.

Zuerst denke ich, es ist ein Traum. Aber auf meine Frage »Wer sind Sie, was machen Sie da?« erhalte ich die Antwort: »Ich bin die LeserIn, ich habe die ganze Nacht lang Ihr letztes Kapitel geschrieben!«

»Das ist ja wahnsinnig nett von Ihnen!«

»Aber gerne!«

»Ähm. Wenn es Ihnen recht ist, dann dusche ich schnell und wir gehen was frühstücken.«

»Es tut mir leid, das geht leider nicht.«

»Wieso denn? Jetzt, wo wir uns endlich persönlich kennenlernen!«

»Das Buch ist zu Ende!«

Kaum hab ich mich damit abgefunden und bin von der Schreibblockade direkt in die postkreative Depression gerutscht, schreckt mich eine mir völlig fremde Stimme auf, ziemlich sonor und mit leichtem Spott:

»Wer hat hier eigentlich das letzte Wort? Die LeserIn oder der Autor?«

»Hmm? … Hallo?«

»Hör jetzt endlich auf zu schreiben!«

»Wer sind Sie?«

»Ich bin das Buch.«

»Was für ein Buch?«

»Das Buch, das Sie gerade geschrieben haben.«

»Freut mich, Sie kennenzulernen. Wirklich! Ich wollte Sie eh schon die längste Zeit …«

»Ich bin fertig.«

»Wieso, was ist passiert?«

»Sind jetzt nicht mehr lustig, Ihre Scherzchen. Ich bin geschrieben. Fertig, Schluss, Aus, Ende!«

»Ja, aber … ich hab noch eine kleine …«

»Nix! Aus jetzt! Finger von der Tastatur! Laptop zuklappen!«

»Ein bisserl freundlicher vielleicht?«

»Ich hasse Abschiedsszenen.«

»Ein Satz noch. Ein letzter Satz.«

»Was soll denn das bringen? Wir müssen uns trennen. Unsere Beziehung ist zu Ende.«

»Gerade kennengelernt, werde ich Sie trotzdem vermissen.«

»Ich Sie auch. Sie tippen so liebevoll, langsam irgendwie. Es war schön mit Ihnen.«

»Tja, dann … leben Sie wohl!«

»Sie werden schon über mich hinwegkommen. In spätestens einem Jahr tippen Sie an jemand anderem.«

»Ich weiß nicht. Ich glaub, ich kann nie wieder ein Buch schreiben.«

»Also dann. Tschüss!«

»Ich möchte …«

»Aus jetzt!«

»Ist ja schon gut … arrogantes Druckwerk!«

»Das hab ich gehört!«

»Ich habs auch gesagt!«

»Gebrauchsschreiber!«

»Na hallo!«

»Weils wahr ist!«

»So, mir reichts. Ich tipp jetzt nichts mehr … ein schönes Leben noch und: Verkauf dich gut!«

»Danke.«

»Gerne.«

»Ich hab dich lieb.«

»Du mich auch!«